シリーズ（赤本）

出版校一覧と本書の問題掲載ページ

国語

★学校案内—各校の特色・教育方針・学科・卒業生の進路・クラブ活動など志願者の参考になること
★入試要項—2025 年度，または 24 年度（参考）の入試要項
★傾向と対策—過去の出題内容・傾向などを各教科別に分析，来年度の入試に対する受験対策
★入学試験問題と解答—各校の出題問題を 5 か年完全収録。模範解答とくわしく・ていねいな解き方と考え方付き
★解答用紙—実際の入試形式に沿った解答用紙を再現。配点付き

【ア行】

書籍番号	学校名（所在地）	本書の問題掲載ページ
5003	明石工業高専（明石市）	
285	アサンプション国際高（箕面市）	19
223	芦屋学園高（芦屋市）	7，14
152	アナン学園高（東大阪市）	6，18
189	あべの翔学高（大阪市阿倍野区）	9，12
271	綾羽高（草津市）	117
121	育英高（神戸市長田区）	
244	育英西高（奈良市）	147
273	市川高（兵庫県神崎郡）	
113	上宮高（大阪市天王寺区）	7
270	上宮太子高（大阪府南河内郡）	
256	英真学園高（大阪市淀川区）	
225	追手門学院高（茨木市）	4
231	近江高（彦根市）	
261	近江兄弟社高（近江八幡市）	15
111	大阪高（大阪市東淀川区）	7，14
160	大阪偕星学園高（大阪市生野区）	4，8
229	大阪学院大高（吹田市）	
124	大阪学芸高（大阪市住吉区）	
166	大阪暁光高（河内長野市）	

書籍番号	学校名（所在地）	本書の問題掲載ページ
148	大阪教大附高池田（池田市）	20，101
134	大阪教大附高平野（大阪市平野区）	
138	大阪薫英女高（摂津市）	
154	大阪国際高（守口市）	
112	大阪産業大附高（大阪市城東区）	9
127	大阪商大高（東大阪市）	
185	大阪商大堺高（堺市中区）	
105	大阪女学院高（大阪市中央区）	6
104	大阪信愛学院高（大阪市城東区）	
262	大阪成蹊女高（大阪市東淀川区）	6，62
123	大阪星光学院高（大阪市天王寺区）	53，111
246	大阪青凌高（大阪府三島郡）	
164	大阪体育大学浪商高（大阪府泉南郡）	
157	大阪電気通信大高（守口市）	10，14
258	大阪桐蔭高（大東市）	76
5001	大阪公立大学工業高専（寝屋川市）	
116	大阪夕陽丘学園高（大阪市天王寺区）	10，16
211	大阪緑涼高（藤井寺市）	132
142	大谷高（京都市東山区）	

【カ行】

書籍番号	学校名（所在地）	本書の問題掲載ページ
268	開智高（和歌山市）	5，66

◆はしがき◆

「赤本」の愛称で親しまれている『高校別入試対策シリーズ』を半世紀にわたって発行してきた英俊社が，高校入試を目前にひかえた皆さんに向けてこの本を編集しました。

学問に王道なし，という諺《ことわざ》が示すように，入試勉強においてもこれさえやっておけば十分，といった安易な学習方法はありません。また，克服すべき不得意科目や不得意分野もそれぞれに異なっていますから，どのような学習教材を用いればよいのかも一概には言えません。しかし，皆さんが最低限やっておかなければならないことがあります。それは，過去の入試問題に接し，その傾向を把握しておくことです。入試問題による実戦的な学習を繰り返し行うことによって，いままで培《つちか》ってきた学力が一層充実したものとなり，それにつれて入試に対する不安が解消し，反対に自信が深まってくることでしょう。

近畿の高校入試問題をできる限り多く収録したこの本は，皆さんの強力なパートナーです。最新の入試問題を効率よく学習して，来春の合格をぜひ勝ち取って下さい。

□この本の特長□

2023年・2024年に実施された近畿の各高校の入学試験問題・学力検査問題を中心に分野別・単元別に分類し，出題頻度や重要度を考慮して厳選した問題を収録しました。

出題のレベルを分析して，標準内容の問題から応用・発展内容の問題へと配列してあります。特に難易度の高い問題は『**発展問題**』としてとりあげています。

別冊解答編では，難易度の高い問題を中心に，紙面の許す限り**【解説】**をつけ，学習の手助けとなるように配慮してあります。

この本をやりとげてくれた受験生の皆さん，どうか自信を持って入試に臨んで下さい。健闘をお祈りします。

2024年　(株) 英 俊 社

もくじ

一　漢字と国語の知識
(1)　漢字の知識……3
(2)　ことばの知識……7
(3)　文学史……10
(4)　複合問題……12
二　文　法……14
三　国語表現
(1)　敬　語……18
(2)　作文・小論文……19
四　論理的文章の読解……22
五　文学的文章の読解
(1)　小　説……62
(2)　随　筆……116
六　韻文の鑑賞
(1)　詩・短歌・俳句……128
(2)　総合問題……136
七　古典の読解
(1)　古　文……140
(2)　漢　文……158

一 漢字と国語の知識

近畿の高入

(1) 漢字の知識

1 次の――部のカタカナを漢字に直しなさい。一画ずつ丁寧に書き、トメ・ハネなどにも留意すること。 (明星高)

① 困難をコクフクする。
② 災害からの復興にコウケンする。
③ 対立をなくしユウワをはかる。
④ 母の実家はラクノウを営んでいる。
⑤ 海外での生活にアコガれる。

2 次の①～⑤の――線部のカタカナを漢字にしなさい。 (光泉カトリック高)

① 車に安全装置をトウサイする。(　　)
② 通行をサマタげる。(　　げる)
③ イケイの念を抱く。(　　)
④ 図書をエツランする。(　　)
⑤ 空にタダヨう雲。(　　う)

3 次の傍線部のカタカナを漢字に直しなさい。なお、送り仮名が必要なものはその送り仮名も書くこと。 (関西大学北陽高)

① 全国大会に出場してキャッコウを浴びる。(　　)
② 合格通知を見て破顔イッショウした。(　　)
③ 鬼気迫るカイキ小説に震え上がる。(　　)
④ 人々のジモクを集める発表をする。(　　)
⑤ コウカク泡を飛ばす。(　　)
⑥ 国際的行事を大阪でモヨオス。(　　)
⑦ 悲しみに沈む友人をナグサメル。(　　)
⑧ 運動部の生徒が次々と給食をタイラゲル。(　　)
⑨ 望郷の念がツノル。(　　)
⑩ 大地が雨でウルオウ。(　　)

4 次の①～⑤の傍線部の漢字の読みを、ひらがなで答えなさい。 (彩星工科高)

① 機敏な対応ができる人だ。(　　)
② 地震に備えることが大切だ。(　　)
③ 自宅に小包が届く。(　　)
④ 宇宙船が大気圏に突入する。(　　)
⑤ 母は毎朝六時に起床する。(　　)

5 次の①～⑤の文中の――の読みをひらがなで答えなさい。 (比叡山高)

① 要点を捉える。(　　える)
② この坂道は勾配が急だ。(　　)
③ 肥沃な大地で文明がおこる。(　　)
④ 扇子であおぐ。(　　)
⑤ 戦いの火蓋がきられた。(　　)

6 次の傍線部の漢字をひらがなに直しなさい。（追手門学院高）

①　濃霧（　　）　②　冬眠（　　）　③　鈍化（　　）
④　抑揚（　　）　⑤　為替（　　）　⑥　深紅（　　）
⑦　余暇（　　）　⑧　戒める（　　める）　⑨　所望（　　）
⑩　蛮勇（　　）

7 次の(1)～(4)の文中の傍線を付けた漢字の読み方を書きなさい。また、(5)～(8)の文中の傍線を付けたカタカナを漢字になおし、解答欄の枠内に書きなさい。ただし、漢字は**楷書**《かいしょ》で、**大きくていねいに書くこと。**（大阪府－一般）

(1)　長い航海を終えた。（　　）
(2)　挨拶をする。（　　）
(3)　新しい試み。（　　み）
(4)　本を大切に扱う。（　　う）
(5)　ユミで矢を射る。□
(6)　オモい荷物を持つ。□い
(7)　調理師のシカクを取得する。□
(8)　ハイケイに森を描く。□

8 次の①～③の傍線部のカタカナを漢字で、④・⑤の傍線部の漢字の読みをひらがなで答えなさい。（大阪偕星学園高）

①　大けがから劇的なフッキを果たす。（　　）
②　期末テストに向けた入念なタイサク。（　　）
③　工場のセイゾウラインを担当する。（　　）
④　住人相互の協力が必要だ。（　　）
⑤　健康な生活を送り免疫機能を高める。（　　）

9 次の①～⑦の傍線部のカタカナを漢字に直しなさい。また、⑧～⑩の傍線部の漢字の読みをひらがなで答えなさい。（早稲田大阪高）

①　道徳心のなさにガイタンする。（　　）
②　母の形見のハオリを見つける。（　　）
③　ジゼンコンサートを企画する。（　　）
④　社長のレイジョウと結婚する。（　　）
⑤　トウゾクが現れる映画を見る。（　　）
⑥　小さな刀を使って仏像をホる。（　　る）
⑦　最後までネバって勝利できた。（　　って）
⑧　男が甲板から手を振っていた。（　　）
⑨　翻意を促すために説得をした。（　　）
⑩　問屋が商品を小売店に卸した。（　　した）

10 次の各問の――線部の漢字として最も適切なものを次のア～エから選び、記号で答えなさい。（東大阪大敬愛高）

①　学校内のユウシで校内清掃に参加する。（　　）
ア、雄志　イ、有志　ウ、勇姿　エ、有史
②　列車に空席があるか駅の担当者にショウカイする。（　　）
ア、照会　イ、商会　ウ、紹介　エ、詳解
③　意地になって態度をコウカさせる。（　　）
ア、高価　イ、硬化　ウ、効果　エ、降下
④　利益を会社にカンゲンする。（　　）
ア、換言　イ、寛元　ウ、還元　エ、乾元

11 次の傍線部のカタカナにあてはまる漢字を後の語群からそれぞれ一つずつ選び記号で答えなさい。（精華高）

(1)
a 立てたキ画を実行に移す。（　）
b 多キにわたる分野で活躍する。（　）
c 自暴自キになってはいけない。（　）
語群 ア 企　イ 希　ウ 棄　エ 岐

(2)
a 受験の申込をシめ切る。（　）
b 寒くなったので窓をシめた。（　）
c 業界トップの座をシめる。（　）
語群 ア 閉　イ 締　ウ 絞　エ 占

12 次の①・②の――線のカタカナを漢字に直しなさい。（開智高）

① ア 地球はジテンしている（　）
イ 現ジテンでは不明だ（　）
ウ 国語ジテンで調べてみる（　）

② ア お小遣い値上げのコウショウを母にしてみるよ（　）
イ 時代劇は時代コウショウを丁寧にしている（　）
ウ クラシック音楽を聴くとはコウショウな趣味ですね（　）

13 次の①～⑤の文には誤った漢字が一字使用されている。例にならって誤った漢字を抜き出して、正しい漢字に直しなさい。（神戸学院大附高）

例 私たちは以頼人のために、仕事をしている。
誤 以 → 正 依

① 大雨の影響のため、幹線道路で車が渋滞してしまい、遅刻してしまった。（　）→（　）
② 理科の研究課題で昆虫の特徴を調べて、期限内に提出することができた。（　）→（　）
③ 社会科の授業で平家の衰退と滅忙、鎌倉幕府の成立について学習した。（　）→（　）
④ 家庭科の授業で染維による洗濯方法や、干す場所の違いについて学んだ。（　）→（　）
⑤ 老久化した市役所を建て直すための費用についての説明を行なった。（　）→（　）

14 次の漢字の部首名をそれぞれ後から選び、記号で答えなさい。（太成学院大高）

① 慣（　）　② 頭（　）　③ 盛（　）
④ 割（　）　⑤ 床（　）

ア やまいだれ　イ おおがい
ウ れんが　エ さら
オ おおざと　カ りっしんべん
キ まだれ　ク りっとう
ケ とらがしら　コ しかばね

15 次のうち、楷書で書いたときに「林」と総画数が同じである漢字はどれか。一つ選び、記号を○で囲みなさい。（大阪府―特別）

ア 栄　イ 固　ウ 社　（ア　イ　ウ）

16 次の□に入る漢字を後の語群から選び、対義語を完成させなさい。 (アナン学園高)

① 進化↔□化　② 悲観↔□観

③ 悪質↔□質　④ 原告↔□告

［語群］ 良　楽　出　退　被

17 次の1～5の□に上の漢字と反対の意味の漢字をそれぞれ当てはめ、二字熟語を完成させなさい。 (橿原学院高)

例：寒暖

1 古□　2 公□　3 利□　4 長□　5 終□

18 次の各語について、①～③は類義語を、④～⑥は対義語を後から選んで、それぞれ記号で答えなさい。 (大阪女学院高)

類義語…① 風格＝（　　）　② 消息＝（　　）

③ 薄情＝（　　）

対義語…④ 過剰↔（　　）　⑤ 軽薄↔（　　）

⑥ 普遍↔（　　）

ア 重厚　イ 受理　ウ 気品　エ 標準　オ 冷淡

カ 特殊　キ 音信　ク 不足　ケ 憶測　コ 無口

19 次の①～⑤の二字熟語の成り立ちとして当てはまるものを、あとから選び記号で答えなさい。（同じ記号は二度使わないこと。） (興國高)

① 厳封（　　）　② 抑揚（　　）　③ 潜水（　　）

④ 隔離（　　）　⑤ 非道（　　）

ア・同じような意味を持つ漢字を重ねた熟語　【例・増加】

イ・反対の意味を持つ漢字を重ねた熟語　【例・高低】

ウ・上の漢字が下の漢字の意味を打ち消している熟語　【例・未完】

エ・動詞の後に目的語が置かれている熟語　【例・着席】

オ・上の漢字が下の漢字を修飾している熟語　【例・親友】

20 次のA～Eの熟語について否定語・反対語を作る場合、上に付く字として適切なものを後の①～⑤からそれぞれ選び、番号で答えなさい。ただし、同じものを複数回用いることもある。 (花園高)

A 常識（　　）　B 成年（　　）　C 意味（　　）

D 関係（　　）　E 安定（　　）

① 不　② 未　③ 非　④ 無　⑤ 否

21 例にならい、上から下、左から右の順序で読んで二字熟語を四つ完成させられるように□に入る漢字一字を答えなさい。 (大阪成蹊女高)

習

例 数□問　《答え：学》数学、学問、大学、学習

大

戸　歌　場

1、小□音　2、平□解　3、成□派

梅　日　建

言　尾

4、経□熱　5、足□席

通　部

(2) ことばの知識

1 次の四字熟語①～③の空欄に入る漢字を答えなさい。（大阪高）

① 起承□結…文章のまとまった組み立てのこと。
② 臨機□変…その時その場の変化に合わせて適切な処置・処理をすること。
③ 自業自□…自分でしたことの報いが、自分にふりかかってくること。

2 次の①～⑤は四字熟語である。空欄に入る漢字一字を答えよ。（常翔啓光学園高）

① 一念□起　② □心暗鬼　③ 首□一貫
④ 無我□中　⑤ 単刀直□

3 次の(1)～(5)の四字熟語をひらがなにし、その意味をあとのア～オから選び、記号で答えなさい。（芦屋学園高）

(1)（　　）（　　）　(2)（　　）（　　）　(3)（　　）（　　）
(4)（　　）（　　）　(5)（　　）（　　）

(1) 我田引水　(2) 馬耳東風　(3) 針小棒大
(4) 枝葉末節　(5) 自画自賛

ア 自分のことをじぶんでほめること。
イ 自分に都合のいいようにはからうこと。
ウ ものごとの主要ではない部分のこと。
エ ものごとを大げさにいうこと。
オ 人の意見や忠告を聞き流すこと。

4 次の□に漢数字を一字入れ、四字熟語を完成させなさい。また、意味として適当なものを次から選び、それぞれ記号で答えなさい。（香ヶ丘リベルテ高）

(1) □心不乱（　　）　(2) □発百中（　　）
(3) □里霧中（　　）　(4) □差万別（　　）

ア 種々さまざまに違うこと
イ 物事に迷って思案にくれること
ウ 互いの心から心に伝わること
エ 計画がすべて成功すること
オ 心をひとつの事に集中し他にそらさないこと
カ 一部分を聞いて全てを理解すること

5 次の1～5の（　）にそれぞれ漢字を入れて四字熟語を完成させなさい。また、1～5の四字熟語の意味として最も適当なものを、後のア～オの中からそれぞれ一つずつ選んで、記号で答えなさい。（上宮高）

1（　　）（　　）　2（　　）（　　）　3（　　）（　　）
4（　　）（　　）　5（　　）（　　）

1 （　）名無実　2 起死回（　）　3 傍（　）無人
4 取（　）選択　5 危機一（　）

ア 周囲に対して、気配りなくわがままにふるまうこと。
イ 立派な肩書きがあっても、それに伴う価値がないこと。
ウ 良いものや必要なものを残し、悪いものや不必要なものを手元から離すこと。
エ 少し間違えれば大変な状況に陥る瀬戸際であること。
オ 今にもだめになりそうなところを立て直すこと。

6 次の①～⑤の四字熟語の□に当てはまる最も適当な漢字をA群からそれぞれ選び、記号で答えなさい。また、その意味をB群からそれぞれ選び、記号で答えなさい。（同じ記号は一度しか使えません。）　（大阪偕星学園高）

① 情けは□のためならず（　　）（　　）
② 海老で□を釣る（　　）（　　）
③ 知らぬが□（　　）（　　）
④ 泣きっ面に□（　　）（　　）
⑤ □百まで踊り忘れず（　　）（　　）

A群　ア 鯛　イ 人　ウ 仏　エ 蜂　オ 雀

B群
カ　わずかな元手で大きな成果を挙げること。
キ　事実を把握せずに、平静な状態でいること。
ク　善行は巡って自分に返ってくるということ。
ケ　昔からの習慣はすぐには治らないということ。
コ　悪いことには悪いことが重なるということ。

7 次の①～⑤のことわざに関して、あとの問いに答えなさい。　（興國高）

① □□□□の虫にも五分の魂　② □□□に説法
③ 枯れ木も山の□□□□　④ 昔とった□□□□
⑤ □□□で粟

（問1）①～⑤のことわざが完成するよう、それぞれの空欄に入る文字をひらがなで答えなさい。ただし、一マスにひらがな一字が入る。

①　　②　　③　　④　　⑤

（問2）①～⑤のことわざの意味として最も適切なものを、それぞれ次から選び記号で答えなさい。

①（　　）②（　　）③（　　）④（　　）⑤（　　）

ア・苦労をせずに利を得ること。
イ・つまらないものでも、ないよりはましであること。
ウ・知らないでいるため平気でいられること。
エ・熟達した人もときには失敗することがあること。
オ・小さくて弱いものにも意地があってあなどれないこと。
カ・実力ある者はむやみにそれをあらわさないこと。
キ・いざこざが起こった後、物事がかえって落ち着きおさまること。
ク・一度覚えたことは、後までそれを忘れず発揮できること。
ケ・知り尽くしている人に不必要なことを説くこと。
コ・悪いことは広まりやすいこと。

8 次の1～4の空欄に共通の漢字を入れてそれぞれ慣用句を完成させなさい。　（姫路女学院高）

1（　　）2（　　）3（　　）4（　　）

〈例〉（耳）が痛い　（耳）を貸す
（耳）にたこができる　（耳）を澄ます

1　（　）を通す　（　）を引く
（　）から火が出る　（　）の毒

2　（　）がいい　（　）の居所が悪い
（　）の息　（　）の知らせ

3　（　）を持つ　（　）を並べる
（　）を落とす　（　）をすぼめる

4 （　　）をさす　（　　）を向ける
（　　）と油　立て板に（　　）

9 次の慣用句はどのような場合に用いられますか。後から選び、それぞれ記号で答えなさい。（同じ記号を二度以上用いないこと。）　（大阪産業大附高）

1 手をこまねく。（　　）　2 ほぞをかむ。（　　）
3 気がおけない。（　　）　4 すねに傷をもつ。（　　）
5 さじを投げる。（　　）

ア 気になって仕方がない。
イ 生活が貧しい。
ウ あきらめて途中でやめる。
エ 人をだます。
オ 何もしないで傍観する。
カ 後悔する。
キ よくない隠しごとがある。
ク 心を許し、打ち解けることができる。

10 □に体の一部を表す漢字を入れ、慣用句を完成させなさい。　（金蘭会高）

① □をくくって勝負に出ることにした。
② 手紙の返事を□を長くして待つ。
③ 犯人がついに□を割った。
④ 彼は私に□もくれず、通り過ぎて行った。
⑤ 提出期限が迫り、とうとう□に火がついた。

11 次の①～⑥の□に、後のア～カから適当な語句を入れて文を完成させなさい。答えは記号で書くこと。　（あべの翔学高）

① □友人とのおしゃべりを楽しむ。
② 相手は弱い、簡単に勝てるだろうと□。
③ 新しいクラスには慣れていないから今は□ことにした。
④ 昨年はたくさんもらえたが、今年のお年玉は□ほどだった。
⑤ 何も手伝わずに分け前だけもらおうとするなんて□よ。
⑥ 去年の優勝したチームに、今年はさらに強力な選手が加わった。まさに□だね。

ア 虫がいい　イ 雀《すずめ》の涙
ウ たかをくくる　エ 猫をかぶる
オ 鬼に金棒　カ 気のおけない

12 次の①・②の故事成語の意味として最も適当なものを後から選び、記号で答えなさい。　（京都文教高）

① 竜頭蛇尾（　　）　② 守株（　　）

ア つじつまが合わないこと。
イ 古い習慣にこだわって、進歩がないこと。
ウ 無用な心配のこと。
エ 事を完成するために最後に加える仕上げのこと。
オ 初めは勢いが盛んで、終わりはふるわないこと。

13 次の各会話文の［　　］に入る故事成語として最も適切なものをあとから選び、それぞれ記号で答えなさい。　（仁川学院高）

①（　　）　②（　　）　③（　　）

① Aさん　今朝、電車に乗り遅れてしまったんだけど、そのおかげで久しく会っていない友人に会えたよ。
Bさん　それはよかった、［　］だね。

② Cさん　物価の上昇は我々外食産業には大きな痛手です。
Dさん　各社が［　］で乗り切らなければなりませんね。

③ Eさん　今回の旅行は天候に恵まれてよかったね。
Fさん　悪天候に備えてあれこれ用意したけれど［　］に終わったよ。

ア　四面楚歌　　イ　矛盾　　ウ　杞憂《きゆう》
エ　杜撰《ずさん》　　オ　塞翁《さいおう》が馬　　カ　一蓮托生《いちれんたくしょう》
キ　他山の石　　ク　朝三暮四　　ケ　羊頭狗肉《ようとうくにく》
コ　覆水《ふくすい》盆に返らず

14　次のカタカナの言葉の意味を後からそれぞれ選び、記号で答えなさい。（金光藤蔭高）

①　アップデート（　）　②　ジレンマ（　）
③　ニュアンス（　）　④　リテラシー（　）
⑤　ニーズ（　）

ア、微妙な違い・話し手の意図
イ、情報や状態を最新のものにする
ウ、求め・需要・要求
エ、二つのことの間に挟まれて困惑する
オ、正しく活用する力・読解力

(3)　文学史

1　『伊豆の踊子』『雪国』の作者を次の中から選び、記号で答えなさい。（　）（大阪電気通信大高）

ア　谷崎潤一郎　　イ　川端康成　　ウ　太宰治　　エ　三島由紀夫

2　次の作者の作品として、適していないものを1～4の中から一つずつ選びなさい。（大阪夕陽丘学園高）

(1)　夏目漱石（　）
1　『細雪』　　2　『坊っちゃん』
3　『こころ』　　4　『吾輩は猫である』

(2)　芥川龍之介（　）
1　『トロッコ』　　2　『蜘蛛の糸』
3　『山月記』　　4　『羅生門』

(3)　森鷗外（　）
1　『伊豆の踊子』　　2　『最後の一句』
3　『高瀬舟』　　4　『舞姫』

3　次のア～コの「作者と作品名」の組み合わせを記したもののうち、正しいものを五つ選び、記号で答えなさい。（樟蔭高）

（　）（　）（　）（　）（　）

ア　尾崎紅葉―金色夜叉　　イ　森鷗外―坊っちゃん
ウ　夏目漱石―高瀬舟　　エ　田山花袋―蒲団
オ　島崎藤村―道程　　カ　志賀直哉―トロッコ
キ　菊池寛―父帰る　　ク　芥川龍之介―城の崎にて

ケ　萩原朔太郎―月に吠える　　コ　小林多喜二―蟹工船

4　次の①～⑩の作者の作品を後の作品群から一つずつ選び、それぞれ記号で答えなさい。（星翔高）

①　紫式部（　　）　②　鴨長明（　　）
③　曲亭（滝沢）馬琴（　　）　④　与謝野晶子（　　）
⑤　夏目漱石（　　）　⑥　高村光太郎（　　）
⑦　志賀直哉（　　）　⑧　堀辰雄（　　）
⑨　太宰治（　　）　⑩　村上春樹（　　）

《作品群》
ア『城の崎にて』　イ『道程』　ウ『南総里見八犬伝』
エ『風立ちぬ』　オ『人間失格』　カ『方丈記』
キ『源氏物語』　ク『みだれ髪』　ケ『それから』
コ『ノルウェイの森』

5　次の①～⑤の文学作品の作者を、後の語群から一つずつ選び、A～Eの記号で答えよ。（宣真高）

①『東海道中膝栗毛』（　　）　②『邪宗門』（　　）
③『南総里見八犬伝』（　　）　④『暗夜行路』（　　）
⑤『潮騒』（　　）

A　北原白秋　B　滝沢馬琴　C　十返舎一九
D　三島由紀夫　E　志賀直哉

6　次の①～④の作品と関係のある人物をあとのア～オから選び、符号で答えなさい。（彩星工科高）

①　サラダ記念日（　　）　②　論語（　　）
③　万葉集（　　）　④　たけくらべ（　　）

ア　樋口一葉　イ　柿本人麻呂　ウ　俵万智
エ　孔子　オ　藤原定家

7　次の①・②の作品に関係のある人物として最も適当なものを後から選び、記号で答えなさい。（京都文教高）

①　徒然草（　　）　②　古今和歌集（　　）

ア　西行　イ　藤原定家　ウ　鴨長明
エ　在原業平　オ　兼好

8　次の人物、文学作品の説明として、①・②のどちらも正しいものは「ア」を、片方が誤っているものには「イ」を、どちらも誤っているものは「ウ」をそれぞれ書きなさい。（橿原学院高）

1　古今和歌集（　　）
①　仮名序の作者は紀貫之である。
②　日本最古の勅撰和歌集である。

2　藤原道綱母（　　）
①　鎌倉時代に生きた人物である。
②　鎌倉へ訴訟に行くという内容の日記を残した。

3　平家物語（　　）
①　作者は鴨長明である。
②　作品内に光源氏が登場する。

4　松尾芭蕉（　　）
①「柿くへば鐘が鳴るなり法隆寺」という俳句を残した。

② 「奥の細道」の作者である。

5 村上春樹（　）

① 世界の多くの国で作品が読まれている。

② 「ノルウェイの森」の作者である。

9 次の①～⑥はある作品の冒頭文である。その冒頭文の作品と作者の組み合わせとして正しいものを、後からそれぞれ選び記号で答えなさい。

（あべの翔学高）

① 春はあけぼの。やうやう白くなりゆく山ぎは、少しあかりて、紫だちたる雲の細くたなびきたる。（　）

② つれづれなるままに、日ぐらし硯《すずり》に向かひて、心にうつりゆくよしなしごとをそこはかとなく書きつくれば、あやしうこそ物ぐるほしけれ。（　）

③ 月日は百代《はくたい》の過客《くわかく》にして、行きかふ年もまた旅人なり。（　）

④ 吾輩《わがはい》は猫である。名前はまだ無い。どこで生まれたか頓《とん》と見当がつかぬ。（　）

⑤ メロスは激怒した。必ず、かの邪智暴虐の王を除かなければならぬと決意した。（　）

⑥ 国境の長いトンネルを抜けると雪国であった。夜の底が白くなった。（　）

ア 『枕草子《まくらのそうし》』　清少納言《せいしょうなごん》
イ 『枕草子』　紫式部《むらさきしきぶ》
ウ 『走れメロス』　太宰治《だざいおさむ》
エ 『走れメロス』　芥川龍之介《あくたがわりゅうのすけ》
オ 『方丈記《ほうじょうき》』　兼好法師《けんこうほうし》
カ 『徒然草《つれづれぐさ》』　兼好法師
キ 『雪国』　川端康成《かわばたやすなり》
ク 『雪国』　宮澤賢治《みやざわけんじ》
ケ 『万葉集』　松尾芭蕉《まつおばしょう》
コ 『奥の細道』　松尾芭蕉
サ 『吾輩《わがはい》は猫《ねこ》である』　福沢諭吉《ふくざわゆきち》
シ 『吾輩は猫である』　夏目漱石《なつめそうせき》

10 次のA～Eの文学作品が書かれた時代を後の①～⑤からそれぞれ選び、番号で答えなさい。

（花園高）

A 五月雨《さみだれ》をあつめて早し最上《もがみ》川（　）

B 人はいさ心も知らずふるさとは花ぞ昔の香《か》ににほひける（　）

C あゝをとうとよ、君を泣く、／君死にたまふことなかれ、／…（　）

D 百敷《ももしき》や古き軒端《のきば》のしのぶにもなほあまりある昔なりけり（　）

E 憶良《おくら》らは今は罷《まか》らむ子泣くらむそれその母も我《わ》を待つらむぞ（　）

① 奈良時代　② 平安時代　③ 鎌倉時代
④ 江戸時代　⑤ 明治時代

(4) 複合問題

1 次の文章をよく読んで、あとの問いに答えなさい。

（興國高）

ある日の放課後、さとしさんとまゆみさんは高校入試に向けて国語の復習をしていました。

「和歌については、①古今和歌集と②万葉集と③新古今和歌集あたりは必須の知識よね。」

「そうだね。さらに古今和歌集をまとめた（ X ）が書いた土佐日記にも知識を広げていきたいね。」

「あと、新古今和歌集をまとめた藤原定家のことや、近代の短歌も押さえておいた方がいいわよね。」

「近代の短歌だと三行書きのあの人が好きだよ。まゆみさんは知っているかな。」

「もちろん。（ Y ）っていう歌集が有名な石川啄木だよね。」

「よく勉強しているね。僕は中でも『働けど働けど　猶《なほ》わが生活《くらし》　楽にならざり　ぢっと手を見る』という短歌が好きなんだ。」

「作者の苦悩が伝わる短歌ね。表現技法としては、（ Ⅰ ）が使われているわね。私は、与謝野晶子の『海恋し　潮の遠鳴り　かぞえては　少女となりし　父母の家』という短歌が好きよ。」

「幼い頃を遠くに思い出す歌だね。表現技法としては、（ Ⅱ ）が印象的でいいね。」

「さすが、さとしさん、わかっているわね。ぜひまた一緒に復習しましょうね。」


（問1）　次の文は、「万葉集」の説明文である。空欄（ A ）と（ B ）に当てはまる言葉の組み合わせとして適切なものを、あとから選んで記号で答えなさい。（　　）

万葉集は（ A ）時代に成立し、（ B ）で書かれた歌集である。

ア・A＝鎌倉　B＝平仮名　イ・A＝平安　B＝万葉仮名
ウ・A＝奈良　B＝片仮名　エ・A＝奈良　B＝万葉仮名
オ・A＝平安　B＝平仮名　カ・A＝鎌倉　B＝片仮名

（問2）　傍線部①「古今和歌集」・②「万葉集」・③「新古今和歌集」を正しい成立順に並べたものとして適切なものを、次から選んで記号で答えなさい。（　　）

ア・①→②→③　イ・③→①→②　ウ・②→①→③
エ・②→③→①　オ・①→③→②

（問3）　空欄（ X ）に当てはまる人物名として適切なものを、次から選んで記号で答えなさい。（　　）

ア・和泉式部　イ・紀貫之　ウ・紫式部
エ・清少納言　オ・大伴家持

（問4）　空欄（ Y ）に当てはまる石川啄木の歌集名を、次から選んで記号で答えなさい。（　　）

ア・みだれ髪　イ・道程　ウ・一握の砂
エ・赤光　オ・桐の花

（問5）　空欄（ Ⅰ ）（ Ⅱ ）に当てはまる語の組み合わせとして適切なものを、次から選んで記号で答えなさい。（　　）

ア・Ⅰ＝対句法　Ⅱ＝直喩法
イ・Ⅰ＝倒置法　Ⅱ＝体言止め
ウ・Ⅰ＝反復法　Ⅱ＝直喩法
エ・Ⅰ＝対句法　Ⅱ＝擬人法
オ・Ⅰ＝反復法　Ⅱ＝体言止め
カ・Ⅰ＝倒置法　Ⅱ＝擬人法

二　文法

近畿の高入

1　次の①～③の主語と述語として最も適当なものを抜き出し、それぞれ記号で答えなさい。ただし、省略されているときは「なし」と答えなさい。（大阪高）

①　主語（　　）　述語（　　）
②　主語（　　）　述語（　　）
③　主語（　　）　述語（　　）

（例）　ア　犬が　イ　猫に　ウ　むかって　エ　ほえる。
→主語　ア　述語　エ

①　ア　羽を　イ　広げた　ウ　鳥が　エ　私たちの　オ　頭上を　カ　飛んだ。
②　ア　優しい　イ　祖母の　ウ　手料理が　エ　何よりも　オ　好きだった。
③　ア　鳴っているよ　イ　今日も　ウ　遠くで　エ　船の　オ　汽笛が。

2　次の各文の傍線部の文節の関係を、それぞれ後から選び、記号で答えなさい。（大阪電気通信大高）

①　雨が　降って　いるので、　軒下に　入りましょう。（　　）
②　山の　もみじが　きれいに　色づいた。（　　）

ア　主語・述語の関係　イ　修飾・被修飾の関係
ウ　補助の関係　エ　並立の関係

3　次の(1)・(2)の文の――線が直接修飾する一文節を抜き出して答えなさい。（芦屋学園高）

(1)　アフリカには、いろいろな珍しくおもしろい生物がすんでいる。（　　）
(2)　屋根の上に積もった雪の重みで、先日から玄関の戸があきにくい。（　　）

4　次の1～5に引かれた――部の品詞として最も適当なものを、ア～クの中からそれぞれ一つずつ選び、記号で答えなさい。（橿原学院高）

1　ある日のことであった。（　　）
2　ああ、なんて幸せなのだろう。（　　）
3　彼は美しい字を書くことで有名だ。（　　）
4　すっかり暗くなってしまった。（　　）
5　彼は美しい湖を眺めていた。（　　）

ア　名詞　イ　動詞　ウ　形容詞　エ　形容動詞
オ　連体詞　カ　副詞　キ　接続詞　ク　感動詞

5　次の――線部の品詞として最も適当なものを後のア～コからそれぞれ一つ選び、記号で答えなさい。（香里ヌヴェール学院高）

1　いつもは公園で遊びます。（　　）
2　山の景色は素晴らしかった。（　　）
3　妹はいつも兄と遊びたがる。（　　）
4　約束の場所へ行った。しかし、友だちの姿はなかった。（　　）
5　彼女はとても才能のある人です。（　　）

ア、名詞　イ、動詞　ウ、形容詞　エ、形容動詞
オ、副詞　カ、連体詞　キ、接続詞　ク、感動詞
ケ、助詞　コ、助動詞

6 次の各文の傍線部の単語の品詞名を漢字で答えなさい。

（京都廣学館高）

① 悲しみは例えようもなく深かった。（　　）
② さんざん悲しい目に遭った。（　　）
③ あまりの恥ずかしさに赤面する。（　　）
④ 恥ずかしくてそんなことはできない。（　　）
⑤ 駅まではバスで十五分かかります。（　　）
⑥ 彼は日本を代表する選手の一人である。（　　）

7 次の(1)～(3)の――線部の動詞について、A活用の種類と、B活用形を、あとのア～サの中からそれぞれ一つ選び、記号で答えなさい。（なお、同じ記号を何度用いてもかまいません。）

（近江兄弟社高）

(1) 図書館で借りる本を探そう。
(2) みんなが帰って来たら出発しよう。
(3) 色の違うカードを混ぜないでください。

ア　五段活用　　イ　上一段活用　　ウ　下一段活用
エ　カ行変格活用　　オ　サ行変格活用　　カ　未然形
キ　連用形　　ク　終止形　　ケ　連体形
コ　仮定形　　サ　命令形

(1) A（　　）B（　　）　(2) A（　　）B（　　）
(3) A（　　）B（　　）

8 次の①～④の傍線部と同じ意味・用法のものをア～ウから選び、符号で答えなさい。

（彩星工科高）

① 自分のことばかり考えている。（　　）
ア　本ばかり読んでいる。　　イ　彼は今、家についたばかりだ。
ウ　先ほどご飯を食べ終えたばかりだ。

② 音楽を聴きながら勉強をする。（　　）
ア　昔ながらの街並みが残る地域だ。
イ　友人と話しながら食事をする。
ウ　事実を知っていながら言わなかった。

③ 猫にえさをやる。（　　）
ア　部屋をきれいに片づける。　　イ　雨なのに出かける。
ウ　海に行く。

④ 何を思ったのか、いきなり怒りだした。（　　）
ア　誰かが知っている。　　イ　どこからか、猫がやってきた。
ウ　猫を飼うか、犬を飼うか悩む。

9 次の(1)～(3)のア～エの――を引いた部分には、文法的に同じ種類のものが二つずつある。その二つを選び、記号を○で囲みなさい。

（帝塚山学院泉ヶ丘高）

(1) ア　あどけない少年のほほえみ。
イ　社長は東京に行かないと言っている。
ウ　夜でも国道沿いは暗くない。
エ　大阪ではこの種類の貝が見られない。

(2) ア　これなら父でも作ることができる。
イ　今でも母は元気でやっている。
ウ　明日、兄が車でやってくる。

(1)（ア　イ　ウ　エ）　(2)（ア　イ　ウ　エ）
(3)（ア　イ　ウ　エ）

エ　弟は大阪の病院で生まれた。

(3)
ア　校長先生が卒業式で礼服を着られる。
イ　裏切られて仲間に去られる。
ウ　彼は一日中でも走れる。
エ　祖父のことが思い出される。

10　次の文章を読み、以下の各問いに答えなさい。（大阪夕陽丘学園高）

みんなは①さっそく、モモの住んでいる半分くずれかかったへやをかたづけて、②できるだけ住みやすいところにすることからはじめました。なかにひとり左官屋《さかんや》がいて、③小さな石のかまどまでつくってやりました。さびたえんとつも、とりつけ④られました。年よりの指物師《さしものし》が、古い木箱の板をつかって、小さなテーブルをひとつと、いすを二つつくりました。そしてさいごに⑤女の人たちが、うずまきもようのかざりのついた使いふるしの鉄製ベッドと、ちょっぴりやぶれただけのマットと、二枚の毛布をはこびました。廃墟《はいきょ》の舞台下の石の穴ぐらは、⑥これできもちのいい小べやになりました。絵ごころのある左官屋は、さいごのしあげに壁に⑦すてきな花の絵をかき、それに額ぶちと止め金までかきそえました。

（ミヒャエル・エンデ作、大島かおり訳「モモ」より）

問一　――部①「さっそく」・③「小さな」・⑦「すてきな」の品詞名として、最も適当なものを1～4の中から一つずつ選びなさい。

①「さっそく」（　　）
1　形容詞　2　副詞　3　動詞　4　接続詞

③「小さな」（　　）
1　連体詞　2　形容詞　3　名詞　4　形容動詞

⑦「すてきな」（　　）
1　副詞　2　動詞　3　形容動詞　4　形容詞

問二　――部②「できるだけ」が修飾する文節として、最も適当なものを1～4の中から一つ選びなさい。（　　）
1　ところ　2　住みやすい　3　する　4　はじめました

問三　――部④「られ」と同じ意味・用法として、最も適当なものを1～4の中から一つ選びなさい。（　　）
1　ここから満天の星が見られます。
2　あなたはとても優秀な方だと見受けられます。
3　先生は、学校からすでに出られましたか。
4　大阪城は、豊臣秀吉によって建てられました。

問四　――部⑤「女の人たちが」の述語として、最も適当なものを1～4の中から一つ選びなさい。（　　）
1　ついた　2　はこびました　3　やぶれた　4　使い

問五　――部⑥「これできもちのいい小べやになりました」の文中にある動詞として最も適当なものを、さらに、それの活用形として最も適当なものを1～4の中から一つずつ選びなさい。

動詞（　　）活用形（　　）

《動詞》　1　なり　2　いい　3　これで　4　ました

《活用形》　1　連体形　2　終止形　3　連用形　4　未然形

11　次の文章をよく読んで、あとの問いに答えなさい。（興國高）

先日、期間限定で売り出されていたＡお菓子を購入した。普段売られて①いる味が好きなものａだったｂので、その味も期待していたのだが、ｃ食べたときの感想は、正直にＢ言ってがっかりだった。おそらく、期待しすぎていたためにCそう感じたという部分もあるのだろう。だがそれ以上に、定番となるものは②一番完成されたものなのではないかということに思い至った。何でも目新しいものはDよいものだと感じがちだが、安易にそれに飛びつくのではdなく、その価値をじっくり見極め③られる目を持つ④のが大切なのだろう。高校生活の中で、「定番」にたくさん触れ、よいものを見出す力をぜひ身につけEてほしい。

（問1）二重傍線部A～Eの単語の品詞名を、次の語群から選んで解答欄にそのまま書き写しなさい。（代名詞は名詞に含むものとする）

A（　　）B（　　）C（　　）D（　　）E（　　）

名詞　動詞　形容詞　形容動詞　副詞
連体詞　接続詞　感動詞　助詞　助動詞

（問2）傍線部①「いる」の活用の種類と活用形を、次から一つずつ選んで記号で答えなさい。（完答とする）

活用の種類（　　）活用形（　　）

ア・五段活用　イ・上一段活用　ウ・下一段活用
エ・カ行変格活用　オ・サ行変格活用　カ・未然形
キ・連用形　ク・終止形　ケ・連体形
コ・仮定形　サ・命令形

（問3）傍線部②「一番完成されたものなのではないかということに思い至った」を文節に区切ったものとして正しいものを、次から選んで記号で答えなさい。（　　）

ア・一番／完成された／ものなのではないかと／いうことに／思い至った
イ・一番／完成された／ものなのでは／ないかと／いうことに／思い至った
ウ・一番／完成された／ものなのでは／ないかと／いう／ことに／思い至った
エ・一番／完成された／もの／なのでは／ないかと／いう／ことに／思い至った

（問4）傍線部③「られる」と同じ意味・用法の言葉に傍線を引いている例文を、次から選んで記号で答えなさい。（　　）

ア・入院中の友人の容態が案じられる。
イ・お客様が来られる。
ウ・飼い犬に手をかまれる。
エ・いつもより早く起きられた。

（問5）傍線部④「の」と同じ意味・用法の言葉に傍線を引いている例文を、次から選んで記号で答えなさい。（　　）

ア・ぼくの友人は歌うのが好きだ。
イ・それは雪の降る静かな夜のことだった。
ウ・途中までうまくいっていたのに、失敗した。
エ・国語の勉強をしよう。

（問6）点線部a～dに関する文法的な説明として正しいものを、次から選んで記号で答えなさい。（　　）

ア・点線部a「だった」は、断定の助動詞「だ」の連用形に、存続の助動詞「た」が接続している。
イ・点線部b「ので」は、格助詞「の」に、格助詞「で」が接続して、理由を表している。
ウ・点線部c「食べたときの」は、三つの単語から構成されている。
エ・点線部d「なく」は、形容詞「ない」の連用形である。

三　国語表現

近畿の高入

(1) 敬語

1 次の文章は電話での会話の一部です。——線部①～⑥の敬語について、尊敬語であれば「A」、謙譲語であれば「B」、丁寧語であれば「C」と答えなさい。（光泉カトリック高）

①（　　）②（　　）③（　　）④（　　）⑤（　　）
⑥（　　）

「私①どもの製品は、他社の製品よりも機能性と安全性に優れてい②ます。明日、御社に③うかがったときに詳しく④ご説明申しあげます。明日、社長は出張で⑤いらっしゃらないとのことですが、くれぐれもよろしく⑥お伝えください。」

2 次の文章は、ある生徒が職員室を訪れた際の言葉づかいについての、先生と生徒との会話について記したものである。文中の空欄（①）から（⑤）に当てはまる単語を**全て漢字**で答えなさい。但し、（①）（②）（③）には**品詞名**を、（④）（⑤）には**敬語の種類**を答えること。（樟蔭高）

①（　　詞）②（　　詞）③（　　詞）④（　　語）
⑤（　　語）

「済みません。〇〇〇〇先生は、いますか。」

「ねえ、きみ。今のきみの言葉づかいは、あながち間違っているとは言えないけれど、少し言い方を変えた方がいいね。」

「有難うございます。では、どこが具合の悪かったところか、教えてください。」

「それは、最後の『いますか。』の部分なんだよ。『いますか』というのは、（①）「いる」と丁寧の意味を表す（②）「ます」、それに疑問の意味を表す（③）「か」から成り立っていることは、分かるね。ところが、（④）というのは、話全体を丁寧にしたり、話題についての聞き手に対する敬意を表す表現なんだ。だから、きみは「ます」という表現で、職員室にいる先生方全員には、丁寧な言葉づかいできちんと敬意を表現したことになるんだ。」

「なるほど。」

「ところが、きみが職員室に訪ねてきた相手である〇〇〇〇先生への敬意が十分に表現されているとは言い難いんだよ。だから、〇〇〇〇先生の動作である『いる』を（⑤）の『いらっしゃる』に直して『いらっしゃいますか。』と言えば、最高だったね。」

「ていねいなご指導を有難うございました。次から、気を付けたいと思います。」

3 次に挙げる短文のうち敬語として正しいものを三つ選び記号で答えなさい。（アナン学園高）

（　・　・　）

ア　父上の申し上げられる通りです。
イ　父上、こちらの用件を申しあげます。
ウ　父上、日向守様がお越しになりました。
エ　父上、日向守様が参りました。

オ　その儀《ぎ》は、担当の者に伺《うかが》ってくだされ。

カ　その儀《ぎ》は、担当の者にお尋《たず》ねくだされ。

4　次の各文の傍線部を、主語にふさわしい敬語に直すとき正しいものを、それぞれア～ウの中から一つ選び記号で答えなさい。（洛陽総合高）

①　私は先生にチケットをあげる。（　　）

ア　くださる　　イ　差し上げる

ウ　あげます

②　母が担任の先生に会う。（　　）

ア　お会いになる　　イ　お目にかかる

ウ　お会いになられる

③　私の作品を先生が見る。（　　）

ア　ご覧になる　　イ　拝見する

ウ　ご覧になられる

5　次の①～③の傍線部は、敬語の使い方として誤りである。正しい表現をそれぞれ後から一つずつ選び、その記号を書きなさい。（奈良文化高）

①　先生が全校集会で申しました。（　　）

ア　申し上げました　　イ　申されました

ウ　おっしゃいました　　エ　おっしゃられました

②　私がお客様を会場までお連れなさいます。（　　）

ア　お連れくださいます　　イ　お連れされます

ウ　お連れになられます　　エ　お連れいたします

③　先日拝見なさった作品は、有名な画家のものです。（　　）

ア　拝見されていた　　イ　ご覧になった

ウ　拝見になられた　　エ　ご覧になられていた

6　次の傍線部の敬語表現を正しく書き改めなさい。（日ノ本学園高）

㈠（　　）　㈡（　　）　㈢（　　）　㈣（　　）

㈤（　　）

㈠　こちらは私の地元の郷土料理です。どうぞいただいてください。

㈡　お客様の申し上げる貴重なご意見を、今後に活《い》かしてまいります。

㈢　担当の者がいらっしゃいますので、こちらでお待ちください。

㈣　私もその映画はご覧になりましたが、すばらしい作品でした。

㈤　（取引先に対して）弊社の発展の目覚ましさには感服いたします。

(2) 作文・小論文

（紙面の都合上、原稿用紙は省略していますが、解答の形式は問題文の最後に掲載しています。）

1　将来就きたい職業は何ですか。また、それを実現するためにどのような高校生活を過ごしますか。理由も含めて作文しなさい。（形式・字数指定なし）（アサンプション国際高）

2 学びの喜びを感じるのは、どのようなときですか。あなたの経験を一つ挙げて、百字以上百二十字以内で書きなさい。（20字×6行）

（滋賀短期大学附高）

3 新しいことに挑戦するときに、あなたが大切にしたいと考えることはどのようなことですか。次の条件1・2にしたがって、あなたの考えを書きなさい。（20字×9行）

（大阪府―一般）

条件1　新しいことに挑戦するときに、あなたが大切にしたいと考えることを簡潔に述べたうえで、なぜそのように考えたのかを、具体例や自分の体験を挙げながら説明すること。

条件2　**百八十字以内**で書くこと。

・原稿用紙の正しい使い方にしたがって書くこと。

・題名や名前は書かないで、本文から書き始めること。

4 あとの資料Aは、『広辞苑《こうじえん》』の「割愛」の項目である。資料Bは、文化庁の調査で全国の十六歳以上の個人に、「割愛する」という言葉の意味を問うた結果である。これらの資料から読み取ったことと、「国語」に関するあなたの考えや意見を、次の条件に従って二百字以内で書きなさい。（10字×20行）

（大阪教大附高池田）

条件

① 題名・名前は書かないこと。

② 二段落構成とし、前段には、資料から読み取った内容を、後段には、前段を踏まえてあなたの考えや意見を書くこと。

③ 資料の数値を使う場合は、漢数字で書くこと。

資料A

かつ‐あい【割愛】

① 愛執を断ち切ること。沙石集《しゃせきしゅう》九「―出家の沙門《しゃもん》、なんぞ世財《せざい》をあらそはん」

② 惜しいと思うものを思いきって手放したり省略したりすること。「紙数が尽きたので―する」

③ 大学など公的な組織が、他の組織からの要請で人材を手放すこと。「―願」

『広辞苑　第七版』（2018年発行）より引用

資料B

①全体の結果

〈問〉どちらの意味だと思うか（一つ回答）	
割愛する 例文：説明は割愛した	選んだ人の割合（%）
(ア)不必要なものを切り捨てる	65.3
(イ)惜しいと思うものを手放す	23.7
(ア)と(イ)の両方	4.5
(ア)，(イ)とは，まったく別の意味	5.0
無回答	1.5

文化庁　令和３年度「国語に関する世論調査」より作成

資料B

②年齢別の結果

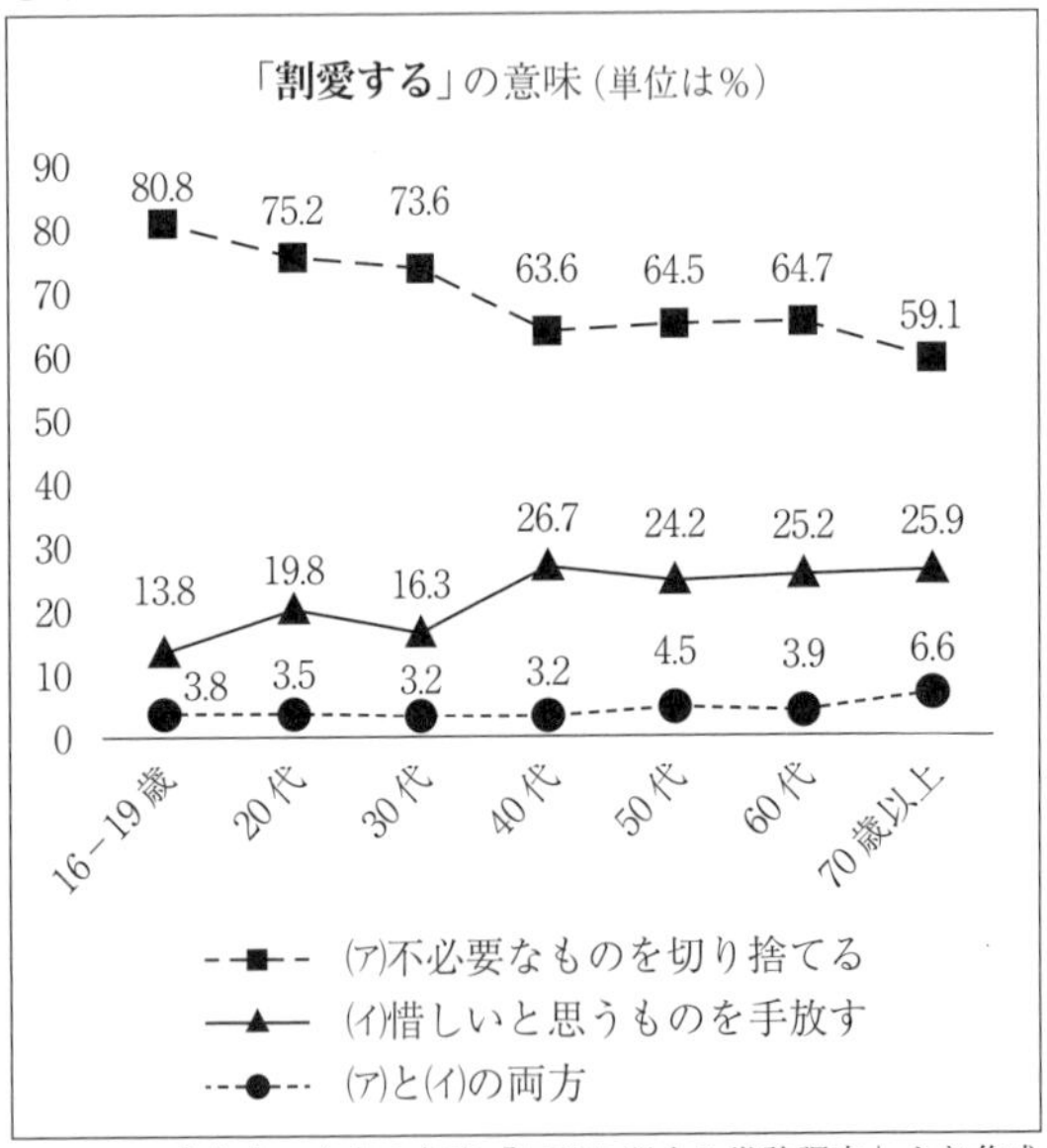

文化庁　令和３年度「国語に関する世論調査」より作成

5 春香さんは、国語科の授業で批評文を書く学習をしている。次は、【題材のポスター】と、春香さんが書いた【批評文】である。これらを読み、各問いに答えよ。
（奈良県―一般）

【題材のポスター】

（日本図書館協会のウェブサイトから）

【批評文】

私は、このポスターのよさは、「図書館をもっと身近に暮らしのなかに」というキャッチコピーに調和した絵にあると考える。

ポスターとは、見る人の視覚に訴えかけるものであるので、短くて印象的な言葉や絵、写真などを効果的に用いることが大切である。題材のポスターには、本を読む動物たちや人物がかわいらしく描かれ、絵がかもし出すあたたかい雰囲気が、五音と七音を生かしたリズム感のある親しみやすいキャッチコピーにぴったりと合っている。見る人は、キャッチコピーだけでなく絵も捉えることで、ポスターが呼びかける「図書館を身近なものとして利用し、本に親しんでほしい」というメッセージを容易に受け取ることができる。

このように、題材のポスターは、キャッチコピーを魅力的に描き出した絵があることで、より効果的に図書館の利用や読書を促していると言える。

(一) 春香さんが【批評文】で取り上げた、ポスターを分析する際の観点として最も適切なものを、次のア～エから一つ選び、その記号を書け。（　）

ア 改善すべきところ　イ 全体の構図
ウ 絵の効果　エ 作成者の思い

(二) 【批評文】からわかる春香さんの述べ方の工夫として最も適切なものを、次のア～エから一つ選び、その記号を書け。（　）

ア 初めと終わりに考えを置き、根拠を示して具体的に述べている。
イ 読み手に繰り返し問いかけ、関心をもたせるように述べている。
ウ 自分の考えに客観的なデータを加えながら、論理的に述べている。
エ 複数の具体例と比較し、題材の特徴を強調するように述べている。

(三) 【題材のポスター】は、図書館の利用や読書を呼びかけている。読書の意義についてのあなたの考えを、次の①、②の条件に従って書け。
（25字×6行）

条件① 二段落構成で書くこと。第一段落では、あなたが考える読書の意義を、第二段落では、そのように考える理由を書くこと。
条件② 原稿用紙の使い方に従って、百字以上百五十字以内で書くこと。

四　論理的文章の読解

☆☆ 標準問題 ☆☆

1 次の文章を読んで、あとの問いに答えなさい。　（東大阪大柏原高）

植物は、私たち人間のように歩き回ったり、走り回ったりすることはありません。

どうして植物は動かないのでしょうか。

もし、植物に聞いてみたら、植物は、きっとこう答えることでしょう。「どうして、人間はあんなに動かなければ生きていけないのだろう」

動物は、動かなければ生きていくことができません。食べ物を探し、それを食べなければ生きていけないのです。一方、植物にはその必要がありません。だから動かないのです。私たち人間は、人間を基準にして他の生き物を見てしまいます。しかし、人間の生き方が当たり前ということはありません。①他の生き物からすれば、人間の方が、よほど変わった生き物かも知れないのです。

それにしても、植物の生き方はずいぶんと変わっています。

植物は、どうして動物のように食べ物を探したり、食べたりしなくてもよいのでしょうか。その理由は「光合成」にあります。

植物は太陽の光のエネルギーを使って水と二酸化炭素から、生きるために必要な糖分を作りだすことができます。これが光合成です。

植物はこの光合成を行うことができるので動く必要がないのです。また、植物は土の中の栄養分を吸収して、生きる上で必要なすべての物質を作ることができます。そのため植物は、「②独立栄養生物」と呼ばれています。

一方、動物は自分で栄養分を作りだすことができません。植物を食べたり、あるいは植物を食べた他の生物を餌にしなければ生きていくことができないのです。そのため、動物は「従属栄養生物」と呼ばれているのです。

植物と動物で、基本的な生きる仕組みに大きな違いはありません。地球に生命が誕生した三十八億年前には、動物と植物の違いはありませんでした。植物と動物は同じ祖先から、進化を遂げていったのです。

③植物と動物の大きな違いは、植物は、細胞の中に光合成を行う葉緑体があることです。それでは、植物と動物とを大きく分けた葉緑体は、どのようにして作られたのでしょうか。

葉緑体には、不思議なことがあります。DNAは、細胞の核の中にあります。ところが、葉緑体は、核とは別にDNAを持ち、自分で増えていくことができるのです。じつは遠い昔、葉緑体はシアノバクテリアという独立した単細胞生物であったと考えられています。そして、より大きな単細胞生物に取り込まれて、細胞の中に共生するようになったのではないかと考えられているのです。これが現在考えられている「細胞内共生説」です。

こうして、大きな単細胞生物と光合成を行う単細胞生物との出会いによって、植物の祖先が生まれたのです。

（稲垣栄洋「面白くて眠れなくなる植物学」より）

問1　〰〰線部①「他の生き物からすれば、人間の方が、よほど変わった生き物かも知れないのです。」の説明として間違えているものを次の中から一つ選びなさい。（　　）

ア、人間は動かないと生きられないから。
イ、人間は人間が当たり前と思いすぎているから。
ウ、人間は光合成ができないから。
エ、人間には個性があり、それを活かして生活しているから。

問2　〰〰線部②「独立栄養生物」と植物が呼ばれることの説明として適切なものを二つ選び、記号で答えなさい。（　　）（　　）
ア、植物は光合成を行うことができる。
イ、植物は土の中で栄養分を吸収し、必要な物質を作ることができる。
ウ、植物は他の生物を餌にしながら生きていくことができる。
エ、植物はあらゆるものをエネルギーに変えることができる。

問3　〰〰線部③「植物と動物の大きな違い」が生じた理由を、次の文章の（　　）にあてはまる三字を本文中から抜き出しなさい。　□□□
植物が（　　）を持ったから。

問4　本文中の内容と一致しているものを次から一つ選び、記号で答えなさい。（　　）
ア、葉緑体はDNAと同じ構造である。
イ、植物は、太陽光と水から糖分を作ることができる。
ウ、植物と動物は同じ祖先である。
エ、シアノバクテリアが増殖することを、「細胞内共生説」という。

問5　本文は二段落構成になっている。一段落の終わりの五字を抜き出しなさい。（句読点を含む。）□□□□□

問6　問5でわけた一段落と二段落の文章の表題として適切なものを次からそれぞれ一つ選び、記号で答えなさい。
一段落（　　）　二段落（　　）
ア、人類が動く理由　　イ、DNAの不思議
ウ、葉緑体の不思議　　エ、植物は食べ物を探さない

2

次の文章を読んで、後の問いに答えなさい。（なお、設問の都合上、一部改変した箇所があります。）　（好文学園女高）

「①N君が淋《さび》しがっているでしょう」

そのNを見舞ってきたPが共通の友人Qにそう言うと、Qはひどくおどろいた。Qは日本へ来て三年で、なにかと事情がのみ込めなくて、おどろいてばかりいる。入院しているNが淋しがっている、というのがどうも②腑《ふ》に落ちない。

「病院にはたくさん人がいるでしょう。淋しいわけがないじゃありませんか」

「いや、N君は、淋しがっているよ、きっと」

PはNがひとりぼっちだから淋しがっている、と言っているのではない。Qに、見舞いに行ってやりなさい、と言いたいのである。［A］そう言うのを憚《はばか》って、遠まわしに淋しがっていると言ったのが、日本語のセンスが充分でないQには通じなかった。このごろでは、日本人でもわからないかもしれない。

これも、日本へ住むようになって数年という外国人の話。親しくしている友人から転居の挨拶が来た。印刷した文面の終わりのところに、

「近くへお出かけの節は、ア是非お立ち寄り下さい」

とある。是非というのは、つよいことばである。なんとしても訪ねなくてはいけないと、わざわざ出かけた。引越し早々の来客にあわてた先方が、どういう用で来たのかと聞いたりしたので、③すっかり不愉快になったという。日本人ならこれをマに受ける間抜けはない。安心して、い

らっしゃい、と言えるのである。

これは中国残留孤児のこと。知り合いの家へ招かれて行った。帰りぎわに、そこの女主人が、

「おひまなとき、また、遊びにおいでください」

と言う。ひまなら、いつだってある孤児が、次の週にまた訪問した。来いと言った奥さんが、どうして来たのかと聞くから、孤児君は腹を立てて、日本人は口先ばかりで、心は冷たい、という<u>イ</u>トウショをした。本当に来てほしいときには、こんな言い方をしない、ということを知らなくて起こった誤解である。

④外国から工場実習に来ているRが、隣にいる日本人の同僚Gに、

「スパナある?」

と聞いた。Gは黙って消えたと思ったら、スパナをもって来て、Rに渡した。Rは怒っている。「あるか」と尋ねたのに返事もしない。ないのなら、「ない」となぜ答えないのか、と言うのである。［B］もってこいとは言っていないが、スパナがいるんだろう。もって来てやった方が、「ないよ」と言っているより親切になるというのが日本人のウリクツである。相手の気持ちを汲《く》み、それにエ応えている。

スパナくらいなら、笑ってすませるが、外交では大きな問題になる。佐藤栄作元首相がアメリカで、ニクソン大統領と会談したとき、ニクソンが重要懸案をもち出したのに対して、佐藤首相がひとこと、「善処します」と答えた。大統領は、これを［C］と受け取り、問題は解決したと考えた。そうとは知らない佐藤首相が帰国してから、［D］した覚えはない、と断言したため、アメリカ側が食言※だと激昂《こう》、対日不信を招いた（さすがにおかしいと考えたアメリカが研究?して「善処します」というのが「トピックを変えましょう」という意味だと結論、誤解は解けたが、十年もたってからのあとの祭りである）。

日本人同士でも、意味をとり違えることがある。コーヒーに砂糖を入れてくれようとする人に対して、

「結構です」

と言ったら、どっさり砂糖を入れられた。入れてほしくなかったのに、とこぼした人がいる。結構は、［E］、と、［F］の両方の含みがある。いりませんというのがいかにも角が立つようなので、結構ですとボカすのだが、通じないことがある。

東京の人が関西へ寄付をもらいに行った。相手が話を聞いて、

「考えときまひょ」

と言った。しばらくして、東京氏が、もうそろそろ考えてくれたかと電話したら、相手が噴き出した。考えておこう、というのは、ノーの心である。⑤婉曲《えんきょく》なことわりであるとは、なれない人には通じない。

日本語は通人のことばである。オヤボな人には使えない。使えば誤解される。こういう通人のことばのことをアイランド・フォームと呼ぶことができる。島の国のことばの特色で、日本と同じような島国であるイギリスの文化について、歴史家のトレヴェリアン（一八七六〜一九六二）がつけた名称である。日本語はイギリス英語よりはるかにアイランド・フォーム化が進んでいる。

アイランド・フォームのことばは［X］であるより、［Y］である。以心伝心はアイランド・フォームのことばの花である。アメリカあたりのコミュニケーション論が何と言おうと、日本語は以心伝心を恥じなくてよい。

（外山滋比古『「忘れる」力』より）

※食言…前に言った事と違った事を言うこと。

問一　――線部ア〜オのカタカナを漢字に直し、漢字は読みをひらがな

で答えなさい。

ア（　　）イ（　　）ウ（　　）エ（　　）オ（　　）

問二　――線部①「N君が淋しがっているでしょう」について、誰が何のために言ったのか、次の空欄にあてはまることばを本文から抜き出しなさい。a（　　）b（　　）

［ a ］が［ b ］と言いたかったから。

問三　――線部②「腑に落ちない」・⑤「婉曲」の本文における意味として適当なものをそれぞれ次から選び、記号で答えなさい。

②「腑に落ちない」（　　）

ア　まとまらない　　イ　上手くいかない

ウ　理解できる　　エ　納得がいかない

⑤「婉曲」（　　）

ア　露骨でなく、遠回しに言うさま。

イ　力強くて、強引なさま。

ウ　様々な物事が、ねじ曲がったさま。

エ　しとやかで、美しいさま。

問四　［　］部A・Bにあてはまることばとして適当なものをそれぞれ次から選び、記号で答えなさい。A（　　）B（　　）

ア　まっさきに　　イ　たしかに

ウ　あからさまに　　エ　めったに

問五　――線部③「すっかり不愉快になった」とあるが、誰がどのような理由で「不愉快に」なったのか、説明しなさい。

〔　　　　〕

問六　――線部④「外国から工場実習に来ているR」が何に「怒っている」のか答えなさい。（　　）

問七　［　］部C・Dにあてはまることばとして適当なものをそれぞれ次から選び、記号で答えなさい。C（　　）D（　　）

ア　イエス　　イ　ノー　　ウ　承知　　エ　拒絶

問八　［　］部E・Fにあてはまることばとして適当なものをそれぞれ次から選び、記号で答えなさい。E（　　）F（　　）

ア　どうぞ、おねがいします　　イ　いいえ、いりません

ウ　お先にどうぞ　　エ　お先に失礼します

問九　［　］部X・Yにあてはまることばの組み合わせとして適当なものを次から選び、記号で答えなさい。（　　）

ア　心理的・倫理的　　イ　心理的・論理的

ウ　倫理的・心理的　　エ　論理的・心理的

問十　本文のタイトルである「アイランド・フォーム」の意味として適当なものを次から選び、記号で答えなさい。（　　）

ア　島国のことばの特色　　イ　島国の伝統的な文化

ウ　諸外国との連携強化　　エ　諸外国に根付いた考え方

3　次の文章を読み、あとの問いに答えよ。　（京都西山高）

労働はその起源においては「安定的に消費できる」ことを目的に始まりました。

「安定的に」というところが重要です。たまに飽食《ほうしょく》できるが、たまにa ウえることもあるというのでは困る。

①自然からの贈与は人間の側の都合では制御できない、だったら自然の恵みを人為によって制御しよう、そう思ったところから労働が始まりました。

よろしいですか、ここが肝腎《かんじん》なところですから、読み落とさないでくださいね。

労働の本質は自然の恵みを人為によって制御することです。

労働の本質は「生産」ではなく「制御」です。人間にとって②有用な資源を「豊かにすること」ではなく、それらの資源の生産・流通を「管理すること」です。

これはとても大事なことなので覚えておいてください。

みなさんのお勤めの会社にも「ものを作り出す部門」と「管理部門」がありますね。「オレたちが現場で③額に汗して価値あるものを作り出しているのに、④管理部門の連中は何も作らないで、ただ会議をしたり、書類を書いたりして、あれこれb指図ばかりしやがる」というような愚痴をよく耳にします。

でも、申し訳ないけれど、これは労働の本質を見cアヤマった発言だと言わねばなりません。だって、語の本当の意味での「労働」をしているのは、何も作らない管理部門の方々なのですから。

それは⑤彼らの仕事の本質が「制御」だからです。

僕たちの社会では、どんどん労働が強化されております。⑥そういう実感を持っている方がとても多いと思います。

でも、考えてみてください。「労働が強化されたなあ、きついなあ」と思っていらっしゃる方の多くは「価値あるものをじゃんじゃん作り出しているので、疲れた」というふうには感じていられないんじゃないですか？

X、⑦みなさんの疲労感の原因は「どうしてこんな意味のない会議を何時間もやるんだよ」とか「どうしてこんなどうでもいいことをぐだぐだ書いた書類を期日までに提出しなければいけないんだよ」というタイプのものではないんですか？

「価値のあるものをたくさん作ってください」というd要請に僕たちは疲れることはありません。価値あるものをじゃんじゃん創り出しているせいで、製品がひとつ完成するごとに、それができるのを列を作って待っていた人たちから「おおお」と歓声が上がり、中には感極まって抱きついてきたり、感涙にむせんでいる人もいるというような状況で「疲れた」という愁訴《しゅうそ》が口を衝《つ》いて出ることはたぶんありません。

僕らが疲れるのは「こういうスペック通りの価値あるものを、いついつまでに納品するように。遅れたらペナルティ課すからね」というタイプの要請に追いたてられているときです。

人間は生産することに疲れるのではなく、制御されることに疲れるのです。

現代社会では、どんどん労働が強化されていると労働者は実感しています。でも、それは労働時間の絶対量の増大によってよりむしろ、「生産から制御へ」のシフトの効果ではないかと僕は思います。

「生産から制御へ」という言葉の意味がわかりにくければ、こんな例を考えてください。

ここに１００万円あったとします。その効果的な使い道について会議をすることになりました。結論が出ずにだらだら議論しているうちに、会議の弁当代で１００万円使い切ってしまった……。

Yが生産より制御を優先するときに起きることです。そして、僕たちの社会で今日々起きているのは、まさに「⑧このこと」なのです。

人間が労働を始めたのは、衣食住の資源を「豊かに」享受《きょうじゅ》するためではありません。「安定的に」享受するためです。Z、衣服ひとつをとっても、それを実際に自然の動植物から取り出して、織ったり編んだりして、「着⑨られるもの」を作る「生産する人」（スリランカあたりで時給100円で働いている人たち）より、デザインを考えたり、工程管理をしたり、流通コストのｅサクゲン案を考える「制御する人」のほうが何十倍、何百倍ものサラリーをもらうことになります。

　現代の生産構造では、「無から有」を作り出すような労働をする人々が最下層に格付けされ、何も作らず、ただ「ありもの」を右へやったり左へやったりするだけの人が最上位に格付けされている。

　そういうことです。

　でも、それに「おかしいじゃないか」と文句を言っても始まらない。だって、これは昨日今日始まったことじゃないんです。⑩労働というのは、もともと最初からそういうものだったからです。

　すべては、自然からの贈与にだけ頼らず、自然からの贈与を安定的に制御しようとしたところから始まりました。新石器時代からテイクオフしたときから、ずっとそうなんです。

　人間が何よりも求めたのはシステムの安定です。だから、⑪衣食住のための基本的な財そのものを⑫生産するためのコストよりも、そのような財の生産を安定的にｆイジできる管理コストのほうに資源を優先的に配分するという⑬「倒錯」が起きたのです。

（内田　樹「困難な成熟」より）

問一　本文中の＝＝部ａ～ｆについて、漢字は読みを平仮名で、カタカナは漢字に直して書け。

ａ（　　）　ｂ（　　）　ｃ（　　）　ｄ（　　）　ｅ（　　）

ｆ（　　）

問二　本文中の①自然からの贈与は人間の側の都合では制御できないについて

１　「制御」の意味として最も適当なものを次の(ア)～(エ)から一つ選び、記号で答えよ。（　　）

(ア)　リード　　(イ)　インストール

(ウ)　コントロール　　(エ)　システム

２　「自然からの贈与」と同じ意味の語句を本文中から五字で抜き出して答えよ。□□□□□

問三　本文中の②有用について

１　「有用」とほぼ同じ意味を持つ熟語を次の(ア)～(エ)から一つ選び、記号で答えよ。（　　）

(ア)　効用　　(イ)　有益　　(ウ)　有利　　(エ)　用心

２　「有用」の対義語は「無用」である。次の熟語の対義語をそれぞれ漢字で答えよ。

①　現実（　　）　②　具体（　　）

問四　本文中の③額に汗してについて

１　「額に汗する」の意味として最も適当なものを次の(ア)～(エ)から一つ選び、記号で答えよ。（　　）

(ア)　懸命に努力する　　(イ)　危機的な状況である

(ウ)　緊張する　　(エ)　気持ちがたかぶる

２　これと同じように、体の一部を使った慣用句になるよう、次の空欄にあてはまる漢字一字をそれぞれ答えよ。

①　辛い時も、それを感じさせない彼には（　　）が下がる。

②　これは大変（　　）が折れる仕事だ。

③　孫のかわいらしい姿に、祖母が（　　）を細めている。

④　突然の知らせに、私は（　　）を疑った。

問五　本文中の④管理部門の連中という表現には、誰のどのような気持ちが込められているか。最も適当なものを次の(ア)～(エ)から一つ選び、

記号で答えよ。（　　）

(ア)　筆者の、管理部門で働く人々が何も作り出していないことを不満に思う気持ち。

(イ)　生産者の、管理部門の人々が自分たちを制御しようとすることにいらだつ気持ち。

(ウ)　筆者の、全員で価値あるものを生産しようとしない現代社会の体制を残念に思う気持ち。

(エ)　生産者の、何も作り出していないのに労働しているとされる管理者を気に食わない気持ち。

問六　本文中の⑤彼らが指す内容を本文中から十五字以内で探し、抜き出して答えよ。

問七　本文中の⑥そういう実感とは、どういう実感か説明せよ。

（　　）

問八　本文中の［X］・［Z］に入る最も適当な語を次の(ア)～(オ)から一つ選び、それぞれ記号で答えよ。X（　　）Z（　　）

(ア)　さて　(イ)　むしろ　(ウ)　あるいは

(エ)　けれども　(オ)　だから

問九　本文中の⑦みなさんの疲労感の原因について、その原因となるものを本文中から十字以内で探し、抜き出して答えよ。

問十　本文中の［Y］に入る最も適当な語を、本文中から漢字二字で抜き出して答えよ。

問十一　本文中の⑧このことが指す内容として最も適当なものを次の(ア)～(エ)から一つ選び、記号で答えよ。（　　）

(ア)　利益を生み出すことではなく、有益な現状を制御する営みそのものが大事だということ。

(イ)　１００万円ものお金が弁当代に使われる会議が、日本社会では行われているということ。

(ウ)　長時間の会議が行われることで、生産ではなく制御されることが優先されているということ。

(エ)　労働者が価値あるものを生産している間に、その生産物の利益を無駄にする管理者がいるということ。

問十二　本文中の⑨られるについて、文法的な意味が同じものを次の(ア)～(エ)から一つ選び、記号で答えよ。（　　）

(ア)　これは安全に食べられるキノコだ。

(イ)　設立当時の雰囲気が感じられる。

(ウ)　見知らぬ人に声をかけられる。

(エ)　入り口で貴重品が預かられる。

問十三　本文中の⑩労働というのは、もともと最初からそういうものだったからですについて、「そういうもの」とはどういうものであるか。説明せよ。

（　　）

問十四　本文中の⑪衣食住は、漢字一字を三つ連ねて構成されている三字熟語である。これと同じ構成の三字熟語が――部に用いられているものを、次の(ア)～(オ)からすべて選び、記号で答えよ。（　　）

(ア)　日本の雪月花の風景は海外にも評価されている。

(イ)　あの人の悪趣味であるのは有名な話だ。

(ウ)　彼には医者の不養生という言葉がぴったりだ。

(エ)　物事を楽観的にとらえることも時には必要だ。

(オ)　この成功は、天地人がそろったからだといえる。

問十五　本文中の⑫生産について、この場合の「生」と同じ読み方をするものを次の(ア)～(エ)から一つ選び、記号で答えよ。（　）

(ア) 生地　(イ) 生態　(ウ) 生意気　(エ) 往生

問十六　本文中の⑬「倒錯」が起きたのですとはどういうことか。最も適当なものを次の(ア)～(エ)から一つ選び、記号で答えよ。（　）

(ア) 財の生産に対して資源の配分を行わなかったために、日本の現代社会の体制が崩れてしまったということ。

(イ) 財を生産するためにコストをかけるべきなのに、逆にその管理にコストをかけている状態だということ。

(ウ) 財を生み出す生産者を大切にすべきなのに、逆にそれを管理する人間を優先してしまっているということ。

(エ) 人間が生きるために必要な衣食住を優先したために、敬うべき自然をないがしろにしてしまったということ。

4 次の文章を読んで、あとの問いに答えなさい。答えの字数が指定されている問題は、**句読点や「　」などの符号**も一字に数えなさい。

（大阪府―一般）

独創性、オリジナリティとは何だろうか。「人跡未踏」という言葉がある。誰もまだ踏み得ていない場所のことである。①到達の困難な地に足跡を残すことは功績であり栄誉でもある。未踏の地は冒険家たちによって次々に踏破されてきたが、中国雲南《うんなん》省の梅里雪山《ばいりせつざん》とか、南極の分厚い氷の下に眠るボストーク湖など、未踏の地はまだある。月面はアポロ11号のアームストロング船長によって踏まれた。火星にはまだ人は到達していないが、往復に何年もかけてそれを踏みに行くには哲学的な決断が必要であろう。しかし人類は踏んだことのない場所を踏みたがる。誰にでも分かりやすい明白なる達成がそこに刻印されるからだろう。創造や創発という行為が携えているイメージは、この未踏の地を踏むような手応えなのかもしれない。

しかし一方、昔の人が踏んだ足跡の上をことさら踏み重ねるようにして行う創造行為もある。和歌における「本歌取り」がそれである。これは先人が詠《よ》んだ古い歌を下敷きにし、一句から二句程度、古歌の言葉をそのまま使って歌を詠む方法をいう。②ならこれは創造性がないということになるが、本歌取りは、先人の作を、それを享受する人々が皆知っていることを前提とする創作である。和歌を詠む素養には、言葉を生み出す技術のみならず、過去に詠まれた歌に対する知識も含まれている。したがって先人の歌やそこに描かれた主題を、歌を詠む側も味わう側も共通知識として持っていることを前提に、新たな歌がそこに重ねられるのである。ここには普遍と個の問題が横たわっている。時代を経て人々の意識の中に残ってきたものに、自分という個を重ね合わせていくことで見えてくる差異の中に、創造性を見出《みいだ》そうという着想がそこにある。

別の例で言えば、轆轤《ろくろ》を回して茶碗《ちゃわん》を作る情景を想像してほしい。回転体であるから自《おの》ずと相似反復が生まれてくる。むしろ相似反復の中に茶碗が見出されると言ってもいいかもしれない。先人の営みをそのまま踏襲し、そこに生じる相似と差異の中に創造性が見立てられていく。多くの人々が認める普遍的な美がそこに見出されていく。個の創造性を超えた価値を探り当てようという意識、あるいは自我の表出に溺れず清まろうとする意志がそこに働いている。

誤解を恐れずに言うなら、③日本文化の中に育まれてきた創造性は人跡未踏にのみ価値を置いてはいない。自身の創作意欲を十全に発露しながらも、むしろさっぱりと個を始末し、普遍に手を伸ばそうとする姿勢である。同じ場所を同じように踏んでも足跡が完全に一致することはなく、必ず踏み方に違いが出る。だから先達の足跡に敬意を表しつつ、躊躇《ちゅうちょ》なく自分の足跡をそこに重ねられるのである。　（原　研哉「白百」より）

（注）梅里雪山＝中国雲南省にある連山のこと。
轆轤＝陶器などを成形するときに用いる回転台。

1　次のうち、①到達と熟語の構成が同じものはどれか。一つ選び、記号を○で囲みなさい。（ア　イ　ウ　エ）
ア　修繕　イ　避暑　ウ　送迎　エ　密封

2　次のうち、本文中の ② に入れるのに最も適していることばはどれか。一つ選び、記号を○で囲みなさい。（ア　イ　ウ　エ）
ア　古歌を重んずる　イ　古歌を軽んずる
ウ　独創を是とする　エ　独創を非とする

3　次のうち、本歌取りや轆轤を回して茶碗を作ることについて、本文中で述べられていることがらと内容の合うものはどれか。最も適しているものを一つ選び、記号を○で囲みなさい。（ア　イ　ウ　エ）
ア　本歌取りという方法があるように、和歌を詠むには、言葉を生み出す技術よりもむしろ、過去に詠まれた歌に対する知識の方が必要となる。
イ　本歌取りにおける創造性は、時代を経て人々の意識に残ってきたものに、個を重ね合わせていくことで見えてくる差異の中から見出される。
ウ　轆轤を回して茶碗を作る行為における創造性は、自ずと生まれてきた相似反復からではなく、その中に生じた差異から見立てられていく。
エ　轆轤を回して茶碗を作る行為には、先人の営みを踏襲しながらも、普遍的な美を超えた個の創造性を見立てようという意識が働いている。

4　③日本文化の中に育まれてきた創造性とあるが、日本文化の中に育まれてきた創造性について、本文中で筆者が述べている内容を次のようにまとめた。 a に入る内容を、本文中のことばを使って**十字以上、十五字以内**で書きなさい。また、 b に入れるのに最も適しているひとつづきのことばを、本文中から**二十五字**で抜き出し、**初めの五字**を書きなさい。

a
b

創造や創発という行為が携えているのは、未踏の地を踏む手応えのような a というイメージかもしれないが、日本文化の中に育まれてきた創造性は、先達の足跡に自分の足跡を重ねることで、創作意欲を発露しながらも、 b である。

5　次の文章を読んで後の問に答えなさい。問題中の字数制限は、すべて句読点、記号等をふくみます。（初芝橋本高）

学校教育のなかで、ディベート形式の言論が近年流行っている。立場を二つに分けて、お互いの主張を言い合う。相手の弱点をつき、追い込む。論理性は大切にするが、相手の気持ちをくみ取ることは基本的にはしない。①揚げ足取りもよく見られる。国会の質問と答弁でも、相手の質問の意図をわざと取り違えたり、曖昧《あいまい》にぼかして答弁するケースが多く見られる。これは意図的に焦点をぼかしているケースだ。

ディベートで論理力を養う、という趣旨は理解できないわけではない。【Ａ】、論理性のみを最上の価値とするのでは、コミュニケーション力養成のトレーニングとしては限界がある。論理には抜け道が多くある。論理力の低い者同士では、単なる水掛け論になりやすい。論理的な能力を駆使して、論点をごまかし、相手を言い負かすことは、習熟してみればさほど難しいことではない。裁判のように勝ち負けが重要な場合には、こうした能力が重要視される。相手の論理のミスを突き、相手が本当に言いたいこととは別の弱点を攻め立てる。そして議論を有利に運ぶ。こうした技術は、たしかに社会のある場面で求められることはある。しかし、私が思うには、ふつうの社会人の場合、仕事の大半はこのようなディベート能力で行うものでは②ない。相手の言い間違いをうまく利用したり、論理をうまくすり替えて議論を有利に運んだりすることは、仕事の場面ではさして意味がない。相手をやりこめたり、騙《だま》してするような仕事のやり方では、あとでトラブルが起きる。——(ア)

本当に求められている能力は、相手の言いたいことを的確につかむ能力である。要約力と言ってもいい。出来得れば、相手がすべて言葉で表現し切れていない事柄までも、想像力や推測力でつかみ取り、「おっしゃりたいのは……ということではないでしょうか」と提案する力が欲しい。自分の言いたいことをしっかりと受け止めてくれたと感じることで、議論は一つ基礎が踏み固められ、次へ進む。③相手の穴をつつき合う議論とは、方向性がまるで逆の姿勢である。

お互いに相手の言いたいことをしっかりとつかみ合い、よりよいアイディアを出していく。これがクリエイティブな対話というものだ。相手を言い負かすだけの議論は、一見華々しいようでも [④] ではない。——(イ)

お互いの利益をひたすらぶつけ合い、つり合いを測って妥協点を見いだす、というやり方が有効なケースもたしかにある。それは先ほど述べた裁判や、利益がぶつかり合う状況である。しかし、まず基礎としてつけるべきコミュニケーション力は、そのような殺伐たる、戦い続ける討論の力ではない。お互いに意味をしっかりつかみ合い、同じチーム、パートナーとして、トラブルに向き合う。言葉を交わし合い、行き詰まりを共有しながら、新しい意味が生まれるのを待つ。それも、ただ待つのではない。言葉の端々をきっかけにして、脳の中のすべての情報をフル稼働させ、新しい意味を模索するのである。

相手の言いたいことを捉える努力をせずに、あら探しをする。そんな悪癖だけを身につけることになる危険性を、ディベートの授業に感じることが私は多い。アメリカ合衆国では、利益をぶつけ合いバランスをとることが歴史的に重要な意味を持った。しかし、日本でそれをそのまま踏襲する必要はない。コミュニケーションの基本は、あくまでもお互いの言いたいことをしっかりとつかみ合うことにある。そうした要約力や再生力を身につけることこそが、まず肝要である。

⑤ディベート形式による討論のトレーニングのもう一つの悪影響は、立場を変えてもいかようにでも議論できるということである。賛成と反対それぞれの立場を変えてみても議論できる能力が、ディベート能力だ。【B】これは上手く使えば、双方の立場を理解する能力につながる。しかし、自分が何を大事としているのかという価値判断とは別に論理構成をし主張する、という習慣を身につけることは決して好ましいことではない。何を大事だと思うか、何を正しいと思うか、という価値判断がまず先にあって論理が構成される。それがまともな思考である。——(ウ)

通常の議論においては、論理的に話しているように見えても、何かの価値を押し通そうとしているというのが実情である。その点、ディベートは議論を応酬させることで、総合的な価値判断の材料を豊かにするという面もたしかにある。しかし、一般的には立場を固定して主張し合うために、価値判断部分は動かすことなく、論点をやりとりすることに終始するのがふつうである。論理の細部に足下をすくわれて価値判断をないがしろにする、【Ｃ】「木を見て森を見ず」という事態が起きやすい。

ぺらぺらと論理をまくし立てることが、コミュニケーション力なのではない。相手の感情を含めて理解し、次の一歩をお互いに探し合う。そうした前向きで肯定的な構えが、身につけられるべき基本の構えである。——(エ)

向き合って唾を飛ばし合い戦い合うイメージではなく、斜め四五度で向き合い、相手を半分見つつも、もう半分の意識では共に未来を見ている。前方を共に見ながら、対話を積み重ねる。その斜め四五度のポジショニングが、コミュニケーションの基本型である（図２参照）。

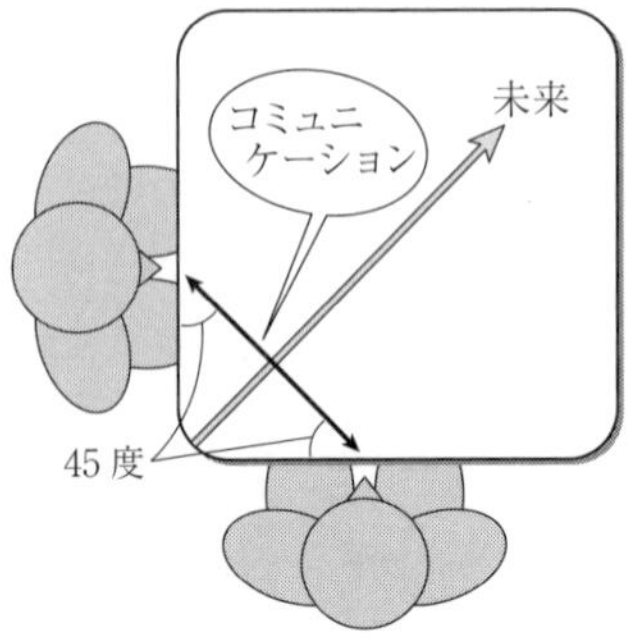

図２　斜め45度のポジショニング

（齋藤　孝「コミュニケーション力」より）

問一　【Ａ】～【Ｃ】にあてはまる語として最も適当なものを次から選び、それぞれ記号で答えなさい。

Ａ（　）Ｂ（　）Ｃ（　）

ア　つまり　　イ　もちろん　　ウ　しかし

問二　——①「揚げ足取り」をすることと同義になるように、次の（　）に身体の一部を表す漢字一字を入れなさい。（　）

言葉（　）をとらえる

問三　——②「ない」と用法が同じものを次から選び、記号で答えなさい。（　）

ア　すぐあきらめてしまうとはなさけない。

イ　雨が降りそうなので公園には行かない。

ウ　今月の残ったお小遣いは多くない。

エ　その部屋には目当てのものはない。

問四　——③「相手の穴をつつき合う議論」について次のようにまとめるとき、各（　）に当てはまる二字の熟語を本文中から抜き出して答えなさい。　１［　　］　２［　　］

相手の（１）の矛盾を突き、相手の主張以外の（２）を攻めるような議論。

問五　［④］に当てはまる語として最も適当なものを次から選び、記号で答えなさい。（　）

ア　総合的　　イ　批判的　　ウ　意図的　　エ　生産的

問六　——⑤「ディベート形式～ことである」とあるが、「立場を変えていかようにでも議論できるということ」以外の「悪影響」とは何か。本文中の語句を用いて四十字程度で説明しなさい。

問七　次の文章は本文中の(ア)～(エ)のどの部分に当てはめるのが最も適当か、記号で答えなさい。（　）

弁護士ならば、依頼者を勝たせるために論理構成をする。しかし弁護士はあくまでも代理人である。議論において、自分自身を代理人の立場におく練習をするよりも、当事者として自らの価値判断をもとにした議論をまずすべきである。

問八　本文の内容として適当なものには○、適当でないものには×を、それぞれ解答欄に記入しなさい。

ア（　）　イ（　）　ウ（　）　エ（　）

ア　教育の現場では、自身の主張を持ち、それを表現する論理力を養うことが最も大切なことだとされている。

イ　実際に社会で必要なのは、相手の気持ちを想像、推測してくみ取り理解する能力である。

ウ　ディベート形式による討論トレーニングでは、論理の構成が大切であり、自身の考えは重視されない。

エ　コミュニケーションで大切なのは相手に正面から向き合い、目の前にある話題に集中することである。

6　次の文章を読んで、後の問いに答えなさい。　（天理高）

想定外に向き合う知力

これから自分が生きていくとき、何が起こるのかは、現在の時点でまだ誰にもわからない。東日本大震災のとき、原発事故が起こった。そこでは「想定外」という言葉が頻繁《ひんぱん》にａ用いられた。

私たちのこれからの時間、将来の人生に起こることは、すべて想定外のことなのである。想定外の事態を、なんとか自分だけの力で乗り越えていかなければならない。生きるとは①そういうことである。

運動をするにはそれなりの基礎体力をつけなければならないのと同様に、これから何が起こるかわからない想定外の問題について自分なりに対処するためには、それなりの体力が要求される。私はそれを②「知の体力」と呼んでいる。

それは知識の習得である以上に、どう考えればその場を乗り切れるのかという、考え方の訓練なのである。知識を持っていることは、もちろん大切なことであるが、それは弾力的な知識でなくては、実際の応用には役に立たない。単に教科書に書かれている通りに覚えている知識では、自分が現場で出くわした初めての体験にそれを応用するには、まだ硬すぎるのである。

③知識を解きほぐし、応用可能なまでに自由に伸び縮みできるようにするためには、その知識が、どのような多くの人々の④試行錯誤のもとにもたらされたものなのか、それが作り出されたプロセスを知り、その知がカバーできる外延をなぞり、かつその知によって自分のすでに得ていた知の体系が再構成されることが必要であろう。

「自分ならどう考えるか」というときに、⑤それまでに先人たちがどのように考えてきたかを学ぶことは、具体的に何かの役に立てるという勉強以上に重要な意味を持っている。「生命」というものについて、どのような見方が交錯し、次第にその真理に近づいていったかについては、のちに少し詳しくみることにするが、われわれが疑うこともない常識としての知も、それが確立するまでには、さまざまな見方からアプローチする人々によって、たゆまぬ議論と反証が重ねられ、揺れながら、ゆっくり醸成《じょうせい》されていったものなのである。それをＡつぶさに知ることは、ものの見方の多様性を知ることになる。そのような視点、視角の多様性を自らのものとして持っていることは、想定外の現実への対応として必須のことなのである。

⑥本来の勉強というものは、あるいは学問というものは、何かのためにするものではないのだろう。具体的に何かを解決するためにという目的のはっきりしたものは学習であり、学問とは学んで問うもの。何かの解決のためのものではないと思いたい。具体的な問題の解決のためにする勉強もあっていいが、具体的な目標を設定しない、もっとはるかに遠い未来に漠然と何かの役に立つ勉強もあり、それが学問というものである。

私の講義では教科書をつかわBないと先に述べた。そのもっとも大きな理由は、「わかっていること」を教えるよりは、「わかっていないこと」を教えることこそが、大学における教育、講義の本来の姿だと考えるからである。「まだわかっていないこと」を学生諸君にbショウカイし、それがなぜまだわかっていないのかを説明する。その「なぜ」に興味を持ってもらうことこそが、大学教育の本来の姿、学問をすることの第一歩であると思っているからである。

⑦教科書は便利でよくできており、必要な知識はほぼすべて漏れなく収録されている。しかし、教科書には唯一、書かれていないことがある。それは「わかっていないこと」である。「わかっていること」は必要十分に網羅《もうら》されているのが教科書だが、教科書には、唯一、「まだわかっていないこと」は書かれていないのである。当たり前のことである。

私の専門は理系なので、どうしてもそちらの教科書を中心に考えることになってしまうが、高校までの教科書を注意深く読んでみても、知識の先端にあって、これはまだ明らかでないという部分をわざわざ取り上げて、そのわからない理由や、いくつものC理論があって定説がないなどという部分をクローズアップしている教科書は、たとえあったとしても例外的であろう。多くは、すでに「わかっていること」が整然と述べられているのが教科書である。

すでに「わかっていること」を習得、すなわち学習することも大切であるが、より大切な学びは、すでに「わかっていること」のすぐ横には、まだこんなに「わかっていないこと」があるのだということを例をもって示すこと、気づいてもらうことではないだろうか。

もちろん「まだわかっていないこと」をわかってもらうためには、「 2 」を知っているということが前提になる。「だから、仕方がないから教科書に書いてDある内容も講義するけれど、しばらく我慢して聞いてほしい」と言って、いわゆる講義もしなければならなくなる。しかし、わかっていることをしっかり理解してもらうことは、⑧わかっていないことを知るための前提という位置づけである。何人かに一人の学生が、そんなわかっていないことばかりの世界に魅力を感じて、研究者への道を歩んでくれればというEはかない望みを持ちながら、講義をしているのである。

わかっている事実の山のようなcシュウセキを見せつけられたら、誰もその上に自分が何かを築こうなどとはd到底思えないものだが、「わかっている」と思っていたことのすぐ横に、こんなことさえもまだわかっていないのかと知ることは、それなら自分でも何とかその問題、課題の解決に参加できるかもしれないと思わせるe契機になるだろう。受動的な学習から、能動的な学問へのシフトは、まさにそんな「ひょっとしたら、自分でも」と能動的に考えることを外しては起こり得ないのである。

（永田和宏「知の体力」より）

問一　傍線部a～eのカタカナを漢字に直し、漢字の読みをひらがなで記しなさい。

a（　　い）　b（　　）　c（　　）　d（　　）　e（　　）

問二　二重傍線部A～Eの語の品詞を次の中からそれぞれ選び、記号で答えなさい。

A（　　）　B（　　）　C（　　）　D（　　）　E（　　）

ア　名詞　　イ　副詞　　ウ　連体詞　　エ　動詞
オ　形容詞　　カ　形容動詞　　キ　接続詞　　ク　感動詞
ケ　助詞　　コ　助動詞

問三　傍線部①「そういうこと」とはどういうことか。その説明として

適当なものを次の中から一つ選び、記号で答えなさい。（　　）

ア　現在の時点では生きていくなかで何が起こるのかまだ誰にもわからないこと。
イ　私たちの人生に起こることは将来の人生もすべて想定外のことだということ。
ウ　想定外の事態を自分だけの力で乗り越えていかなければならないということ。
エ　想定外の問題について対処する基礎体力をつけなければならないということ。

問四　傍線部②「知の体力」を説明した語句を本文中から六字で抜き出しなさい。

問五　傍線部③「知識」の説明として適当でないものを次の中から一つ選び、記号で答えなさい。（　　）

ア　弾力的な知識
イ　単に教科書に書かれている通りに覚えている知識
ウ　自分のすでに得ていた知
エ　常識としての知

問六　傍線部④「試行錯誤」の類義語を次の中から一つ選び、記号で答えなさい。（　　）

ア　暗中模索　　イ　即断即決　　ウ　優柔不断　　エ　猪突猛進

問七　傍線部⑤「それまでに先人たちがどのように考えてきたかを学ぶことは、具体的に何かの役に立てるという勉強以上に重要な意味を持っている」とあるが、その理由を「それまでに先人がどのように考えてきたかを学ぶことで、」に続く形で、本文中の語句を用いて五〇字以内で答えなさい。

それまでに先人がどのように考えてきたかを学ぶことで、

問八　傍線部⑥「本来の勉強というものは、あるいは学問というものは、何かのためにするものではないのだろう」とあるが、筆者が考える「学問」とはどのようなものか。端的に説明している部分を本文中から四〇字以内で抜き出しなさい。

問九　空欄1にはここからの内容の小見出しが入る。小見出しとして適当なものを次の中から一つ選び、記号で答えなさい。（　　）

ア　本来の大学教育は受動的な学習
イ　教科書はとにかく便利なツール
ウ　学生みんなを研究者にするために
エ　「わかっていないこと」を教えたい

問十　傍線部⑦「教科書は便利でよくできており、必要な知識はほぼすべて漏れなく収録されている」とあるが、筆者が考える教科書の学習にかかわる語句を次の中からすべて選び、記号で答えなさい。

（　　）

ア　たゆまぬ議論と反証
イ　「わかっていること」を習得
ウ　わかっていない問題の解決
エ　受動的
オ　能動的

問十一　空欄2に当てはまる語句を次の中から一つ選び、記号で答えな

さい。（　　）

ア　わかっていること　　イ　わかっていないこと

問十二　傍線部⑧「わかっていないことを知るための前提」とはどういうことか。その説明として適当なものを次の中から一つ選び、記号で答えなさい。（　　）

ア　教科書に書いてある必要な知識を習得できていないということを学生に自覚させるための前提。
イ　学生たちが理解していることとまだ理解できていないこととの区別を明確にしていくための前提。
ウ　学問には教科書に書かれていないまだ明らかでない部分があることを学生が気づくための前提。
エ　将来の人生は想定外でわからないことばかりの世界だがそこに魅力があると感じるための前提。

7　次の文章を読んで、あとの問いに答えなさい。　（園田学園高）

興味のないことは視界から外したい。偏っていてもいいから、好きなものだけに囲まれていたい。映像娯楽※コンテンツに限らずニュースなどの情報についても、それをaツラヌきたい。

※同レポートではこういった「〝なんとなく〟の時間を問い直し、自分の気分に合ったメディア・コンテンツを選り好みする生活者」のことを「Picky Audience（ピッキー・オーディエンス）」と名付けている。pickとは「選ぶ」。ピックアップのピック。レストランのバイキングで、好きな料理を好きなように皿に取る行為のイメージだ。

インターネットの普及とbシン透によって人々は――全世代的に――多すぎる情報とコンテンツに辟易《へきえき》している。心が疲れている。

そこにきて、自分の好きな情報やコンテンツだけで①視界を埋める術が、同じインターネットによって実現した。最初から同じ意見の人だけをフォローするSNS、興味のあるニュースが先頭に来るよう快適にカスタマイズされたニュースサイト。外野の無粋な異論・反論がシャットアウトされている有料※オンラインサロン。

多くの動画共有サイトや定額制動画配信サイトが、ユーザーひとりひとりの視聴履歴に応じて「おすすめ作品」「次に観るべき作品」を※レコメンドしてくれる。趣味に合わない作品は、最初から選択肢から外しておいてくれる。

②その恩恵を享受しているのは、なにも若年層だけではないということだ。

ピッキー・オーディエンスについて考えれば考えるほど、昨今よく言われる「ポスト・トゥルース」という言葉が浮かぶ。世論において、事実よりも個人の感情に訴えかける虚cギのほうが強い影響力を持つ状況のことだが、一言で言えば「信じたいものを信じる」だ。フェイク・ニュース蔓延《まんえん》の温床としてもよく知られている。

「見たいものしか見ない」と「信じたいものしか信じない」。視聴者のワガママ化と快適主義。ピッキー・オーディエンス。

「※『ラノベの主人公が窮地に陥ってほしくない』のと一緒。自分の望む物語を楽しむために※ノイズは要らないんですよ。自分の信条に引っかかる展開が、すなわちノイズ。主人公がつらい目に遭うとか、好きな子に振られるとか、そういう〝ロー〟な展開はいらないんです。物語を快適に消費するためには」（X氏）

映像視聴の快適主義が極まっていくと、ラノベ同様「自分が想定した

展開を見たい」という視聴者のワガママが顔を出し始める。その理由としてよく聞くのが、「気持ちを乱されたくない」だ。［A］

ヒアリングしたある女性（30代）は、ドラマを観る場合はあらすじを先に最後まで読む。先々に出てくる登場人物の顔と名前とプロフィールもすべて頭に入れておく。その上で第1話から見始める。［B］

「ミステリーもので、『この人、殺されるのかな？　助かるのかな？』ってドキドキするのが苦手なんです。突然殺されてびっくりさせられるのも嫌。込み入った話についていけなくなって『え、これどういう意味だっけ？』ってなるのも気持ち悪いから避けたい。娯楽のために観てるのに、それだと全然楽しめないじゃないですか」

彼女にとっては、「1めくるめく展開」や「予想もしないどんでん返し」や「複雑で込み入った物語」はすべて不快。〔 1 〕避けたいのだ。

彼女にとって好ましい物語とは、「③思っていた通りになる物語」である。である以上、「思っていた通りの話はつまらないですよね」とか「思っていたのと違う展開になるからおもしろいんじゃないですか？」と言ったところで、説得することはできない。ジェットコースターが苦手な人に「あんなに楽しいのに、なんで？」と聞くのに等しい。愚問である。［C］

ある大学生は、「高校生の妹が『心が揺さぶられるのが嫌だから、泣く映画かどうか先に知ってから観たい』と言っていて驚いた」と報告してくれた。［D］

「心が揺さぶられる」状態を避けるメンタリティ※のバリエーションとして、昨今は「共感性羞恥《きょうかんせいしゅうち》」がポピュラーな感覚として共感者を増やしつつある。他人が失敗したり、恥をかいたりしているのを見ると、それがフィクションの中の出来事であっても自分まで恥ずかしい気持ちになってしまうというものだ。共感性羞恥を強く感じる人は、TV番組のドッキリ企画すら見ることができない。楽しめないのだ。④ある種の人々が映像作品に求める「快適主義」に近いものがある。

そもそも、映像作品の良し悪しを判断する基準が「登場人物に共感できるかどうか」に寄りすぎている昨今の傾向も、気にかかる。〔 2 〕、共感できるかどうかは物語の魅力のひとつではある。〔 3 〕一方で、到底共感できない人物の行動を目の当たりにすることで、人間という存在がいかに多様で複雑であるかを、畏怖や敬意や驚嘆とともに理解する。これも鑑賞行為の豊かさを構成する、欠くべからざる要素だろう。

この世界には自分とまったく考えの異なる「他者」がいて、彼らは自分とまったく異なる行動原理にdシタガって生きている。その価値観に同意する必要はないが、⑤その価値観の存在は認めなければならないし、尊重しなければならない。尊重には「向き合い、理解する」義eムも含まれる。しかし、⑥物語や言説の価値を共感だけに求める者は、「共感できない価値観に向き合い、理解に努める」ことに慣れていない。それには大きなエネルギーを要する上、コスパが悪い（快適ではない）からだ。

結果、自分の考えを補強してくれる物語や言説だけを求め、ただただそれを強化することになる。その先にあるのは、他者視点の圧倒的な欠如だ。他者に対する想像力の喪失だ。彼らは「自分とは違う感じ方をする人間がこの世にいる」というきわめて当たり前の事実を、なぜか忘れてしまう。もしくは、そういう人間を2安直に「敵認定」する。

（稲田豊史「映画を早送りで観る人たち」より）

・問題作成の都合上、本文の一部を改めた。

※コンテンツ……インターネット上で提供される動画や音声などの内容。
※同レポート……「メディア接触傾向がどのように変化したか」について記したレポート。
※オンラインサロン……インターネット上で展開される会員制のコミュニティ。
※レコメンド……推薦すること。
※ラノベ……ライトノベルの略。若者を対象とした気軽に読める内容の小説のこと。
※ノイズ……騒音、雑音。
※メンタリティ……心理状態。

問1　二重傍線部a～eのカタカナの部分と同じ漢字を用いるものを、それぞれ次の中から一つずつ選び、記号で答えなさい。

a　ツラヌき（　　）
ア　部活動のカン誘　イ　カン大な心
ウ　空気の循カン　エ　トンネルのカン通

b　シン透（　　）
ア　病院を受シンする　イ　床上までシン水する
ウ　大会のシン判をする　エ　耐シン工事をする

c　虚ギ（　　）
ア　模ギ試験を受ける　イ　詐ギ事件の捜査
ウ　生産地のギ装　エ　ギ長に就任する

d　シタガって（　　）
ア　医療ジュウ事者　イ　ジュウ横無尽
ウ　高速道路のジュウ滞　エ　ジュウ実した生活

e　義ム（　　）
ア　五里ム中　イ　ム盾点をみつける
ウ　漫画にム中になる　エ　在宅勤ム

問2　波線部1「めくるめく」、2「安直に」の意味として、最も適当なものをそれぞれ次の中から一つずつ選び、記号で答えなさい。

1　「めくるめく」（　　）
ア　要点が分かる　イ　想像できない
ウ　目がくらむ　エ　腰が引ける

2　「安直に」（　　）
ア　落ち着いているさま　イ　簡単であるさま
ウ　まっすぐであるさま　エ　丁寧であるさま

問3　〔１〕～〔３〕に入るものとして、最も適当なものをそれぞれ次の中から一つずつ選び、記号で答えなさい。

1（　　）2（　　）3（　　）
ア　たしかに　イ　しかし
ウ　ゆえに　エ　もし

問4　傍線部①「視界を埋める」とは、どうなることか。その説明として、最も適当なものを次の中から一つ選び、記号で答えなさい。（　　）
ア　流行の話題について詳しく知りたいという気持ちが強くなること。
イ　情報の供給量が多すぎて自ら調べる方法を忘れてしまうこと。
ウ　自分の知識を増やしたいという意欲が生まれること。
エ　自分にとって必要だと感じる情報だけで満たすこと。

問5　傍線部②「その恩恵」とあるが、その具体例として、最も適当なものを次の中から一つ選び、記号で答えなさい。（　　）

ア　ネットショッピングをしようとすると、過去の購入品をもとに興味がありそうな商品が掲載された広告が出てくる。
イ　動画共有サイトには面白そうな動画が多くあるため、それらを全て視聴するために時間を忘れるほどのめり込んでしまう。
ウ　雨が降ると仕事に支障をきたすため、毎日天気を気にかけているとテレビなどで天気予報を見ることが習慣化される。
エ　趣味で描いていた絵をインターネット上に掲載するようになると、共通の趣味を持った友人がたくさんできる。

問6　傍線部③「思っていた通りになる物語」を言い換えた表現を、文中から七字で抜き出しなさい。□□□□□□□

問7　次の一文は文中のA～Dのいずれかに入る。最も適当なものを一つ選び、記号で答えなさい。（　　）
これも「気持ちを乱されたくない」の一形態だ。

問8　傍線部④「ある種の人々が～近いものがある」とあるが、どういうことか。その説明として、**適当でないもの**を次の中から一つ選び、記号で答えなさい。（　　）
ア　たとえ物語であったとしても、自分が想定していない出来事や場面に遭遇して感情を乱されたくないと考えるということ。
イ　登場人物が悲しい思いをすることは耐えられないため、映像視聴の際には、心地よい感情を得られる作品を求めるということ。
ウ　自分と映像作品の主人公の姿を無意識に重ねて、思い通りに展開しない作品は視聴しないように避けるということ。
エ　興味のあるものが自動的に提供されることに慣れてしまい、自分で選択することができなくなるということ。

問9　傍線部⑤「その価値観～ならない」とあるが、それはなぜか。その理由を説明したものとして、最も適当なものを次の中から一つ選び、記号で答えなさい。（　　）
ア　他者とのコミュニケーションにおいて、共感することは最も重要であり、生きる上で身につけなければならない技術だから。
イ　現在の映像作品は登場人物に共感できるかどうかが重要視されており、その状況を改善するために他者の行動を理解する必要があるから。
ウ　自分と異なる考えを知ることによって新たな価値観に出会い、その経験を通してこそ他者への理解をより深めることができるから。
エ　ものごとには全て良し悪しがあり、その判断基準を持つためには他者と向き合い、人間関係を築く必要があるから。

問10　傍線部⑥「物語や言説の価値を共感だけに求める」とあるが、筆者は「求め」た結果どうなると考えているのか。八十字以内で説明しなさい。

□□□□□□□□□□□□□□□□□□□□
□□□□□□□□□□□□□□□□□□□□
□□□□□□□□□□□□□□□□□□□□
□□□□□□□□□□□□□□□□□□□□

8　次の文章を読んで、後の問いに答えなさい。（問題に字数制限のある場合は、句読点・符号も字数に数えます。）　（東山高）

数十年前から、生物種を絶滅から守ることが自然保護運動や自然保護の(1)セイサクの大きな目的になっています。有名な例では、トキを絶滅から守る取り組みがあります。トキは江戸時代までは日本各地で見られ、学名を「ニッポニア・ニッポン」といい、日本を代表する鳥と見なされていました。

しかしその羽毛をa採取するために［Ⅰ］がなされ、一九八一年には野生のトキはわずか五羽しかいなくなっていました。その五羽を捕獲し、人工的環境のなかでトキの保護活動が進められてきましたが、二〇〇三年に最後の一羽が死んでしまいました。

その少し前の一九九八年に、中国から(2)ドウニュウしたつがいのトキを保護しながら繁殖させ、二〇〇八年からは毎年放鳥が行われるようになりました。その結果、日本の空をトキが舞う風景をよみがえらせることができたわけですが、その間にトキの保護に関わった人々にはたいへんな(3)クロウがあったようです。

トキの(4)フッカツは感動的な物語としてドキュメンタリー番組にもなりました。その一方で、そこまでしてなぜ生物種を守らなければならないのか、種の絶滅は自然界で普通に起こることではないか、1それは自然の(5)セツリではないか、という疑問もわきます。

実際のところ、2生物種の絶滅を防がなければならない理由は何なのでしょうか。

近年、自然保護の分野では「自然」に代わる言葉として「生物多様性」という言葉が急速に広まっています。国レベルでは「生物多様性基本法」と「生物多様性国家戦略」が制定され、いくつかの(6)自治体では「生物多様性地域戦略」がつくられています。これらの大本は、一九九二年の「地球サミット」で採択された「A生物多様性条約」に日本が参加していることにあります。

生物多様性条約は、気候変動枠組条約と並ぶ、世界で最も重要な国際環境条約です。生きものを守る条約には、他にも「ラムサール条約」「ワシントン条約」「世界遺産条約」などがありますが、これらは湿地・水辺を保護する、絶滅危惧種の国際取引を規制する、貴重な自然地域を世界自然遺産に指定するといった、特定の自然を守る条約です。それに対し、3生物多様性条約は自然をより包括的に守る点に特徴があります。

しかし「生物多様性」とはいったい何なのでしょうか。よくある説明では、遺伝子の多様性、種の多様性、生態系の多様性を含むもの、とされますが、これだけではよく分かりません。［Ⅱ］、生物多様性を「守る」という言い方をするので、自然保護のための言葉だということは想像できますよね。そうすると、一般的には「自然保護」という言葉のほうがよほど分かりやすいのに、なぜ「生物多様性を守る」とわざわざ言い換えるようになったのでしょうか。Bなぜ「自然保護」ではいけなかったのでしょうか。

ここで「自然」という言葉について突っ込んで考えてみましょう。［Ⅲ］、「そのくらいの傷は自然に治るよ」とか「自然な表情をとらえた」といいますよね。そのときの「自然」と、「自然保護」を訴える人が守ろうとしている「自然」は違うものを指しているように感じるでしょう。

実は、日本語のもともとの「自然」は、名詞ではなく副詞・形容動詞として使われてきました。「自然に治るよ」とか「自然な表情」という用い方のほうが、歴史が古いのです。一方、自然保護の「自然」は、名詞としての「自然」です。それは、明治時代にnatureにあてた翻訳語だと言われています。つまりnatureを「自然」と訳すことにしたときに、今用いられている名詞としての「自然」が誕生したのです。この副詞・形容動詞としての「自然」と、名詞としての「自然」の二種類があるために、「自然を守る」といった場合に混乱が生じます。自然を守るとはどういうことか。自然は自然に任せる［Ⅳ］ないのではないか。生きものの数が増えるのも減るのも自然の流れではないか。

名詞としての「自然」のもとになったnatureにも、似たような「多義性」があります。イギリスの有名な科学雑誌に『Nature』があります。これは自然科学全般を扱う雑誌で、天文学や量子論[*1]についての論文も掲載されています。ところが、nature conservation[*2]という場合には、通常、星や微粒子を人の手から守れ、という主張は含まれません。つまり、4英語のnatureの守備範囲も広すぎるのです。nature conservationを唱える人は、特定の野生生物や絶滅危惧種といった限定された対象を守ることを主張しているのに、そのときにnatureと言ってしまうと、「新型コロナウイルスだってnatureですが守るんですか」という話になってしまいます。

そこで海外では野生生物の減少や生物種の絶滅を防ぐべきという主張をする場合には、natureに代わる言葉としてbiodiversityという言葉を用いるようになりました。守るべき対象は「生きもの」に関わるものであり、かつそれが多種多様であること、がポイントになります。このbiodiversityという言葉の日本語訳が「生物多様性」なのです。

海外の研究ではbiodiversityという言葉が普通に使われています。この言葉は英語として定着したと言ってよいでしょう。5生物学者の岸由《ゆう》二《じ》によれば、英語圏の人々はbとvとdの入った言葉が大好きで、それもあってbiodiversityという言葉は普及したのだ、といいます。これは面白い見解だと思います。

それに対して、日本語の「生物多様性」はいかにも学術用語ふうで堅苦しく、このままではこの言葉は普及しないとして、岸は「生きものの賑《にぎ》わい」という言葉を用いることを提案しています。

確かに「生きものの賑わい」のほうが、イメージがつかめそうです。周りに多種多様な生きものがたくさんいることが「生きものの賑わい」の姿といえるでしょう。岸はまた、生きものの種類が多様なだけでなく、生きもののすみかが多様であることを重視します。種の多様性だけでなく、「すみ場所」の多様性が大切で、いろいろな場所に、いろいろな生きものが住んでいることが「生きものの賑わい」のポイントなのです。岸は「流域」に焦点を合わせて、大地の凹凸《おうとつ》にあわせて多種多様な生きものとともに暮らしていく、というビジョンを発信し続けています。

ところで、ここまでの話では、diversityがあったほうがよい、賑わいがあったほうがよい、ということが前提とされてきました。そのため、多様性や賑わいはなぜ必要なのか、という疑問をもった人もいるかもしれません。この点については環境倫理学や生態学のなかからいくつかの説明がなされています。

そのうちの有名なものは、それぞれの種を飛行機のリベット（留め金具）になぞらえる説明です。生態系を飛行機に見立てれば、それぞれの種は全体を支える留め金具なのであり、種が絶滅することは一つの留め金具が外れることで、全体の健全性を損なう（下手をすれば飛行機がバラバラになる）というものです。また、何らかの病気がまん延したときに、いろいろな遺伝子をもった生きものがいれば、全部が病気にかからなくて済む可能性が高まる、という説明があります。これも6生態系全体の健全さに価値を置いた説明です。

このように、個体、種、遺伝子のすべてのレベルで多様性が確保されているほうが、全体の生態系システムが維持される、というのが、生物多様性を重視する人たちの標準的な説明となっています（「賑わい」という言葉には、それに加えて地域社会の豊かさの要素が含まれているといえます）。

（吉永明弘「はじめて学ぶ環境倫理」より）

＊1　量子論…原子や電子などの非常に小さな粒子や、光などについての理論。

＊2　nature conservation…自然保護。

問一　――線部(1)～(6)の漢字はひらがなに、カタカナを漢字にそれぞれ直しなさい。

(1)（　　）　(2)（　　）　(3)（　　）　(4)（　　）　(5)（　　）

(6)（　　）

問二　――線部a「採取」と熟語の組み立てが同じものを次の中から一つ選び、記号で答えなさい。（　　）

ア　永久　　イ　帰宅　　ウ　新旧　　エ　和食

問三　[Ⅰ]にあてはまる言葉として最も適当なものを次の中から選び、記号で答えなさい。（　　）

ア　統率　　イ　保護　　ウ　交配　　エ　乱獲

問四　[Ⅱ]・[Ⅲ]にあてはまる言葉として最も適当なものを次の中からそれぞれ選び、記号で答えなさい。Ⅱ（　　）　Ⅲ（　　）

ア　つまり　　イ　なぜなら　　ウ　たとえば

エ　しかも　　オ　しかし

問五　[Ⅳ]にあてはまる言葉として最も適当なものを次の中から選び、記号で答えなさい。（　　）

ア　のみ　　イ　ばかり　　ウ　しか　　エ　こそ

問六　――線部1「それ」の指している内容を本文中から五字以内で抜き出して答えなさい。[　　　　　]

問七　――線部2「生物種の絶滅を防がなければならない理由」を「～から。」に続く形で本文中より五十字以内で抜き出し、初めと終わりの五字を答えなさい。初め[　　　　　]　終わり[　　　　　]から。

問八　――線部3「生物多様性条約は自然をより包括的に守る点に特徴があります」とは、どういうことですか。最も適当なものを次の中から選び、記号で答えなさい。（　　）

ア　急激な気候変動を防ぐために結ばれた国際環境条約の中でも、生物多様性条約は特に多くの分野において取り決めがなされているということ。

イ　自然保護の観点からつくられた数ある条約の中でも、生物多様性条約は指定された対象において特に大きな効果を発揮するということ。

ウ　絶滅危惧種の国際取引に関する方針を定めた自然保護条約の中でも、生物多様性条約はより多くの生きものの保護に重点を置いているということ。

エ　生物種を保護するために取り決められた条約の中でも、生物多様性条約はより全体的に幅広い範囲で自然を守ろうとしているということ。

問九　――線部4「英語のnatureの守備範囲も広すぎるのです」とありますが、「守備範囲」が「広すぎる」とは、どういうことですか。最も適当なものを次の中から選び、記号で答えなさい。（　　）

ア　英語のnatureという言葉が様々な場で間違った使い方をされているということ。

イ　英語のnatureという言葉の中には非常に多くの意味が含まれているということ。

ウ　英語のnatureという言葉は限定された対象を守ることを主張しているということ。

エ　英語のnatureという言葉には否定的な意味が込められていることもあるということ。

問十　――線部5「生物学者の岸由二」の考えとして、あてはまらないものを次の中から一つ選び、記号で答えなさい。（　　）

ア　人間が「流域」に展開される地形に合わせて、多種多様な生きものと共存していく観点が「生物多様性」の保持に求められる。

イ　人間は音の響きによって知覚される印象が変わるため、歯切れの良い発音の語を用いて「生物多様性」を認識するのがよい。

ウ　「生物多様性」という言葉は、その言葉自体がとっつきにくいため「生きものの賑《にぎ》わい」という言葉を代用したほうがよい。

エ　「生物多様性」とは生きものの種類が多様なだけでなく、生きものの生息域が多様であることも大切である。

問十一　――線部6「生態系全体の健全さに価値を置いた説明」の具体例としてあてはまるものを次の中から二つ選び、記号で答えなさい。（　　）（　　）

ア　オオカミが絶滅した森では捕食者のいなくなったシカが大量に増加して、農作物や森の植物を食い荒らす食害が発生した。

イ　ニホンウナギの生態は謎に包まれていたが、二〇〇九年、産卵場所が日本から約2000キロ離れたマリアナ海域だと特定された。

ウ　草原の草は一見同じように見えるが、その性質はそれぞれ微妙に異なるため干ばつや大雨があっても草原全体は安定している。

エ　害虫のミバエ類は、放射線を当てて生殖機能を失わせたオスを大量増殖させて野外に放つことによって根絶に至った事例がある。

オ　供給安定のために何年にもわたって品種改良を重ねた末、ついに美味しくて病気に強い品種のイネを作り出すことに成功した。

問十二　――線部A「生物多様性条約」の前文を東山高校の先生が抜粋してまとめ、それを生徒たちが授業で読み、話し合いを行いました。文章の読み取りとして適当でない発言を傍線部の中から二つ選び、記号で答えなさい。（　　）（　　）

（前文）

締約国は、

① 生物の多様性がある種の人間活動によって著しく減少していることを懸念し、生物の多様性に関する情報及び知見が一般的に不足していること並びに適当な措置を計画し及び実施するための基本的な知識を与える科学的、技術的及び制度的能力を緊急に開発する必要があることを認識し、

② 生物の多様性の著しい減少又は喪失のおそれがある場合には、科学的な確実性が十分にないことをもって、そのようなおそれを回避し又は最小にするための措置をとることを延期する理由とすべきではないことに留意し、更に生物の多様性の保全のための基本的な要件は、生態系及び自然の生息地の生息域内保全並びに存続可能な種の個体群の自然の生息環境における維持及び回復であることに留意し、

③ 生物の多様性の保全及び持続可能な利用が食糧、保健その他増加する世界の人口の必要を満たすために決定的に重要であること、並びにこの目的のために遺伝資源及び技術の取得の機会の提供及びそれらの配分が不可欠であることを認識し、

④ 生物の多様性の保全及び持続可能な利用が、究極的に、諸国

間の友好関係を強化し、人類の平和に貢献することに留意し、
生物の多様性の保全及びその構成要素の持続可能な利用のための既存の国際的な制度を強化し及び補完することを希望し、
現在及び将来の世代のため生物の多様性を保全し及び持続可能であるように利用することを決意して、次のとおり協定した。

（「生物多様性条約」より。環境省の前文を一部抜粋したもの）

A君：前文の①の部分をみると、ア生物の多様性が人間によって損なわれていることが不安視されているようだね。

B君：②では、イ生物の多様性を損なう可能性がある時は、科学的に証明されない場合であってもそれを回避したり最小限にとどめたりする措置をとるように、と書かれているよ。

C君：さらに、②にはウ生物の多様性を守っていくためには生物の生息環境を根本から作り変えて、より快適なものにする必要があるとも書かれているね。

D君：なんで生物の多様性の保全が人間に必要なのだろう。

A君：まずは食糧問題だね。③によると、エ世界の人口は増加傾向にあるから、食糧の安定した供給のために必要なんだよ。

B君：それから僕たち人間の遺伝子への影響が大きいな。③に書かれているように、オ人間も他の種と同じように進化していくためには生物の多様性のサイクルの中に存在する必要がある。

C君：④に書かれているように、カ生物の多様性を守っていくことは、国同士の友好関係を強めて、人類の平和にもつながっていくんだね。

問十三　――線部B「なぜ『自然保護』ではいけなかったのでしょうか」とありますが、「自然保護」という表現の問題点に対する筆者の見解を次の条件に従って答えなさい。

【条件】「日本語」という語を必ず使い、本文中の言葉を用いて五十字以上六十字以内の一文で答えること。

9　次の文章を読んで、後の問いに答えなさい。（雲雀丘学園高）

特定の目的に向けて他者をコントロールすること。私は、これが①利他の最大の敵なのではないかと思っています。

1ボウトウで、私は「利他ぎらい」から研究を出発したとお話ししました。なぜそこまで利他に警戒心を抱いていたのかというと、これまでの研究のなかで、他者のために何かよいことをしようとする思いが、しばしば、その他者をコントロールし、支配することにつながると感じていたからです。善意が、むしろ2カベになるのです。

たとえば、全盲になって一〇年以上になる西島玲那さんは、一九歳のときに失明して以来、②自分の生活が「毎日はとバスツアーに乗っている感じ」になってしまったと話します。「ここはコンビニですよ」。「ちょっと段差がありますよ」。どこに出かけるにも、周りにいる晴眼者*が、まるでバスガイドのように、言葉でことこまかに教えてくれます。それはたしかにありがたいのですが、すべてを先回りして言葉にされてしまうと、自分の聴覚や触覚を使って自分なりに世界を感じることができなくなってしまいます。たまに出かける観光だったら人に説明してもらうのもいいかもしれない。けれど、それが毎日だったらどうでしょう。

「障害者を演じなきゃいけない窮屈さがある」と彼女は言います。晴眼

者が障害のある人を助けたいという思いそのものは、すばらしいものです。けれども、③それがしばしば「善意の押しつけ」という形をとってしまう。障害者が、健常者の思う「正義」を実行するための道具にさせられてしまうのです。

若年性アルツハイマー型認知症当事者の丹野智文さんも、私によるインタビューのなかで、同じようなことを話しています。

> 助けてって言ってないのに助ける人が多いから、イライラするんじゃないかな。家族の会に行っても、家族が当事者のお弁当を持ってきてあげて、ふたを開けてあげて、割り箸を割って、はい食べなさい、というのが当たり前だからね。「それ、おかしくない？できるのになぜそこまでするの？」って聞いたら、「やさしいからでしょ」って。「でもこれは本人の自立を3ウバってない？」って言ったら、一回怒られたよ。でもぼくは言い続けるよ。だって④これをずっとやられたら、本人はどんどんできなくなっちゃう。

認知症の当事者が怒りっぽいのは、周りの人が助けすぎるからなんじゃないか、と丹野さんは言います。何かを自分でやろうと思うと、先回りしてぱっとサポートが入る。お弁当を食べるときにも、割り箸をぱっと割ってくれるといったように、やってくれることがむしろ本人たちの自立をウバっている。病気になったことで失敗が許されなくなり、挑戦ができなくなり、自己4コウテイ感が下がっていく。丹野さんは、周りの人のやさしさが、当事者を追い込んでいると言います。

ここに圧倒的に欠けているのは、他者に対する信頼です。目が見えなかったり、認知症があったりと、自分と違う世界を生きている人に対して、その力を信じ、任せること。やさしさからつい先回りしてしまうのは、その人を信じていないことの裏返しだともいえます。

社会心理学が専門の山岸俊男は、信頼と安心はまったく別のものだと論じています。どちらも似た言葉のように思えますが、ある一点において、ふたつはまったく逆のベクトルを向いているのです。

その一点とは⑤「不確実性」に開かれているか、閉じているか。山岸は『安心社会から信頼社会へ』のなかで、その違いをこんなふうに語っています。

> 信頼は、社会的不確実性が存在しているにもかかわらず、相手の（自分に対する感情までも含めた意味での）人間性のゆえに、相手が自分に対してひどい行動はとらないだろうと考えることです。これに対して安心は、そもそもそのような社会的不確実性が存在していないと感じることを意味します。

安心は、相手が想定外の行動をとる可能性を意識していない状態です。要するに、相手の行動が自分のコントロール下に置かれていると感じている。

それに対して、信頼とは、相手が想定外の行動をとるかもしれないこと、それによって自分が不利益を被るかもしれないことを前提としています。つまり「社会的不確実性」が存在する。にもかかわらず、それでもなお、相手はひどい行動をとらないだろうと信じること。これが信頼です。つまり信頼するとき、人は相手の［ I ］を尊重し、支配するのではなくゆだねているのです。これがないと、ついつい自分の価値観を押しつけてしまい、結果的に相手のためにならない、というすれ違いが起こる。相手の力を信じることは、利他にとって絶対的に必要なことです。

私が出産直後に数字ばかり気にしてしまい、うまく5ジュニュウできなかったのも、赤ん坊の力を信じられていなかったからです。

もちろん、安心の追求は重要です。問題は、安心の追求には終わりがないことです。一〇〇%の安心はありえない。

信頼はリスクを意識しているのに大丈夫だと思う点で、不合理な感情だと思われるかもしれません。しかし、この安心の終わりのなさを考えるならば、むしろ、「ここから先は人を信じよう」という判断をしたほうが、合理的であるということができます。

利他的な行動には、本質的に、「これをしてあげたら相手にとって利になるだろう」という、「私の思い」が含まれています。

重要なのは、⑥それが「私の思い」でしかないことです。

思いは思い込みです。そう願うことは自由ですが、相手が実際に同じように思っているかどうかは分からない。「これをしてあげたら相手にとって利になるだろう」が「これをしてあげるんだから相手は喜ぶはずだ」に変わり、さらには「相手は喜ぶべきだ」になるとき、利他の心は、容易に相手を［Ⅱ］することにつながってしまいます。

つまり、利他の大原則は、「自分の行為の結果はコントロールできない」ということなのではないかと思います。やってみて、相手が実際にどう思うかは分からない。分からないけど、それでもやってみる。この不確実性を意識していない利他は、押しつけであり、ひどい場合には暴力になります。

「自分の行為の結果はコントロールできない」とは、別の言い方をすれば、「見返りは期待できない」ということです。「自分がこれをしてあげるんだから相手は喜ぶはずだ」という押しつけが始まるとき、人は利他を自己6ギセイととらえており、その見返りを相手に求めていることになります。

私たちのなかにもつい7メバえてしまいがちな、見返りを求める心。先述のハリファックス*は、警鐘を鳴らします。「自分自身を、他者を助け問題を解決する救済者と見なすと、気づかぬうちに権力志向、うぬぼれ、自己8トウスイへと傾きかねません」(『Compassion』)。

アタリ*の言う合理的利他主義や、「情けは人のためならず」の発想は、他人に利することがめぐりめぐって自分にかえってくると考える点で、他者の支配につながる危険をはらんでいます。⑦ポイントはおそらく、「めぐりめぐって」というところでしょう。めぐりめぐっていく過程で、私の「思い」が「予測できなさ」に吸収されるならば、むしろそれは他者を支配しないための想像力を用意してくれているようにも思います。

(伊藤亜紗「うつわ的利他――ケアの現場から」より)

＊晴眼者…目が見える人。
＊ハリファックス…ジョン・ハリファックス。人類学者で禅僧。
＊アタリ…ジャック・アタリ。経済学者。

問一 ===線部1～8のカタカナを漢字に直しなさい。

1(　　) 2(　　) 3(　　って) 4(　　)
5(　　) 6(　　) 7(　　えて) 8(　　)

問二 ――線部①「利他」とありますが、「利他」とはどういうことかを説明した部分を本文から探し、解答欄に合うように二十字以内で書き抜きなさい。(句読点、記号は字数に数えます。)

［　　　　　　　　　　　　　　　　　　　　］こと。

問三 ――線部②「自分の生活が『毎日はとバスツアーに乗っている感じ』になってしまった」とありますが、ここに表れている西島さんの心情を説明したものとして最も適当なものを次のア～オから選び、記号で答えなさい。(　　)

ア 日常生活において常に人の手を借りなければならない現実に、無力感を抱いている。

イ　日常生活のささいな場面でだれかが手助けしてくれる毎日に、感謝の気持ちを抱いている。

ウ　日常生活において常にだれかが介入してくることに、生活を邪魔されていると感じている。

エ　生活の場面を毎日のようにだれかが説明してくれることに、わずらわしさを感じている。

オ　生活のあらゆる場面をだれかが説明してくれることに、新鮮な感動と喜びを感じている。

問四　――線部③「それがしばしば『善意の押しつけ』という形をとってしまう」とありますが、このようになる理由を筆者はどう考えていますか。それを説明した次の文の（　）にあてはまることばを本文から十字で探し、書き抜きなさい。（句読点、記号は字数に数えます。）

障害をもつ人に対し、（　）気持ちが欠けているから。

問五　――線部④「これ」の指示内容を、本文のことばを使って二十五字以内で説明しなさい。（句読点、記号は字数に数えます。）

問六　――線部⑤「『不確実性』に開かれているか、閉じているか」とありますが、「『不確実性』に開かれている」とはどういうことですか。解答欄に続くように、本文のことばを使って三十五字以内で説明しなさい。（句読点、記号は字数に数えます。）

ことを前提としているということ。

問七　Ⅰ に入ることばとして最も適当なものを次のア～オから選び、記号で答えなさい。（　）

ア　先天性　イ　自律性　ウ　可能性

エ　社会性　オ　確実性

問八　――線部⑥「それが『私の思い』でしかない」とはどういうことですか。五十字以内で説明しなさい。（句読点、記号は字数に数えます。）

問九　Ⅱ に入ることばを本文から二字で探して書き抜きなさい。

問十　――線部⑦「ポイントはおそらく、『めぐりめぐって』というところでしょう」とありますが、ここで筆者が述べようとしたことの説明として最も適当なものを次のア～オから選び、記号で答えなさい。（　）

ア　「情けは人のためならず」の発想が権力志向に傾かないためのポイントは、自分の行為が他者に与える影響や効果について分析し、検討した上で、相手がいつか必ず喜んでくれるはずだという確信のもと、自分に返ってくるものについては過大な期待をせずに行動する点にあるということ。

イ　「情けは人のためならず」の発想が権力志向に傾かないためのポイントは、自分と相手の間に上下関係や立場の不均衡がないことを見極めた上で、他者に与える影響をメリットもデメリットも含めて十分検討し、自分に返ってくるものについては何も期待せずに行動する点にあるということ。

ウ　「情けは人のためならず」の発想が権力志向に傾かないためのポイントは、自分も相手も行為の結果について予測できないということを十分に確認した上で、結果的に相手のためにならなかったとしても、自分にとって利になることがいずれやってくると信じて行動する点にあるということ。

エ　「情けは人のためならず」の発想が権力志向に傾かないためのポイントは、自分の行為が常に他者に影響を与えるとは限らないということを理解した上で、相手から自分に返ってくるものがいつになるかを期待せず、相手が本当に喜んでくれるまで辛抱強く行動する点にあるということ。

オ　「情けは人のためならず」の発想が権力志向に傾かないためのポイントは、自分の行為が他者に与える影響や効果を決して予測できないということを自覚した上で、自分に返ってくるものを期待することも、誰かの役に立つという成果を求めることもなく、行動する点にあるということ。

問十一　本文の内容に合致するものとして最も適当なものを次のア～オから選び、記号で答えなさい。（　　）

ア　利他的行動は相手を苦しめることが多いので、つつしまなければならない。

イ　真の利他的行動とは、様々な場面を想定して他者のために行動することである。

ウ　結局のところ他者の気持ちはわからないので、真の利他的行動は存在しない。

エ　純粋に他者を思う気持ちが根底にあっても、利他的行動になるとは限らない。

オ　利他的行動を貫こうとすればするほど、利己心から逃れられないのが人間である。

★★ 発展問題 ★★

1　次の文章を読んで、後の問いに答えなさい。字数制限のある問いは、記号・句読点を字数に含むものとします。（立命館宇治高）

私がこれからお話ししたいのは、学校で教えられる知は、子どもの日常生活を超えた知だからこそ重要だということです。ただしそうであるがゆえに、その内容は子どもにとってなじみにくいものだ、ということも説明します。

ここでは、ドイツの教育哲学者のK・モレンハウアーが書いた『忘れられた連関』（今井康雄訳、みすず書房）の議論を紹介します。モレンハウアーは、議論の材料として、『世界図絵』（一六五八年）という世界初の子ども向けの絵入り教科書をつくったJ・A・コメニウスについての考察を通して、学校の知のⓐトクイ性を説明します。

モレンハウアーが考察に使うのが、Ⓧ「提示」・「代表的（代理的）提示」という概念です。「提示」（Präsentation）とは、学校がなかった社会における人間形成のやり方です。第一次的な生活世界、すなわち普段の生活の中で、周囲の大人と一緒に生活することそれ自体の中で、子どもたちはさまざまなことを学んでいました。羊飼いの子であれ、農民の子であれ、大人と一緒に暮らし、ⓑカギョウを手伝ったり、雑談の輪に入ったりする中で、いろいろなことを覚えます。生活それ自体が学習の過程なのです。人間の長い歴史のほとんどは、これで何とかなってきました。「羊飼いの子は羊飼いになる」「農民の子は農民になる」というふうな伝統的な社会では、生活即学習という「提示」という形式で、人は一人前の大人になれていたわけです。

しかし、①社会が発展して複雑になり、子どもたちが親とは異なる生き方をするようになっていくと、「提示」だけでは不十分になっていきます。モレンハウアーの言葉を借りると、「社会的生活が複雑化するにつれて、子どもを待ちかまえている実生活の諸関係は、そのどれをとっても子どもにとって近寄り難いものとなる。将来必要となるものが子どもの第一次的な生活世界に含まれる度合いはますます低くなるわけである」。Ⅰ

たとえば、ⓒケイヤクをするとか、遠くの世界とコミュニケーションするとか、どこか外で作ったルールが持ち込まれるというようなことがどんどん起きてくる。耳慣れない単語で示されたⓓシンキなものを理解しないと、外の世界で仕事にありつくことができなくなる。そうなると、日常の身近な関係だけの中の学習では対応しきれません。「この結果、おとなが自らの生活を生きて見せる『提示』とは別に、社会的・歴史的文化のうち、経験によっては子どもが到達し難い部分を何らかの仕方で彼らに知らせてやるという課題が生じる」。モレンハウアーが指摘する、この「経験によっては子どもが到達し難い部分」というのがポイントです。つまり、身の回りにないものを学ばせる必要が生じてきたのだ、という話です。

そこで、学校の重要性が出てきます。学校は、この世界がどうなっているかということを、言葉や記号を使って子どもたちに学ばせる役割を果たすというのです。ここが重要なポイントです。

子どもたちは学校に通って、そこで、「②カリキュラム化された知」を学びます。その「カリキュラム化された知」というのは、この世界を再構成して縮約（縮尺）したものです。モレンハウアーは、学校のカリキュラム化された知を通した学習の形式を、「代表的提示（代理的提示）」（Repräsentation）と呼んでいます。モレンハウアーの本の訳者である今井康雄さんの解説を引用しておきます。「そこでは子どもたちは、学校のような実生活から区別された空間のなかで、言語的・記号的に組織された知識を学ぶことになる。……子どもたちは、知の世界を通して現実世界とは何であるかを知り、こうして現実世界への参入が準備されることになる」（今井 二〇〇九）。

生まれ育った身の回りの世界を超えて、広い世界で生きていくためには、子どもたちは、言葉や記号を通して、この世界がどういうものなのかを理解しないといけない。学校で教えられるのはそういう知なのです。Ⅱ

図 3—1　人間の七つの年齢段階

図 3—2　海の魚と貝

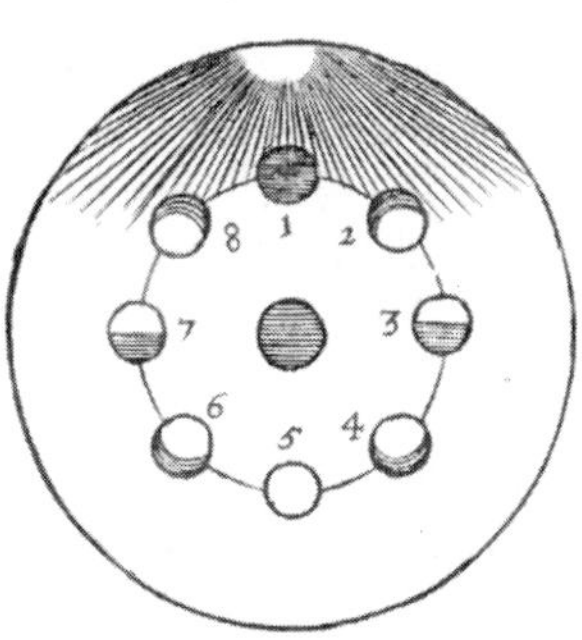

図 3—3　月の状態

ちょっとわかりにくいかもしれません。モレンハウアーが説明に使ったコメニウスの『世界図絵』をみてみましょう。

図3―1は、その中の「人間の七つの年齢段階」のページです。図の左下に赤ん坊がいます。人生はここから始まるわけです。それから、その隣に男の子と女の子、若い男性と若い女性がいます。一番高い段にいるのが、人生の絶頂ということで、成人の男女です。私なんかはすでに年を取って、ずっと右下のほうに行っています。最後は杖を突いている状況です。

そこに数字が書いてありますが、その横には呼び名がラテン語とドイツ語で書かれていました。これは人間の一生をどういう言葉で呼び表すかを学んだわけです。

図3―2は、「海の魚と貝」のページです。潮を吹いているのはクジラですね。2はイルカです。3にはアザラシがいます。「海の怪物」と説明されていました。8はヒラメ、9はタラです。トビウオやエイもいて、巻貝とか二枚貝もいます。

図3―3は、「月の状態」のページです。太陽があって、月があって、地球があります。数字が書いてありますが、太陽と地球の間に月が来たときには、月は輝きません。「新月」ですね。「三日月」があって、ずっと下のほうには、太陽と反対側に来たときの月が描かれています、「満月」ですね。ああ、【 A 】は太陽と地球との位置関係で決まるのだということが理解できますね。すばらしい。ただし、残念ながら、この図は地球が世界の真ん中にある「天動説」のような図ですけれども。

図3―1は、当時の子どもたちにとってもなじみやすいものだったでしょう。身分による服装の違いは別にして、赤ん坊から年寄りまでのさまざまな年齢層の人たちを、子どもたちも普段から目にしていたからです。

でも、図3―2はそうではありません。「海なんかあたりまえに知ってるじゃないか」というのは、テレビが普及した後の今のわれわれの「あたりまえ」であって、十七世紀の中部ヨーロッパに生まれ育った子どもは、【 B 】ことでしょう。

図3―3も興味深いものです。月の満ち欠け自体は、当時の子どもは日常生活の中で目にしていました。しかし、毎日のように月の満ち欠けを見ていても、なぜそうなるのかについて、普段の観察から理解することは難しいでしょう。この図は、生活しているだけではわからない、月の満ち欠けの理由を理解させてくれるのです。Ⅲ

なぜコメニウスは、こんな本を作ったのでしょうか。コメニウスはキリスト教の聖職者ですから、神がつくったこの世界が何なのか、すべてのことをすべての子どもに教えたいと考えたのです。海の生物の絵が入っているのは、「それは神が作ったこの世界の一部だから」ということになるでしょう。

先ほど、「学校知は世界の縮図だ」という話をしましたが、この点は、コメニウスの『世界図絵』と、現在の学校のカリキュラムは同じです。さまざまな教科は、われわれが生きている世界をある側面から切り取って再構成されたものです。

今、子どもたちが学校であたりまえのように学んでいる国語は、日常生活であまり使わない言葉も含めて、私たちが言葉を使いこなせるようになるためのものです。算数や数学は、世界を数量的に理解する、あるいは図形的に理解するときの道具です。地理は、今生きている世界をもっと広げて知ることになるし、歴史は、【 C 】ことになります。Ⅳ

物理や化学は、物がどういうふうに運動したり、どういうふうに質が変わっていったりするのか、そこには原理と法則があって、それに沿って物が変わっていることを理解します。外国語は、世界の人たちとのコミュニケーションだし、音楽、美術、体育は、人間がつくり出した文化をコンパクトに縮約して、それぞれの領域の知識やスキルを身につけるものです。

つまり、学校で教えられているカリキュラムは、「この世界が何なのか」について縮約・再構成された知識や文化であり、あるいは、それをベースにした技能の習得のようなものです。ですから、日常の生活世界での経験では学べないものが、「カリキュラム化された知」として学校で学べます。そこでは、親や友だちからは学べないような種類の知を学ぶことができます。

重要なことは、それによって、子どもたちはより広い世界に出ていくことが可能になるということです。

何よりも、親とは違う職業に就いていくときに、単に親から学んだだけでは足りないものを、私たちは学校から学んでいます。私は今、大学教員をやっていますが、私の父は電力会社の下っ端社員でした。私の父の父は農家でした。没落農家の次男坊だった私の父は働きながら定時制高校で学び、独自に人生の道を切り拓きました。私は大学院まで行き、父とは別の道をたどりました。学校で、「この世界が何なのか」についてのさまざまな知を学ぶことで、子どもたちは親の職業とは別のさまざまな進路の可能性が開かれるのです。

ただし、学校知は、仕事に役に立つこともあれば、当然、役に立たないこともあります。なぜならば、「世界とは何か」を学ぶのであって、職業人の育成のためだけに学校があるわけではないからです。

たとえば、「この世界が何なのか」を学ぶ学校知は、さまざまな公的生活にも役立ちます。ニュースを理解し、自分なりに政治的な判断をして、選挙で投票したり募金や署名に応じたりする、といったことが可能になります。役所から届く通知を読んで理解したり、「行政からのお知らせ」に目を通して、わが家に必要なサービスを申請したりもできます。

また、学校知は、身の回りには存在しない文化に触れる機会にもなります。私が子どもの頃の我が家には、美術館や博物館にいく習慣がなく、音楽のレコードも（当時の言葉で言うと）ちょっと妖艶《ようえん》な感じのする流行歌ぐらいしかありませんでした。周りの子どもでお稽古ごとというと、みんなそろばんと習字の塾に行っていて、「ピアノを習っている」とか「絵画教室に行っている」という子はまれでした。そういう環境の中で育った私は、学校の「美術」や「音楽」で教わったさまざまな芸術や音楽の知識が、その後の私の文化活動の基礎になりました。大学生になって、自分で美術館や博物館に行ったり、コンサートに行ったりするようになったとき、「美術」や「音楽」で学んだことが役に立ちました。

要するに、「世界の縮図」としての知を学校で学ぶことによって、子どもたちは生まれ育った狭い世界から抜け出して、より広い世界に出ていきます。人生のさまざまな生き方の可能性を、学校は与えてくれるわけです。それは職業的に役立つ側面もあるし、それだけではなく、市民として、あるいは個人として生きていく生活全般に関わる、基礎的なものを提供してくれるのです。

ただし、もうひとこと言い添えておきます。④「世界の縮図」としての学校知に何を盛り込むべきなのかは、いつの時代も論争的な主題で、教育界における対立の中心の一つであり続けています。軍国主義の時代の教科書なんかを見ればよくわかります。

（広田照幸「⑤学校はなぜ退屈でなぜ大切なのか」より。ただし作問

の都合上、一部を変更している）

問一　波線部ⓐ「トクイ」、ⓑ「カギョウ」、ⓒ「ケイヤク」、ⓓ「シンキ」のカタカナを漢字に直しなさい。

ⓐ（　　）ⓑ（　　）ⓒ（　　）ⓓ（　　）

問二　傍線部①「社会が発展して複雑になり、子どもたちが親とは異なる生き方をするようになっていくと、『提示』だけでは不十分になっていきます」とありますが、その理由として最も適当なものを次のア～エから選び、記号で答えなさい。（　　）

ア　子どもが親や周囲の大人から教わる内容だけでは、社会的・歴史的文化に触れることは不可能だから。

イ　子どもにとって、親や周囲の大人から高度な知識を教わることは、気恥ずかしく受け入れがたいから。

ウ　身の回りの大人から学ぶ知識や技術は、人々の多様化した生き方のなかで通用するとは限らないから。

エ　成長過程の子どもの心身は不可解なもので、「提示」する周囲の大人が近寄りがたくなってしまうから。

問三　傍線部②「カリキュラム化された知」を言い換えた言葉を、本文中から十五字で抜き出して答えなさい。

問四　【Ａ】にあてはまる言葉を、本文中から六字で抜き出して答えなさい。

問五　本文の流れに合うように、【Ｂ】・【Ｃ】に入る言葉を考えてそれぞれ十五字程度で書きなさい。ただし、【Ｂ】は「機会」という言葉を、【Ｃ】は「過去」・「人間」という言葉を用いて答えなさい。

Ｂ

Ｃ

問六　二重傍線部Ⓧ「『提示』・『代表的（代理的）提示』」とありますが、本文中の三つの図が指し示す内容は、それぞれ「提示」「代表的提示」のどちらにあてはまりますか。その組み合わせとして最も適当なものを次のア～エから選び、記号で答えなさい。（　　）

ア　図3―1：提示　図3―2：提示　図3―3：代表的提示

イ　図3―1：提示　図3―2：代表的提示　図3―3：代表的提示

ウ　図3―1：代表的提示　図3―2：提示　図3―3：提示

エ　図3―1：代表的提示　図3―2：代表的提示　図3―3：提示

問七　次の一文は、本文中のⅠ、Ⅱ、Ⅲ、Ⅳのうちどこに入りますか。適当な箇所を記号で答えなさい。（　　）

だから、学校知は、いわば記号化された「世界の縮図」だといえるのです。

問八　傍線部④「『世界の縮図』としての学校知に何を盛り込むべきなのかは、いつの時代も論争的な主題で、教育界における対立の中心の一つであり続けています」とありますが、なぜそうなるのですか。「市民」「世界の縮図」という言葉を用いて四十五字程度で説明しなさい。

問九　傍線部⑤「学校はなぜ退屈でなぜ大切なのか」とありますが、その理由を、本文の内容を踏まえて六十字以上六十五字以内で答えなさい。

2 次の文章を読んで、後の問いに答えなさい。（大阪星光学院高）

社会の目をどう受けとめ、それにどう対応していくのか。受けとめかたも対応のしかたも人によって千差万別だといえるし、同じ人でも時と場合によって大いに異なることもありうるだろう。ここではこまかな差異は無視して、大きく二つに類別して考えてみたい。社会の目に従って生きる生きかたと、抗《あらが》って生きる生きかたの二つだ。

社会の目に従って生きていこうとするのは、いうならば①優等生的な生きかたである。盛り場では賑《にぎ》やかに陽気にお祭り気分で時を過ごすのが優等生的な生きかただし、学校の授業では教師の説明に耳を傾けて内容の理解に努めることが、アルバイト先では割り当てられた仕事を精出してこなすのが、優等生的な生きかただ。もっと視野を広くとって、[A]、この社会での高校生の生きかたといったものを考えれば、勉学に身を入れ、適宜、体を動かし、友だちづきあいもそれなりにこなし、あまり不規則にならないよう毎日を過ごすのが優等生的な生きかたということになろうか。

窮屈さのともなう生きかたであるのはいうまでもないが、近代以前の社会では一般的にこういう生きかたがよしとされたし、近代以降も日本ではこういう生きかたをよしとする声がけっして小さくない。「[X]」といったことわざや「和を大切にする」といった処世法がそれなりに説得力をもつのが、日本の近代社会なのだ。

社会の目がよしとする生きかたと、個々人がみずからこう生きたいと思う生きかたとは、そう簡単には一致しない。二つの生きかたのあいだには、矛盾・対立があり、葛藤がある。その矛盾・対立と葛藤を、社会の目のほうに力点を置いて解決しようとするのが優等生的な生きかただ。個人が個人として独自の価値を認められない近代以前の社会では、社会の目に従って生きるのをよしとするのは、きわめて自然な生活倫理だった。社会が社会としての秩序を維持し、Yつつがなく前へと進んでいくには、一人一人の人間が社会の目に従って——社会のしきたりや決まりに合わせて——生きていくことが必要だった。それに反する生きかたは、反社会的な「わがまま」な生きかたとして排斥された。

近代社会において、社会の目と個人の生きかたとの関係に根本的な変化が生じる。社会の目に従って生きることが唯一の正しい生きかたとは見なされなくなる。個人が自分の意志と信念にもとづいて行動することが価値あることだと見なされ、社会の目は、もはや、個人の行動や生活を規制する絶対の基準ではなくなる。社会の目に従わない——社会のしきたりや決まりを逸脱した——行動や生きかたは、反社会的な「わがまま」として一蹴されるのではなく、一定の条件のもとにおさまってさえいれば、個人の「自由」として社会的に容認される。いや、容認されるというにとどまらない。社会の進歩をうながす先駆的な行動ないし生きかたとして、aスイショウされ称賛されさえするのである。

こうして、社会の目、あるいは集団の目が個人を内に包みこむような前近代的な関係とは質のちがう関係性が登場してくる。社会の目（集団の目）と個人の意志や信念とが並び立つ、近代的な関係性だ。前近代的な社会ないしは集団にあっては、個人は社会の目に従って生きるほかなく、自分なりの生きかたを求めようとしても、社会の目を自分のものとした上で、それに上乗《うわの》せする形で自分らしさを出すしかなかったが、近代社会ではそこまでまわりに合わせて生きる必要はない。②社会の目に抗って生きる生きかたに意義と価値を認めるのが近代社会なのだ。

そのような変化をもたらした根本の原因は、生産力の向上によって社会が物質的にゆたかになり、個人の「わがまま」によって社会を壊される恐れが少なくなったことにある。暮らしが貧しく、各人のぎりぎりの労働とbキンミツな協力体制によってようやく社会が維持できるような状況の下では、わがまま勝手な行動や生きかたがゆるされるはずがない。子どもまでが働き手として駆りだされる社会では、人々の暮らしは社会の目のきびしい管理下に置かれるほかはない。

が、近代社会は、物質的にゆたかになったその分だけ個人の「わがまま」をゆるすようになった、という、ただそれだけのものではない。社会にゆとりができ、その分だけ社会の目の規制力が弱まって個人の「わがまま」がゆるされる、という、そんな消極的な自由の許容で事態はおさまらなかった。ひとたび「わがまま」がゆるされたとなると、人びとは社会の目に従わないで自分なりに生きることに、わくわくするような新鮮な充実感をいだいた。社会に包まれて人のために生きるのとははっきりちがう、内から生命があふれてくるような生きかた――生きている実感――がそこにはあった。個人の内面から沸きでるそうした充実感や生命感が、自由とか自立とか個性といったことばにまぶしい輝きをあたえた。個人を個として独自の価値をもつ存在ととらえる個人主義は、人々の生活実感と深く通い合う思想だった。

社会の目に抗って生きるのをよしとする価値意識も、近代社会によくなじむものの考えかただった。社会に生まれたゆとりゆえに個人の「わがまま」もゆるされる、というだけではなく、社会の目にわずらわされず、社会の目に抗って自分独自の生きかたを求め、見いだしていくことが、近代にふさわしい生きかただと考えられた。さらにいえば、個人が自由で自立した独自の生きかたを求め、見いだしていくことは、当の個人にとって価値ある充実した生きかただというにとどまらず、社会にとっても価値のある生きかただと考えられるに至った。社会が前へと進んでいくのに、個人の自由な活動が強力な推進力になると考えられたのだ。

近代以前の社会がごくゆっくりと変化していく社会であるのにたいして、近代社会はそれとは比較にならぬ速度で変化していく社会だ。変化をもたらす最大の要因は工業生産力の発展であって、物質的な富を増大させるこの変化は、大多数の人びとによって社会の「進歩」として歓迎された。昨日と同じように今日があり、今日と同じように明日があるのではなく、昨日より今日が、今日よりも明日が前へ進むのが近代社会であり、前に進める力として個人の自由な創意、自由な活動、自由な生きかたが容認され、歓迎される。停滞を嫌い、変化や進歩をよしとする近代社会は、社会の目に従って生きる生きかたよりも社会の目に抗って生きる生きかたのほうを時代にふさわしいものととらえるのだ。

［B］、社会がめまぐるしく変化し進展していく状況下では、社会の目に従うといっても、その目が変化し進展していくから、前近代におけるように、社会の目が確固たる基準とはなりにくい。社会や集団が一定のまとまりをもって存在し、そのなかで個人が個人として行動し生きていこうとするかぎりで、そこに個人を規制する社会の目や集団の目が消えてなくなることはありえないが、社会や集団がめまぐるしく変

化し、そこにある目もまたその変化にたえずさらされているとき、社会の目や集団の目は多少ともあいまいなものにならざるをえない。前近代の優等生は、確固不動の社会の目に従う安定した生きかたをcケンジできたかもしれないが、それとの比較でいえば、近代の優等生は社会の目に従おうとしても、そちらが多様で不確実であるがゆえに、その生きかたも不安定とならざるをえないのだ。そうした状況のもとで、改めて個人の生きかたと社会の目との関係が問われる。個人が自由で自立した生きかたを求めようとするとき、まわりからくる社会の目をどうとらえ、それにどう対処すべきなのか。

③個人と社会の関係が不安定になったからといって、社会の目に従うことこそ唯一の正しい生きかただとする、前近代の安定した考えに立ちもどるわけにはいかない。わたしの見るところ、日本の社会は個人の自由と自立を大切に思う考えが十分に根づいているとはとても思えないけれども、とはいえ前近代へのdカイキを願うほど自由や自立が敵視されたりeヤッカイ視されたりしているわけではない。個人の自由と自立が一方で求められ、他方、それを包むようにして社会の目がある。その二つを基本要素として自分の、また他人の、社会生活を考えていくしかない。そういえる程度には日本の社会は近代化されているのだ。個人にとって、社会の目を意識の外に完全に追い払ってしまうほど自由には生きていけないし、社会の目にとって、個人をすっぽりと包みこんでしまうほどの完全な規制力を発揮することはできない。

[C]、個人の自由と社会の目との葛藤は、たがいに相手の存在を認めつつ共存していくほかはないことになる。④それは個人にとってどんな生きかたが求められることなのか。

（長谷川《はせがわ》　宏《ひろし》「高校生のための哲学入門」より）

問1　＝線部a〜eのカタカナを漢字に直しなさい。

a（　　）b（　　）c（　　）d（　　）e（　　）

問2　空欄[A]〜[C]に入る最も適当な語句を次の中から選び、記号で答えなさい（ただし、同じ記号は二度選べません）。

A（　　）B（　　）C（　　）

ア　それに　イ　ところで　ウ　となると

エ　しかし　オ　たとえば

問3　(i)　空欄[X]に当てはまることわざとして、最も適当なものを次の中から選び、記号で答えなさい。（　　）

ア　石の上にも三年

イ　亀の甲より年の劫《こう》

ウ　郷に入れば郷に従え

エ　親しき仲にも礼儀あり

オ　二兎《と》追うものは一兎も得ず

(ii)　――線部Y「つつがなく」の本文中での意味に最も近い四字熟語を次の中から選び、記号で答えなさい。（　　）

ア　一心不乱　イ　平穏無事

ウ　泰然自若　エ　行雲流水

オ　電光石火

問4　――線部①「優等生的な生きかた」とありますが、それはどのような生きかたですか。その説明として最も適当なものを次の中から選び、記号で答えなさい。（　　）

ア　自分が望む生きかたと社会が求める生きかたとのあいだで、常に葛藤しながら生きていく生きかた。

イ　自分なりの生きかたを追求しようとして、規制の多い社会になじまず一人で精一杯全力を尽くしていく生きかた。

ウ　わがまま勝手に判断することをはじめから望むこともなく、世の中の規範に則《のっと》って生きようとする生きかた。

エ　個人の意志と信念にもとづき行動するよりも、社会のしきたりや決まりから逸脱しないことを優先する生きかた。

オ　個人の行動や生活を規制してくる基準とは何なのか、という物事の本質を見抜く力を伸長させていく生きかた。

問5　――線部②「社会の目に抗って生きる生きかたに意義と価値を認めるのが近代社会なのだ」とありますが、なぜ「近代社会」では、そのような生きかたに意義と価値が認められるようになるのですか。百字以内で説明しなさい（句読点も一字に数えます）。

問6　――線部③「個人と社会の関係が不安定になった」とありますが、それはなぜですか。五十字以内で説明しなさい（句読点も一字に数えます）。

問7　――線部④「それは個人にとってどんな生きかたが求められることなのか」という問いかけについて興味を持った高校生たちが、この文章の続き（【資料】）を読みました。本文と【資料】の趣旨に最も近い【高校生の発言】はどれですか。次の中から最も適当なものを選び、記号で答えなさい。（　　）

【資料】

古い秩序や封建的な目を否定し拒否するだけでは自由な生きかたは実現しない。古きもの、遅れたものを否定し拒否すると、未知の新しさへと向かう自由が実現されるのはたしかだが、その自由は否定の色合いが強すぎて、新しい生きかたを生み出す積極的な内容を欠いている。自由を求める個人は、社会の目に抗いつつ、自分にふさわしい具体的な生きかたをどう構築したらいいのか。

社会の目に抗いつつ、抗ったその生きかたに具体的な内容を盛りこむには、社会の目にきちんと向き合うほかはない。それは、社会の目に背を向けるのではなく、それと正面から向き合うのだ。そのとき、社会の目は、単純に否定し去ることなどできないことが見えてくる。

【高校生の発言】

ア　生徒A　大学入試には必要だから数学をがんばって勉強してきたけど、現代の情報化社会のセキュリティを支えているのは数学を前提とするプログラミングであることを知って、実社会で役立っている様々なシステムには数学が欠かせないということがわかったよ。

イ　生徒B　親や教師たちがしきりにクラブ活動への参加をすすめたのがきっかけで、いやいやながら卓球部に入部したけど、地区予選の大会で一つ勝つことができて、苦労や努力、挑戦を通して得られるものがあると言っていた親や教師たちの考えもわかったよ。

ウ　生徒C　学校では制服着用が指定されているものの、制服よりも私服の方が個性を生かせるのではないかと思っていたけど、制服着用の現在ですら学校周辺の人たちから服装や身だしなみの乱れを指摘されることが多いということを知って、私服の導入は到底現実味がないとわかったよ。

エ　生徒D　インターネットが普及した現代では、細かい知識の暗記は必要じゃなく思考力を伸ばすことが重要だと考えてその勉強ばかりしてきたけど、授業の時に共通の知識がないと議論が進まないことを実感して、社会に出る上で必要となる知識は覚えておかないといけないとわかったよ。

オ　生徒E　毎日学校に登校して授業を受けなくても家からオンラインで受けられるようにするのが合理的だと思っていたけど、実際に家からオンラインで受ける機会ができて、家のインターネット接続状況によっては不都合も起こるとわかり、やっぱり登校する方がよいとわかったよ。

3 次の文章を読んで、後の設問に答えなさい。なお、1～16は各段落の番号を示したものである。字数制限がある場合は、句読点や符号なども一字に数えなさい。　（京都府立桃山高）

1 一歩離れて科学の現状を［Ⅰ］的に見れば「異様」と思わざるを得ない情景が目に入ってくるのではないだろうか。むろん、それは私個人が勝手に抱いている感想であって、一般に誰もがそうと考えているのではないのかもしれない。特に、私が科学者で科学の内実をよく知っているがため a に抱く感慨であり、特殊な発想をしている可能性がなきにしもあらずではある。とはいえ、私自身は現代科学の「異様さ」を強く感じるようになり、ひどく座り心地が悪くなっているのは事実である。そこで、その理由をしっかり分析してみたいと思っている。

2 まず、現代の科学がこれまでに「異様に発達した」原因と思われる事柄を挙げてみよう。

3 第一に、A科学の方法として要素還元主義を徹底し、科学はいかなる問題にも答えが出せるとの幻想を人々に抱かせてきたことがあるだろう。要素還元主義とは、目前にある現象をより根源的な要素（部分）に分けて徹底して調べれば法則や反応性がより鮮明に現れ、部分の和は全体になり、原因と結果は一対一で厳密に結びつけられるという信念に基づいている。この方法はデカルト*が①トナえた科学の方法で、以来三五〇年以上の間、科学の王道として②クンリンし、科学のさまざまな分野で成功してきたことは確かである。現代の科学・技術文明の成功は要素還元主義抜きにしては考えられない。

4 物質の根源を原子・核子*・クォーク*というふうに、より基本的な物質へと迫ることができたのがその代表的な成功例だろう。また、現代の生物学はDNAと関連することが当たり前となっている。要素還元主義で生物の根源を遡《さかのぼ》って行き着いた先がDNAであり、逆にDNAから出発することによって生命現象の［Ⅱ］性を読み取ることができるようになった。さらに敢《あ》えて言えば、技術の世界こそ要素還元主義の見事な成功例なのである。目的の人工物を要素（部分）に分解し、要素技術を徹底して磨き上げて全体形へと組み合わせているからだ。まさ b に技術においては部分の和が全体であり、何らかの問題点が発生すれば部分を検討し直すことによって解決してきた。このように、科学・技術がもたらしてきた諸成果はこの要素還元主義の方法によって得られたことは疑いない。それによって科学者・技術者は大きな顔をしてこられたのである。しかしながら、要素還元主義に③キイ‖ンする重大な問題点が露《あら》わｃになってきた。それを点検していこう。

5　要素還元主義は、より根源的なものに分けていくことに④シュガ‖ンがあるから、手法が分析的にならざるを得ない。その結果、学問分野はどんどん細分化され、似た分野であっても隣の研究室で行なっている研究内容すら理解できないという状況が当たり前になりつつある。科学者はごく狭い範囲の専門家に過ぎなくなり、全体を*俯瞰《ふかん》し総合化する観点が吹き飛んでしまったのだ。後述するように研究競争が激しくなったこともあって、科学の微細な事柄しか眼中に入らず、社会的【※】に欠ける科学者も多く出現するようになった。科学の「異様な」細分化とその弊害が生じていると言えるのではないだろうか。

6　かつて*オルテガ・イ・ガセットが「専門化の野蛮性」と呼び、「専門化のために各科学者は［Ⅲ］的教養を失いはじめる。（中略）この人々は特定の科学だけしか知らず、その科学のなかでも、自分が活発に研究している一握りの問題だけをよく知っているのである。自分が専門的に研究している狭い領域の外にあるものを知らないということを、一つの美点であると主張するほどになり、［Ⅲ］的知識にたいする興味を*ディレッタンティスムと呼ぶようになった」と総括している。部分的な知識のみで大きな顔をしたがる専門家による支配こそ野蛮ではないか、というわけである。オルテガは一九三〇年という早い時期に、専門化が進む科学と科学者を警戒すべきであることを論じていたのだ。それから八〇年以上が経《た》ち、Ｂ専門化の野蛮性はますます強まっていると言うべきだろう。（中略）

7　要素還元主義は分析的手法であり、要素そのものが少ない場合には実に有効で、すぐに明快な答えが出せるのだが、要素が多くなり、その要素間の相互作用が複雑になってくると、途端に無力になってしまう。分析的手法が通用せず、*系全体を丸ごと考えねばならないためである。言い換えれば、これまでの科学は、要素還元主義の方法によってすぐに明確な答えが出せる問題ばかりに絞ってきたに過ぎない。すぐ前に「いかなる問題にも答えが出せるとの幻想」と書いたが、それはまさに「幻想」であって、分析的手法が適用できない「すぐに明快な答えが出せない問題」については「複雑系、あるいは複雑性」というレッテルを貼って後回しにしてきたのである。

8　そのような複雑系（あるいは性質としての複雑性）は、一般に多くの要素から成り、それらの要素が*非線形の関係で結ばれている場合で、そもそも要素（部分）に分割することが難しく、部分の和は全体にならず、原因と結果は一対一で結ばれないから、明快な答えが得られないのだ。複雑系の重要な特徴として、カオスが⑤ハツゲ‖ンすることが知られている。*カオスとは系の運動が非周期でランダムになって結果の予測が不可能になる場合で、方程式によって記述されている決定論であっても運動がどうなるか決定できないのである。

9　あるいは、雑音とかゆらぎとかごく微少な差異であっても、特別な場合、時間の経過とともにどんどん成長して運動に大きな影響を与えるというようなことも起こる。これを「バタフライ効果」と呼ぶ。中国でチョウ（バタフライ）が舞ったときに生じた小さな空気の流れが（通常はすぐに粘性によって消えてしまうが）、環境条件や運動の連関次第で発達し、ハリケーンとなってニューヨークを襲うという*寓話《ぐうわ》のことである。

10　また、複雑系に特有の現象として、「量から質への転化」がある。ある一定以上の量が溜《た》まると、それが一体となって新しい質である運動のモード（様式）を生み出すというものだ。*弁証法の*テーゼになっていて馴染《なじ》みがあるが、その条件が［Ⅳ］的に複雑系において展開するようになったのである。これが部分の和は全体にならない理由となっている。

11　さらに、系のある状態が大きく変化して、全く別の思いもよらない状態へと遷移してしまうことがあり、これを「自己組織化」と言う。たとえば、空気中の二酸化炭素が増えたために地球温暖化が生じているとされているが、その状態がもっと進むと、この自己組織化によって、極端な気候状態になる可能性がある。地球温暖化が加速されると、その結果として自然界に閉じ込められていた二酸化炭素が放出されるようになり、一気に金星のような七〇気圧もの二酸化炭素の大気になり、灼熱《しゃくねつ》地獄になってしまうことだって起こり得るのだ。このように複雑系では、要素還元主義ではお目にかからない新たな現象が生ずることになるのである。

12　そのような複雑系の問題としては、気象や気候現象、地球温暖化を始めとする地球環境問題、生態系の危機、地震予知、微量放射線被曝《ひばく》問題、人体や脳の現象と医療問題、経済活動など数多く挙げられる。人間大の*マクロなシステムはほとんど複雑系と言っても過言ではない。このようにすぐに明快な答えが得られない問題が私たち周辺に多数あることを忘れて、あたかも科学によってすべてがわかるかのように考えるのは傲慢なのである。

13　さらに、システムが巨大化し複雑化した技術においても全く同様なことが起こることも指摘しておきたい。（中略）

14　つまり、現在は要素還元主義の手法では通用しない科学の問題や技術的課題を多く相手にしなければならなくなっているのだが、まだその自覚がなく、要素還元主義の考え方のままで進めているという状況にあると言える。それでも何とかやり繰りをつけているのだが、いざ問題に直面するとどう対応していいかわからなくなってしまう。そして相変わらず、要素還元主義の立場からの意見がまかり通るのだ。（中略）

15　科学者は、そのような複雑で要素還元主義が通用しない問題が多くあることを知りながら、それに触れることなく見て見ないふりをし、要素還元主義の見方のみを強調してきた。その結果として、科学に関して大いなる誤解が生じたことを認めなければならない。全ての事象は要素還元主義の科学によって解明できるとの錯覚が生じたのである。

（中略）

16　［Ⅴ］な科学知しか得られない複雑系に対して、私たちはこれからどう対処すべきかは重要な課題となるだろう。要素還元主義に慣れきった見方では大きく間違う恐れがあるのだ。現代科学がそのことに注意を払わず、要素還元主義が絶対的に正しいとして複雑系を無視してきたことを「異様」と言っているのである。

（池内《いけうち》　了《さとる》「科学のこれまで、科学のこれから」より）

注

＊デカルト…フランス出身の哲学者・数学者。（一五九六～一六五〇）

＊核子…原子核を構成する素粒子である陽子・中性子の総称。

＊クォーク…素粒子の構成要素。粒子の最小単位。

＊俯瞰…ある視点から全体を見渡すこと。

＊オルテガ・イ・ガセット…スペイン出身の哲学者。（一八八三～一九五五）

＊ディレッタンティスム…芸術や学問を趣味や道楽として愛好すること。

＊系…一つのつながりやまとまりをなすもの。

＊非線形…グラフで表した時に直線となるような数学的関係を「線形」と呼ぶのに対して、そうではないものを「非線形」と呼ぶ。
＊ランダム…無作為であるさま。偶然にまかせるさま。
＊寓話…たとえ話。
＊弁証法…哲学の用語。対話・弁論の技術。
＊テーゼ…命題。
＊マクロ…巨大であるさま。巨視的であるさま。

(1) 本文中の二重傍線部（＝）①～⑤のカタカナを漢字に直し、楷書で書きなさい。
①（　）②（　）③（　）④（　）⑤（　）

(2) 本文中の Ⅰ ～ Ⅴ に入る語の組み合わせとして最も適当なものを、次のア～オから一つ選び、記号で答えなさい。（　）
ア　Ⅰ 客観　Ⅱ 規則　Ⅲ 一般　Ⅳ 抽象　Ⅴ 不自然
イ　Ⅰ 相対　Ⅱ 絶対　Ⅲ 全体　Ⅳ 具体　Ⅴ 不透明
ウ　Ⅰ 相対　Ⅱ 合理　Ⅲ 絶対　Ⅳ 客観　Ⅴ 不規則
エ　Ⅰ 客観　Ⅱ 普遍　Ⅲ 総合　Ⅳ 具体　Ⅴ 不確実
オ　Ⅰ 合理　Ⅱ 一般　Ⅲ 複合　Ⅳ 抽象　Ⅴ 不均等

(3) 本文中のa～cのにと文法的に同じである「に」を含むものを、次のア～オからそれぞれ一つずつ選び、記号で答えなさい。
a（　）b（　）c（　）
ア　道を親切に教えてくれた。
イ　ついにその日がやってきた。
ウ　早起きしたのに遅刻した。
エ　あの選手のようになりたい。
オ　自分の知識の無さにがっかりする。

(4) 本文中の【※】には、「ある分野に関する知識や、それを活用する能力」という意味の語が入る。空欄【※】に補う語として最も適当なものを次のア～オから一つ選び、記号で答えなさい。（　）
ア　モラル　イ　シンボル　ウ　リテラシー
エ　テクノロジー　オ　メディア

(5) 本文中にA科学の方法として要素還元主義を徹底し、科学はいかなる問題にも答えが出せるとの幻想を人々に抱かせてきたとあるが、「要素還元主義」の手法で「いかなる問題にも答えが出せる」と考えることが「幻想」であると筆者が述べているのはなぜか。その理由を説明した次の文の 1 ・ 2 に補う内容として最も適当な表現を、本文中から、 1 については**四十字以上、四十五字以内**で、 2 については**二十五字以上、三十字以内**で探し、それぞれ**最初と最後の五字**を抜き出しなさい。
1　最初 □□□□□　最後 □□□□□
2　最初 □□□□□　最後 □□□□□
多くの要素から成り、要素間の相互作用が複雑になっている問題は、 1 四十字以上、四十五字以内 ので、要素還元主義とは異なり、 2 二十五字以上、三十字以内 から。

(6) 本文中にB専門化の野蛮性とあるが、筆者はどのようなことを「専門化の野蛮性」ととらえているのか。本文中の語を用いて**六十字以上、**

七十字以内で説明しなさい。

(7) 次のア〜オの事例について、「要素還元主義」と関わりの深いものは「**1**」、「複雑系」と関わりの深いものは「**2**」、どちらとも関わりがあるとは言えないものは「**3**」と答えなさい。

ア 特定の病気の認定を行う際に、専門家がいくつかの典型的な症状の有無を認定条件として定める。（　）

イ 急激な連鎖反応によって組織的現象が発生し、大規模な崖の崩落が突然起こる。（　）

ウ 巨大な工場設備や機械装置を円滑に動かすために、専門の異なった科学者や技術者の相互協力を求める。（　）

エ 国家が巨大な費用を投じて多くの研究者を動員することにより、新たな粒子の発見を目指す。（　）

オ 大気の周期的な循環以外に、大気の上層と下層の温度差などの影響による渦《うず》状の不安定な対流の発生が認められる。（　）

(8) 本文をその内容から四つに分け、それぞれの内容を端的に表す見出しをつけたものとして最も適当なものを、次のア〜オから一つ選び、記号で答えなさい。（　）

ア
〈1・2〉現代の科学に感じる「異様さ」
〈3・4・5・6〉要素還元主義の科学と学問の細分化
〈7・8・9・10・11・12・13〉複雑系の科学とその具体例
〈14・15・16〉限界に達した要素還元主義

イ
〈1・2〉「異様に発達した」現代の科学
〈3・4・5・6〉学問の細分化とその弊害
〈7・8・9・10・11・12・13〉複雑系の科学とその対処法
〈14・15・16〉科学のこれから進むべき方向性

ウ
〈1・2〉現代の科学に感じる「異様さ」
〈3・4・5・6・7〉科学者たちの過熱化した研究競争
〈8・9・10・11・12・13・14〉複雑系の科学とその具体例
〈15・16〉要素還元主義を撤廃するべき理由

エ
〈1・2〉「異様に発達した」現代の科学
〈3・4・5・6・7〉要素還元主義が残した功績
〈8・9・10・11・12・13・14〉複雑系の科学とその対処法
〈15・16〉限界に達した要素還元主義

オ
〈1・2・3・4・5・6〉要素還元主義の科学と学問の細分化
〈7・8・9・10・11〉複雑系の科学とその対処法
〈12・13〉今後ますます複雑化する科学の問題
〈14・15・16〉科学のこれから進むべき方向性

(9) 筆者は現代科学の状況について、どのようなことを「異様」と感じているのか。本文全体をふまえて、**「科学者」、「要素還元主義」、「複雑系」**の三語を必ず用いながら、**百二十字以上、百四十字以内**で説明しなさい。

五　文学的文章の読解

近畿の高入

(1) 小　説

☆☆　標準問題　☆☆

1　次の文章を読み、後の問いに答えなさい。句読点や記号も一字と数えること。

（大阪成蹊女高）

母親が仕事で忙しく、会話が少ないことに悩んでいる「あかね」は、図書館司書の「しおり先生」と読書感想文について話をしている。

まっさらな原稿用紙だ。

「あかねちゃんは、読書感想文を書くことが、自分の世界とは無関係なことだって言っていたけれど、たぶん、そんなことはないんだよ。あかねちゃんはさ、自分の気持ちや感情に説明がつけられなくて、モヤモヤしちゃうときってない？」

先生は、［A］あたしの心を覗《のぞ》いたみたいに、やさしく笑う。

「先生にもね、①そういう経験がたくさんあった。自分の感じていることをうまく整理できなくて、自分自身のことがわからないときがあるの。だから、誰かに伝えて聞いてもらうこともできない。そういうときはね、自分の気持ちをノートに書くの」

「ノートに……？」

「そう。不思議なんだけれど、自分の気持ちを書き出そうとすると、自分の心を整理することができるのね。書いているうちに、自分が感じていたこととか、こんがらがっていた考えが綺麗にまとまっていく。②読書感想文を書くことも同じなの。自分の気持ちを整えていくと、モヤモヤの正体が見えてくる。誰かに伝えることができるようになる。その練習になるの」

「でも……、あたし、語彙力とかないし、そんなの書けないよ」

「あかねちゃんの言葉でいいんだよ。あかねちゃんが感じた気持ちは、あかねちゃんだけのものなんだもの。それを自分の中だけにしまっておくのなんて、とってももったいない。［B］そこには、きれいな言葉や素敵な感情が眠っているかもしれない。それをかたちにすることで、自分に発見があったり、誰かに影響を与えることができるかもしれない。抱いた気持ちを、外に出さないでなかったことにしちゃうなんて、もったいないよ。この原稿用紙は、あかねちゃんの心を③具現化してくれる、魔法のページなんだから」

あたしは、やさしい声でそう言うしおり先生の言葉を耳にしながら、彼女の指が撫《な》でていく原稿用紙の余白を見つめていた。自分のこころをかたちにしてくれる原稿用紙。自分でもわからない気持ちを整理して書き出すための場所。本当に、そうなんだろうか。そんなの、意味があるんだろうか。わからないけど、④もやもやしたものが、胸の中で膨らんでいる。

あたしが黙っちゃったせいだろうか、先生が言った。

「でも、そうかぁ、あかねちゃん、最後の短編、だめだったかぁ」

先生は、ちょっと不思議そうだった。

あたしは、唇を開いた。

開いた太腿《ふともも》の上で、拳を作って、それをかたく握り締めながら。

「あのお話は……。だって」

いらいらする。腹が立つ。

苦しさが溢《あふ》れて［X］みたいに言う。

語彙力、ないから、うまく言えないんだけど。

ぜんぜんきれいじゃないんだけど。

「主人公の、女の子が、お母さんと仲良くて」

どうしてかな。震える指先のせいで、シャーペンの芯が［Ⅰ］と折れてしまったみたいに、言葉が途切れてしまう。うまく言えない。わからない。整理できない。先生は静かに頷《うなず》いた。［Ⅱ］とペンをノックして、あたしは言葉を押し出す。顔が熱かった。

「あたしとは、ぜんぜん違って、だから」

先生、わかる？

わかんないよね。

あたし、語彙力ないし、自分の気持ち、モヤモヤしてわかんないし、だから。

なんで、眼、熱いんだろう。

「そっか」

先生は頷く。

差し出された⑤原稿用紙に、なにかが落ちて、染みを作った。

「ごめんね、つらかったね」

あたしは頷く。

それで、ああ、そうか、そうだったんだって思った。

「先生、あかねちゃんの感想文が読みたいな。あかねちゃんの気持ちを知りたい」

優しい声色に、胸の奥がぎゅっとした。その⑥感情の正体が、ようやくわかった。あたしは頬《ほお》を這《は》う熱を感じながら、唇を噛《か》みしめた。掌に爪が食い込んで痛い。情けない顔を隠すように必死にうつむくと、みっともなくしゃっくりが出て、白紙のマスをひとつひとつ埋めるみたいに、⑦透明なしるしを落としていく。

たぶん、きっとそう。

あたし、ずっとずっと、さびしかったんだ。

（相沢沙呼「教室に並んだ背表紙」より。一部改変）

問一 空欄［A］・［B］に入る語句として適当なものを次の選択肢からそれぞれ一つずつ選び、記号で答えなさい。

A（　　）B（　　）

ア ぜんぜん　イ まったく　ウ もしかしたら　エ まるで

問二 傍線部①「そういう経験」とはどのような経験か。解答欄に合うように本文中から三十五字で抜き出し、そのはじめと終わりの五字を答えなさい。

□□□□□～□□□□□経験。

問三 傍線部②「読書感想文を書くことも同じ」とあるが、「読書感想文を書くこと」はどのようなことと「同じ」なのか。そのことを端的に表現した箇所を本文中から十一字で抜き出しなさい。

□□□□□□□□□□□

問四 傍線部③「具現化してくれる」とはどういうことか。解答欄に続くように本文中より九字で抜き出しなさい。

□□□□□□□□□こと。

問五 傍線部④「もやもやしたものが、胸の中で膨らんでいる」で見られる表現技法として適当なものを次の選択肢から一つ選び、記号で答えなさい。（　　）

ア　直喩法　イ　隠（暗）喩法　ウ　倒置法　エ　擬人法

問六　空欄 X に入る語句として適当なものを次の選択肢から一つ選び、記号で答えなさい。（　）

ア　うめく　イ　とどろく　ウ　ささやく　エ　よろめく

問七　空欄 I ・ II に入る語句として適当なものを次の選択肢からそれぞれ一つずつ選び、記号で答えなさい。

I（　）II（　）

ア　ヒラリ　イ　ポキリ　ウ　カチカチ　エ　コンコン

問八　傍線部⑤「原稿用紙」を比喩的に表現した箇所を本文中から六字で抜き出しなさい。

問九　傍線部⑥「感情の正体」が何かを説明している一文を抜き出し、そのはじめと終わりの五字を答えなさい。　～

問十　傍線部⑦「透明なしるし」とは何のことか答えなさい。（　）

2　次の文章を読んで、後の問いに答えなさい。字数制限のある問題はすべて句読点や記号も字数に含めて数えること。（明浄学院高）

「今日は鉄棒をやる」

と橋本先生が言ったので、やっぱり体操の時間なんてなければいいのに、とミツエは思った。

①ジュンビ体操のあと、ブランコより校舎寄りにある鉄棒のところへ行った。鉄棒は、中高低二本ずつ一続きのものと、六年生でも跳び上がらなければつかめない高さの独立したものが一本あった。男子のあとに女子で、背の順に一人ずつ鉄棒をする脇《わき》で、橋本先生が補助をした。

「つぎは逆上がり」

ミツエは死にたくなった。列からすこし横に I 出て、先に逆上がりをしている男子から何か参考になることを見つけようと、一人一人の逆上がりをよく見た。逆上がりができる子は、なぜあんなに何でもないことのように、鉄棒に巻きついてしまえるのだろう、腕の力が強いのだろうか、蹴《け》り上げ方が上手なのだろうか、と見ながら考えた。男子で一番痩《や》せている高岡君は、巻きつけずに途中でほぐれてしまった。自分もああなるのだ、とミツエは思った。

男子が終り、女子で一番背の低いミツエの番になった。a 見たことも、考えたことも、もう何の役にも立たなかった。わかるのはただ、みんなが見ていることと、すぐ横に橋本先生がいることだけだった。ミツエは眼をつむるような気持で鉄棒をつかみ、足を振り上げた。先生が手でお尻を支えてくれたが、足はストンと落ちてしまった。

「もう b 一息だ」

と先生は言ってくれたが、やっぱりだめだった、と恥ずかしさを感じながら、男子たちの横に II しゃがんだ。でも、とミツエは、今感じたものを、もう一度思い出してみた。c 鉄棒をしながら感じた感じは、する前に思っていたのと、すこし違っていた。前に逆上がりをしたときは、鉄棒が遠い感じで、腕に力が入らず、体がばらばらになってしまうような感じだった。でも今回は、そのときよりも、すこし鉄棒が自分の中心に近い感じで、体も前ほどばらばらではなかったような気がする。

女子も一とおり逆上がりを終えると、先生は時計を見て言った。

「今日は始業が②オクれて、あまり時間がないが、あとの時間は逆上がりができない者のトックンをする。できた者はこっちに並んで、やはり逆上がりをする。できなかった者、こっちに並べ」

男子で逆上がりができなかったのは高岡君一人、女子はミツエと、松原里美と、一番背の高い二谷カヨ子の三人だった。四人ではすぐに順番がまわってくる。先生は「つぎ」と言う以外、何も言わずに一人一人のお尻に手を添えた。d何度目かに、思いがけず里美がくるりと鉄棒のまわりに巻きついた。

「できたじゃないか！」と先生が言った。

「できたー」

と里美が、眼をまん丸くし、口も大きくあけて、空に叫ぶように言った。eむこうの列から仲良しの木崎富子が飛んできて、二人で手を取り合って「できた、できた」とピョンピョンはねた。

高岡君は途中で照れ臭そうに笑って、（Ａ）になる。二谷カヨ子は鉛筆か割り箸《ばし》のように（Ｂ）で、なかなか鉄棒に巻きつけない。ミツエは自分がどうなのかはわからなかった。三人とも逆上がりができないままに、終業の鐘が鳴った。

授業がぜんぶ終ると、ミツエは掃除当番の関のぼるに「鉄棒のところで待ってる」と言って校庭へ走っていった。そしてランドセルを地面に置き、鉄棒をにぎった。fさっきの体操の時間、もうすこし鉄棒をやっていたいような気がしたのだ。そんなことは初めてだった。

ミツエが逆上がりの練習をしていると、大山澄子と根本千代がブランコのところに来てしゃがんだ。掃除当番の君塚照子と二谷カヨ子をⅢ待つらしい。

何度目かに足を蹴り上げたとき、ミツエは今までとまったく違う感じがして、頭の中が真白になった。何が起こったのかわからなかったが、眼帯をはずしたときのように、自分のまわりが③ハレツしたような感じがした。自分のまわりの空気にヒビが入って、空気が割れたような感じがしたのだった。その真ん中に自分がいる。空がぐらぐら揺れて、大きな笑い声を出しているような気がした。

自分が笑っているのだ。自分は今、Ⅳ笑っている、と強く感じながら、ミツエは自分の中からこみ上げてくる笑いを声に出した。今まで笑ったことはなかった、という不思議な感じがした。

ミツエはもう一度、逆上がりをしてみた。やっぱりできた。そのことを、誰かに言いたかった。ブランコのところから、根本千代と大山澄子がこっちを見ていた。千代は口をぽかんとあけ、澄子は④シンケンな顔をしていた。ミツエは二人にむかって大声で、

「できた！」

と言った。すると、千代は澄子の方を見て、澄子は眼を伏せてしまった。

（干刈あがた「野菊とバイエル」より）

問一　二重傍線部①～④のカタカナを漢字に直しなさい。

①（　　）②（　　れて）③（　　）④（　　）

問二　波線部Ⅰ～Ⅳのうち、その動作を行っている人物が異なるものが一つだけあります。記号で答えなさい。（　　）

問三　傍線部ａ「見たことも、考えたことも」とありますが、それが具体的に書かれている一文を本文中より抜き出し、最初の五字を答えなさい。

問四　傍線部ｂ「一息」の意味として最も適切なものを次のア～エの中から選び、記号で答えなさい。（　　）

ア　ひとやすみ　　イ　少しの努力

ウ　少しの時間　　エ　深く息を吸い込むこと

問五　傍線部ｃ「鉄棒をしながら感じた感じ」とはどんな感じですか。本文中より十五字以内で抜き出しなさい。

問六　傍線部ｄ「何度目かに、思いがけず里美がくるりと鉄棒のまわり

に巻きついた。」という一文から、主語と述語をそれぞれ一文節で抜き出して答えなさい。

主語（　　）　述語（　　）

問七　傍線部ｅ「むこうの列」とはどんな列ですか。解答欄の「列」に続くように本文中の語句を用いて十五字以内で答えなさい。

□□□□□□□□□□□□□□□列

問八　空欄部（Ａ）（Ｂ）に入る語句の組み合わせとして最も適切なものを次のア～エの中から選び、記号で答えなさい。（　　）

ア　Ａ＝疲れきった顔　　Ｂ＝痩せ細った感じ

イ　Ａ＝ふざけた顔　　Ｂ＝細長い感じ

ウ　Ａ＝あきらめた顔　　Ｂ＝まっすぐな感じ

エ　Ａ＝楽しそうな顔　　Ｂ＝とんがった感じ

問九　傍線部ｆ「さっきの体操の時間、もうすこし鉄棒をやっていたいような気がした」と対立するミツエの気持ちを本文中より十六字で抜き出しなさい。□□□□□□□□□□□□□□□□

問十　次の一文が本文から抜け落ちていました。元の位置に戻したときの直前の五字を本文中より抜き出しなさい。□□□□□

尻上がりや足かけ上がりは、ミツエにもできた。

問十一　本文中におけるミツエの気持ちの変化として最も適切なものを次のア～エの中から選び、記号で答えなさい。（　　）

ア　恐怖→不満→安心

イ　怒り→興味→驚き

ウ　不安→焦り→期待

エ　絶望→緊張→喜び

3　次の文章を読んで、後の問いに答えなさい。特に指定のない場合、句読点や記号も字数に含みます。（開智高）

> 後藤明良は中学校のバスケットボール部でキャプテンを務めている。バスケットボールへの想いが、他の部員たちと違うと感じていたことから部活動をやめるつもりだとチームメイトの真野に打ち明ける。

「オレ、中学受験失敗して、まだふてくされてた時期だったし、こんな弱小チームでやってられるかって、すぐに見限ったんだ」

そんな理由でやめていくのも、めずらしいことじゃない。

「だけど、ほかにはいりたい部活もなかったし、とりあえず幽霊部員のままでいたんだ」

真野は背中をまるめてぼそぼそと話し続けていた。

「だけど、毎日退屈でさ。居場所はないし、やりたいことはないしで、スゲーきつかったよ」

そのころを思いだしているのか、首を倒してうなだれている。

「そんなときにさ。後藤が声をかけてくれたんだよ」

「オレ？」

また身に覚えのないことをいわれて、明良は［1］声をあげた。

「スゲー無邪気な笑顔を見せて『今日、練習こないの？』ってさ」

明良は必死で自分のａキオクの回路をさぐったけれど、まったく思いだせない。

「返事に困って口ごもってたら『最近一年でもゲーム形式の練習に参加させてくれるんだよ。面白いからきたほうがいいよ』って誘ってくれてさ」

「……覚えてない」

明良の言葉に真野は「やっぱりね」と笑った。

「でも、オレは声をかけてもらえたのが、スゲーうれしくてさ」

真野は照れているのをかくすように、両手で顔をこすって汗をふいている。

「それで何気ない顔して、体育館にいったらさ。まず、吉田や谷口がオレのこと見て『おかえり！』っていってくれたよ」

明良はそんな真野をじっと見つめた。

「久野が『さびしかったわよぉ』って、抱きついてくれて、和田が『大丈夫、オレたち全然上達してないから』って、肩組んできたよ」

指先でおでこをぽりぽりとかいて、照れまくっているその様子は、さわやかで、やさしくて、おおらかないつもの真野らしくなかった。

「そして、おまえは夢中になって練習してたよ。スゲー楽しそうに、ボールを追ってたよ」

新入生のころ……。

シュート以外の練習ができるのが楽しくて、パスを受けとるだけで、ドリブルでコートをかけぬけるだけで、爽快だった。愉快だった。bコウフンしていた。

それで将来、プロの選手になりたいという夢をc抱くようになったのだ。※NBAで活躍するような選手になるのだと、心にdチカったのだ。

「なんか、ここ、いいじゃんって思ったよ。いいヤツらが集まってるじゃんってさ」

弱小チームのくせにはりきって練習する明良のことを、笑うヤツはひとりもいなかった。三年生の引退試合のときは、親切な先輩が「やってみるか？」と試合に出場させてくれたほどだった。そんなひいきは、弱小だから、試合に勝つつもりなんかないチームだからこそ、可能だったのだ。そんな明良を、メンバーは［ 2 ］ことなく応援してくれた。

「ここにいたいって思ったよ」

そんなチームに、不満を持つようになったのはいつからだろう。

「ここを自分の居場所にするんだって、この居心地のよさを自分が守っていこうって思ったよ」

このチームに失望するようになったのは……。

「男子バスケ部は、いいチームだよ」

初めて出場したその試合でボロ負けして、早々と試合会場を去らなければならなかったあのときだ。むなしかった。くやしかった。もっと試合がしたかった。でも、負けたらそれでおしまい。もう試合はさせてもらえない。

バスケを楽しみたかったら、勝たなきゃ意味がないと思った。それなのに、うちのチームはこんなに簡単に負けてしまう。しかも負けたことをちっともくやしがっていない。

①メンバーと自分の意識のギャップに、愕《がく》然とした。中学時代をこんなのんきな部活ですごして、今、すでに地区大会で優勝するようなヤツらに、追いつけるのだろうかと、不安になった。

急に心配になったあのときから、チームに不満を持ちはじめた。このノリにそまるわけにいかないと思った。そして、おばあちゃんの家でのシュート練習にくわえて、夜のトレーニングをはじめた。勝つチームにいるヤツらに少しでも追いつくように。※里中《さとなか》高に入学したときにはすでに手遅れでしたということになっていないように。

「男子バスケ部は弱いけど、いいヤツらが集まってる」

だけど、バスケを楽しいと思わせてくれたのは、ほかでもないこのチームだったからだ。

夢中になっている明良のことを、だれもバカにしなかった。なにがんばっちゃってんの的な邪魔は、一度もされたことがない。だから、練習にこないヤツに「面白いよ」と声をかけてしまうほど、無邪気でいられた。②のびのびと、ボールを追いかけていられた。

たとえば小杉みたいに、チームメイトとうまくいってなかったら、どうだっただろう。はたして、バスケを楽しいと思えただろうか。プロになりたいと思えるほど、夢中になれただろうか。

「だからこれ以上、eキチョウな③メンバーを失いたくない。小杉だってちゃんときてるし、後藤にも、やめてほしくない」

真野はそういうと、立ち上がった。

「待ってるから」

ふり向いて、明良を見る目は、真剣そのものだった。

だけど、④明良は返事ができなかった。帰っていく真野を、ただだまって見送ることしかできなかった。

（草野たき「リリース」より）

※NBA……北米のプロバスケットボールリーグ。
※里中高……常に全国大会に出場している高校。

問一　～～線a「キオク」、b「コウフン」、c「抱く」、d「チカった」、e「キチョウ」について、カタカナは漢字に直し、漢字は読み方をひらがなで答えなさい。

a（　　）　b（　　）　c（　　く）　d（　　った）
e（　　）

問二　[1] にあてはまる表現として適切なものを、次の中から一つ選び、記号で答えなさい。（　　）

ア　蚊《か》の鳴くような　　イ　鈴の鳴るような
ウ　すっとんきょうな　　エ　猫なで
オ　金切り

問三　[2] にあてはまる表現として適切なものを、次の中から一つ選び、記号で答えなさい。（　　）

ア　あざ笑う　　イ　怪しむ　　ウ　心配する
エ　ひがむ　　オ　悲しむ

問四　――線①「メンバーと自分の意識のギャップ」とありますが、それを説明した次の文の空欄にあてはまる語句を、それぞれ二十字以内で答えなさい。

(1)
(2)

[(1)] メンバーと [(2)] 自分との間に意識のギャップがあると明良は考えている。

問五　――線②「のびのびと、ボールを追いかけていられた」とありますが、なぜそれができたと明良は考えていますか。次の中から一つ選び、記号で答えなさい。（　　）

ア　チームが弱すぎるうえに、誰も上手くなろうとしないので、すべて自分の思うように練習が出来たから。
イ　先輩にもひいきにされている自分には、誰も文句を言うことが出来ないのでコートを広々と使えたから。
ウ　誰もはりきって練習する自分をバカにしたり邪魔にしたりせず、バスケを楽しむことが出来ていたから。
エ　一年生でゲーム形式の練習に参加できるなど、実力主義の世界が自分を成長させてくれると感じたから。

オ　練習に来ていなかった真野に声を掛けることで、キャプテンの仕事をしたという達成感が得られたから。

問六　――線③「メンバーを失いたくない」とありますが、真野にとって男子バスケットボール部はどのような存在でしたか。それを説明した次の文の空欄にあてはまる語句を、本文中からそれぞれ五字以内で抜き出して、答えなさい。

(1) ［　　　　　］　(2) ［　　　　　］　(3) ［　　　　　］

初めは［(1)］と見限っていたが、［(2)］が集まっているとわかり、ここを自分の［(3)］として守っていきたいと思う大切な存在となっている。

問七　――線④「明良は返事ができなかった」とありますが、それはなぜですか。次の中から一つ選び、記号で答えなさい。（　　）

ア　自分が以前真野に声を掛けたということを思い出せないままであったので、真野にとても申し訳ないと考えているから。

イ　真野の言葉で、チームへの思いを再認識し、真野の気持ちも十分に理解できたが、どうすれば良いか戸惑っているから。

ウ　自分もこのチームを見限ろうとしていた気持ちを、真野に見透かされていたことを知って、恥ずかしく思っているから。

エ　明良の気持ちを考えようともせず、一方的に自分の思いをぶつけてくる真野に対して、心を閉ざしてしまっているから。

オ　真野のチームへの愛が大きいことを思い知らされて、自分がキャプテンを務めていることにもう自信を失っているから。

問八　══線「真野は『やっぱりね』と笑った」について、サオリとシンジとミチルという三人の中学生が、次のように会話しています。これを読んで、後の(i)・(ii)の問いに答えなさい。

サオリ　ここで真野はなぜ笑ったのかしら。

シンジ　「明良の言葉に」ってあるからさ、明良の「……覚えてない」のことだろうね。

ミチル　明良がこの時真野に話した言葉って、これ以外には、あと一ヵ所しかないのよ。

シンジ　あとは真野の言葉に対して明良の心の中の言葉ってことか。

サオリ　その二つの言葉をふまえると、真野には、明良が覚えてないことが分かってたということよね。

シンジ　明良にとっては、たわいもない声かけだったけど、真野にとっては「仲間からの誘い」だったんだ。

ミチル　じゃあ、真野が笑ったのは、【　A　】という気持ちからなのかな。

サオリ　そうね、そういう気持ちからの「笑った」だったと意見をまとめたいと思います。

(i)　――線「これ以外には、あと一ヵ所しかない」とありますが、それはどの言葉ですか。本文中から抜き出して、答えなさい。

（　　　　　　）

(ii)　【A】にあてはまるものを次の中から一つ選び、記号で答えなさい。（　　）

ア　明良をやめさせないための作り話を、明良が覚えていないのは当然なのに、真剣に考えていることが不思議だった

イ　明良はキャプテンといっても、周りの部員のことなんてどうでも良いという態度が見て取れたことが不愉快だった

ウ　吉田たちにも自分がクラブに戻ったときに声をかけるよう打ち合わせていたが、忘れたふりをするのが面白かった

エ　練習に来ない明良を説得しようと真剣に話していたが、自分の明良への感謝の気持ちを隠しきれず恥ずかしかった

オ　真野にとっては大きなきっかけが、本人は覚えていないと予想していた通り何気ない言葉だったことを再認識した

4　次の文章を読んで、後の問いに答えなさい。字数制限がある解答の場合は、句読点・「　」などを字数に含めます。なお、設問の関係上、本文を一部改変しています。（浪速高）

その日のことはよく覚えている。私は中学二年生だった。

学校から帰ると、ダイニングテーブルについた母が泣いていた。

①ひ、と思った。泣いている母なんて、見たことがなかったから。

おばあちゃんね、もうだめなの。もうだめなのよ。母は泣きながら、その場に立ち尽くす私に言った。おばあちゃんというのは母の母である。死んじゃうってこと？　と思ったけれど、口には出さなかった。母をもっと泣かせるような気がして。

おばあちゃんは数週間前に入院していた。四人部屋の、一番奥のベッドだった。ベッドサイドに座ると、すごく広い空が見えた。

泣く母を見た次の日から、私は毎日のように病院にいった。たいていは学校帰りにいったけれど、ときどきは学校を抜け出して病院にいった。おばあちゃんはもうじき死んでしまうような人には見えなかったけれど、きっと母の言っていたことは本当なのだろう、②面会時間外に病室にいっても、看護婦さんたちはとがめたりしなかった。

午後の早い時間に病院にいくと、母もおばさんたちもきていなくて、おばあちゃんはひとり、ベッドに横たわっている。テレビを見ていることもあれば、隣のベッドの人と話しこんでいるときもあった。私を見ると、「ああ、きたの」とおもしろくなさそうに言って、③矢継ぎ早に用を言いつけたりした。

紙パックのぶどうジュースを買ってきて。ゴシップ*がいっぱいのった週刊誌を買ってきて。これ、入院患者用の㋐センタク箱に入れてきて。葉書を三枚買ってきて。

用がすんでしまうと、私はベッドサイドに置いたパイプ椅子に腰かけて、おばあちゃんとテレビを見たり、ゴシップ記事ののった雑誌を読んだりし、おばあちゃんが眠ってしまうと、そこで宿題をしたり、窓の外の［④］とした空を眺めたりした。

「ねえ、羊子、本をさがしてほしいんだけど」

あるときおばあちゃんはそう言った。

「いいよ、何。買ってくる」

「下の売店にはないよ。大きな本屋にいかなくちゃないと思うよ」

「わかった。明日放課後にいってみる。なんて本？」

おばあちゃんはじっと私を見ていたが、ベッドのわきに置かれた机の引き出しから紙とペンを出し、眼鏡を掛け、なにやら文字を書きつけた。渡されたメモを見ると、私の知らない名前に、私の知らないタイトルが、殴り書きされていた。

「えー、聞いたことないよ、こんな本」私は言った。

「あんたなんかなんにも知らないんだから、聞いたことのある本のほうが少ないだろうよ」

おばあちゃんは言った。こういうもの言いをする人なのだ。

「出版社はどこなの」

「さあ。お店の人に言えばわかるよ」

「わかった。さがしてみるけど」

メモをスカートのポケットに入れると、おばあちゃんは私を㋑テマネきした。ベッドに身を乗り出して耳を近づける。

「そのこと、だれにも言うんじゃないよ。あんたのおかあさんにも、おばさんたちにも。あんたがひとりでさがしておくれ」

　おばあちゃんの息は不思議なにおいがした。いいにおいかくさいにおいかと言われれば後者なんだけれど、嗅《か》いだことのない種類のものだった。そのにおいを嗅ぐと、なぜか、泣いている母を思い出すのだった。

　おばあちゃんの言葉通り、次の日、私はメモを持って大型書店にいった。そのころはコンピュータなんてしろものはなくて、店員は、㋒ブアツい本を［⑤］めくって調べてくれた。

「これ、書名正しいですか?」⑥店員は困ったように私に訊《き》いた。

「と、思いますけど」

「著者名も? 該当する作品が、見あたらないんですよね」

「はあ」

　私と店員はしばらくのあいだ見つめ合った。⑦見つめ合っていてもしかたない、ひとつお辞儀をして私は大型書店を去った。

「おばあちゃん、なかったよ」

　そのまま病院に直行して言うと、おばあちゃんはあからさまに落胆した顔をした。こちらが落ちこんでしまうくらいの落胆ぶりだった。

「本のタイトルとか、書いた人の名前が、違ってるんじゃないかって」

「違わないよ」［⑧］とおばあちゃんは言った。「あたしが間違えるはずがないだろ」

「だったら、ないよ」

　おばあちゃんは私の胸あたりを見つめていたが、「さがしかたが、甘いんだよ」すねたように言った。「どうせ、一軒いってないって言われて［⑨］帰ってきたんだろ。店員も、あんたとおなじような若い娘なんだろ。もっと知恵のある店員だったらね、あちこち問い合わせて、根気よく調べてくれるはずなんだ」

　そうしてふいと横を向き、そのままいびきをかいて眠ってしまった。

　私はメモ書きを手にしたまま、パイプ椅子に座って空を見た。季節は［⑩］になろうとしていた。空から目線を引き下げると、バス通りと、バス通りを㋓縁取る街路樹が見えた。木々の葉はみな落ちて、㋔寒々しい枝が四方に広がっている。

　すねて眠るおばあちゃんに視線を移す。私の知っているおばあちゃんより、ずいぶんちいさくなってしまった。それでも、もうすぐ死んでしまう人のようにはどうしても見えない。また、もうすぐ死んでしまうのだと思っても、⑪不思議と私はこわくなかった。きっと、それがどんなことなのか、まだ知らなかったからだろう。今そこにいるだれかが、永遠にいなくなってしまうということが、いったいどんなことなのか。


（角田光代「さがしもの」より）

※語注　＊ゴシップ…有名人の個人的な事柄についてのうわさ話。

問一　二重傍線部㋐～㋔のカタカナを漢字に直し、漢字はその読みをひらがなで記しなさい。

㋐（　　）㋑（　　）㋒（　　）㋓（　　）㋔（　　）

問二　傍線部①「ひ、と思った」とありますが、この時の心情として最も適当なものを次から選び、記号で答えなさい。（　　）

ア　失望　イ　安堵《あんど》　ウ　驚き　エ　嫌悪

問三　傍線部②「面会時間外に病室にいっても、看護婦さんたちはとがめたりしなかった」とありますが、なぜですか。その理由を四十字以内で答えなさい。

（　　　　　　　　　　　　　　　　　　　　）

問四　傍線部③「矢継ぎ早に」とはどういう意味ですか。本文中の意味として最も適当なものを次から選び、記号で答えなさい。（　）

ア　遠慮がちに　イ　続けざまに

ウ　不満げに　エ　独りよがりに

問五　［④］・［⑤］・［⑨］にあてはまる語として最も適当なものをそれぞれ次から選び、記号で答えなさい。

④（　）⑤（　）⑨（　）

ア　すごすご　イ　ひろびろ　ウ　はればれ

エ　ぱらぱら　オ　とぼとぼ

問六　傍線部⑥「店員は困ったように私に訊いた」とありますが、なぜですか。「～から。」につながるように本文中から抜き出しなさい。

（　　　　　　　　から。）

問七　傍線部⑦「見つめ合っていてもしかたない」とはどういうことですか。その説明として最も適当なものを次から選び、記号で答えなさい。（　）

ア　さがしている本を店に置いていないことで店員を責めても意味が無いということ。

イ　書名が間違っていると「私」に指摘してきた店員にいらだっているということ。

ウ　店員とこれ以上やりとりを重ねてもさがしている本は見つからないということ。

エ　大型書店にもさがしている本がないのでどこにあるのか見当がつかないということ。

問八　［⑧］にあてはまる語として最も適当なものを次から選び、記号で答えなさい。（　）

ア　ぼそり　イ　さらり　ウ　ぴしゃり　エ　ぽつり

問九　［⑩］にあてはまる語を漢字で答えなさい。（　）

問十　傍線部⑪「不思議と私はこわくなかった」とありますが、どういうことですか。その説明として最も適当なものを次から選び、記号で答えなさい。（　）

ア　前より身体は小さくはなっているが、まだまだおばあちゃんは元気に見えるから。

イ　本が見つからないことくらいで、すねてしまうおばあちゃんに同情できないから。

ウ　誰もが死を迎えることは当然で、みんなが受け入れていることだと諦めたから。

エ　死ぬことが永遠の別れになるのだと、まだ身をもって実感できていなかったから。

問十一　本文はいくつかの場面に分けられます。「おばあちゃん」が「私」に秘密のお願いをしている場面を探し、その最初と最後の五字を本文中から抜き出しなさい。最初［　　　　　］～最後［　　　　　］

5　次の文章を読んで、後の問いに答えなさい。（天理高）

中学三年生の六月に転校してきた「大野」は、「マサ」からサードのレギュラーを奪ったことで、部員たちと険悪な状況が続いていたが、セカンドのレギュラーの「シラ（少年）」だけは、いつも「大野」を気遣っていた。最後の大会に向けて練習に励む二人であったが、大会の前日に「シラ」はセカンドのレギュラーを「マサ」に奪われてしまう。

次の日、セカンドのレギュラーはマサになっていた。試合まで、たった一日しかない。少しでも慣れるよう、富山先生はマサにつきっきりでゲッツーのときの身のこなしや、外野からの返球をカットするときのポジションを教え込んだ。

少年は練習の始まる時間より x だいぶ早めに部室に入って、家から持ってきた背番号4のユニフォームをマサのロッカーに置いた。『ごんぎつね』みたいだな、と思うと、涙が出そうになった。

マサが持ってきた背番号14のユニフォームは、練習のあとで受け取った。マサは「シラのぶんもがんばるけん」と言った。少年は黙って、笑いながらうなずいた。Vサインを返してやろうとしたら、視界の a 隅のほうで、大野がこっちを見ていることに気づいた。①目が合うとすぐにうつむいてしまったので、表情までは読み取れなかった。

帰り道は、大野と二人で用水路沿いの道を歩いた。言葉にして誘い合ったのではなく、y ばらばらに部室を出て、正門を出たあたりでなんとなく一緒になって、「おう」も「よう」もなく、並んで歩きだしたのだった。

大野は口数が少なかった。少年もほとんどしゃべらない。どうしていいかわからない。②からっぽのバッターボックスと誰もいないベンチが、ぼんやりと浮かぶだけだった。

いつもの b ダガシ屋を、二人とも黙って通り過ぎた。

最初の交差点にさしかかる。大野はまっすぐ渡った。

二つ目の交差点でも、大野は帰らなかった。

三つ目の交差点―もうええけん、遠回りになるけん、ここで帰れや、と少年は言おうとしたが、「遠回り」と「ここ」と「帰れや」の代わりの言葉を探しているうちに、大野はまた、横断歩道をまっすぐ渡った。

そして、最後の交差点。

大野は横断歩道の手前で立ち止まった。右手で c 提げていたスポーツバッグを足元に、落とすように置いた。

「シラ……」

少年も足を止め、大野は右手を胸の高さに持ち上げて、左手で右の拳を③包み込んでいた。

「俺……ノックのときに突き指しちゃった」

大野はへへッ、と笑う。「嘘じゃない」とつづけて、「さっきから我慢してたんだけど、死ぬほど痛くてさ……」と、今度は顔をしかめた。

少年はなにも応えず、大野の手元をぼんやりと見つめる。

「明日の試合、休むよ」

大野がそう言っても、少年は目も口も動かさなかった。

「バチが当たったんだよな、俺、④『ウルトラマン』の怪獣だから、最後はやっつけられるんだよ」

少年は黙っていた。A 身じろぎもせず、ただ、黙り込んでいた。

「先生に、明日、言うから」とつづける大野の声は急にか細くなって、「だって……痛くて、たまんないんだよな…」と、さらに弱々しくなった。

少年は z 軽く息を吸い込んで、「がんばれや」と言った。嘘のように言葉がなめらかに出た。ひとりごとのようにしゃべったから、なのかもしれない。

大野は泣きだしそうに顔をゆがめた。

「俺、出ないって、ほんとに。シラを d ホケツにしてまで試合に出たくないって。俺のせいなんだからさ、いいんだよ、俺はもともといなかった奴なんだから。俺がいなくなったって、元に戻っただけだろ？　それでいいし、そっちのほうがいいんだよ、絶対」

「⑤アホなこと言わんでええけん……」

「信じてくれよ」

「大野、アンダーシャツ※、返せや。試合はええけん、シャツ返せ」

返せの「カ」が、すんなり言えた。声は大きくても、これはぜんぶひとりごとなのかもしれない。

「早よ返せや、わしのシャツなんじゃけん」

少年は、ほら、と右手を出してBうながした。大野はなにか言いたそうに口を開きかけたが、すぐに閉じて、「洗濯してから返すよ」と言い直した。

「そげなことせんでええけん、早う返してくれ。いまあるんじゃろ、早う返せや」

ほら、ほら、と右手を大野の胸の前に突き出した。言葉はすらすら出てくる。でも、⑥耳に聞こえてくる声は、自分の声ではないみたいにひらべったく、薄っぺらだった。

大野はもうなにも言わなかった。スポーツバッグの前にしゃがみ込み、ファスナーを開けて、しわくちゃに丸めたアンダーシャツを出した。膝の上で畳み直そうとするのを、少年は「ええけん」と制して、Cひったくるようにシャツを取った。

汗で濡れている。eスっぱいようなにおいもする。

捨てるつもりだった。シャツを用水路に放り込んで、大野にもう一度「がんばれよ」と言ってやって、その代わり、もう立ち止まらずに交差点をまっすぐ渡ろう、と思っていた。

シャツのおなかのところに、黒い染みがあった。

違う、それはサインペンの文字だった。

Ｎｅｖｅｒ　Ｇｉｖｅ　Ｕｐ——あまり上手くない筆記体で書いてある。あきらめるな、と書いてある。

「シラ……ごめん、俺、もらったんだと思って、書いちゃった」

大野は「弁償するから」と付け加えて、「ほんと、ごめん、すみません」と頭を下げた。

少年はおなかの文字を包み込むようにシャツを丸めた。

大野は頭を下げたままだったので、少年が、シャツをスポーツバッグに入れ直した。ネバー、ギブ、アップ、と心の中でつぶやいた。⑦ネバー、ギブ、アップ、と繰り返して、ファスナーを閉めた。

「もうええけん」と声をかけると、大野はやっと顔を上げた。目が合う前に、少年は背中を向けて歩きだした。

振り返らずに、大野に言った。

「がっ、がっ、がっ……」

言葉がつっかえてほっとしたなんて、生まれて初めてだったかもしれない。

「がんばるから！」大野は少年の背中に答えた。「ほんと、俺、明日がんばるから！」

少年は歩きながら、前を向いたまま、うなずいた。

でも、ほんとうは、大野は勘違いしていた。少年が言いたかったのは、「がんばれ」ではなかった。

がんばるけん——自分のことを言いたかったのだ。

（重松　清「きよしこ」より）

※　アンダーシャツ……シラが以前、黒いアンダーシャツを試合用に一枚しか持っていない大野を気遣って、大野にあげたもの。

問一　傍線部ａ～ｅのカタカナを漢字に直し、漢字の読みをひらがなで記しなさい。

a（　　）b（　　）c（　　げ）d（　　）

e（　　っぱい）

問二　波線部x「だいぶ」・y「ばらばらに」・z「軽く」が修飾している語句をそれぞれの選択肢の中から一つ選び、記号で答えなさい。

x「だいぶ」（　　）

ア　早めに　イ　部屋　ウ　入って　エ　置いた

y「ばらばらに」（　　）

ア　二人で　イ　部屋を　ウ　出て　エ　なんとなく

z「軽く」（　　）

ア　息を　イ　吸い込んで

ウ「がんばれや」と　エ　言った

問三　二重傍線部A「身じろぎもせず」・B「うながした」・C「ひったくる」の本文中における意味として適当なものをそれぞれの選択肢の中から一つ選び、記号で答えなさい。

A「身じろぎもせず」（　　）

ア　気後れもせずに　イ　じっと動かないで

ウ　後ずさりもしないで　エ　表情を変えないで

B「うながした」（　　）

ア　早口で言った　イ　繰り返し訴えた

ウ　せきたてた　エ　思いを示した

C「ひったくる」（　　）

ア　こっそり盗む　イ　強く引きはがす

ウ　大事にもらい受ける　エ　無理に奪い取る

問四　傍線部①「目が合うとすぐにうつむいてしまったので、表情までは読み取れなかった」とあるが、この時の「大野」の心情を説明したものとして適当なものを次の中から一つ選び、記号で答えなさい。（　　）

ア　シラの様子があまりにも体裁が悪くて笑いをこらえきれないでいる。

イ　うつむいたシラがその後どのような顔をしているか探ろうとしている。

ウ　皆の目がある手前、シラには無関心であるように振る舞おうとしている。

エ　レギュラーを外されたシラに同情し、いたたまれない気持ちでいる。

問五　傍線部②「からっぽのバッターボックスと誰もいないベンチが、ぼんやりと浮かぶだけだった」とはどのような心情を表していると考えられるか。その説明として適当なものを次の中から一つ選び、記号で答えなさい。（　　）

ア　レギュラーを外されたことを親に怒られることを想像しおびえている。

イ　お互いにどのように声をかけたらよいかわからずに困惑している。

ウ　レギュラーから外れ、心に穴が空いたような喪失感を覚えている。

エ　レギュラーを外され、自分ひとりで帰ることに孤独を感じている。

問六　傍線部③「包み込んでいた」の主語を本文中から抜き出して答えなさい。（　　）

問七　傍線部④「『ウルトラマン』の怪獣」とは、「大野」が転校生である自分のことを、外からやってきて野球部の平和を乱した存在という意味で言っているが、このような修辞法を何というか。適当なものを次の中から一つ選び、記号で答えなさい。（　　）

ア　擬人法　イ　直喩法　ウ　隠喩法
エ　擬態法　オ　倒置法

問八　傍線部⑤「アホなこと言わんでええけん……」とあるが、「アホなこと」として適当でないものを次の中から一つ選び、記号で答えなさい。（　　）

ア　野球ではよくある突き指くらいで試合を休むと言ったこと
イ　シラがレギュラーではないのは自分のせいだと言ったこと
ウ　転校生がレギュラーを奪いバチが当たったと言ったこと
エ　自分よりもシラが試合に出るほうがよいと言ったこと

問九　傍線部⑥「耳に聞こえてくる声は、自分の声ではないみたいにひらべったく、薄っぺらだった」とあるが、その理由の説明として適当なものを次の中から一つ選び、記号で答えなさい。（　　）

ア　大野が試合に出られないようにするために、少年があらかじめ用意していた言葉だったから。
イ　大野は捨て置き、少年自身のことしか考えずに発してしまった言葉が気に入らなかったから。
ウ　大野のことを気遣いながらも強がって発した言葉に、少年の本心では納得できずにいたから。
エ　大野を思いやる優しい言葉をかけてやることができず、少年は恥ずかしいと感じたから。

問十　傍線部⑦「ネバー、ギブ、アップ、と繰り返して、ファスナーを閉めた」とあるが、この時の「少年」の心情の変化を四〇字以内で説明しなさい。

問十一　本文を読んだ生徒四人が発言している。本文の内容を正しく理解していないものを次の中から一つ選び、記号で答えなさい。
（　　）

ア　大野は自分も試合に出たいという気持ちを押し殺して、嘘をついてまで少年を最後の試合に出させようとしたのは優しいね。
イ　シラは相手を思いやる気持ちを持っている子だけど、大野がシャツに字を書いたからといって捨てようとするのはひどいよ。
ウ　シラはレギュラーを外れ落ち込んでいるのに、マサにも大野にも相手を気遣うような対応をしようとして仲間思いだったね。
エ　大野はシラの言おうとした言葉を勘違いしたけれど、最終的に大野もシラも最後の試合に向けて前向きになれてよかったな。

（大阪桐蔭高）

6　次の文章を読んで、後の問いに答えなさい。（問いに「……字」とある場合は、句読点やその他の記号も一字と考えます。）

主人公の栢山《かやま》は数学が好きで、小学生のときに自分が高校生になったら数学を教えてくれるという約束をしていた九十九《つくも》書房の十河《そごう》の所に、高校生になったので訪れた。そこの店主である彼に言われて、栢山はインターネット上で数学の決闘をすることになったが敗北してしまった。

「なあ」

ガラス戸を開けようとした栢山の背中に、十河の声が届き、振り返る。

「負けたのに、晴れ晴れしてるな」

十河が言うと、栢山は戸に手をかけたまま、一瞬考える様子を見せたが、すぐに口角を少し上げて、小学生みたいにはにかんだ。

「解きたい問題が、解けたから」

そう言い残してガラス戸を開けて出て行った。その隙に入ってきたまだ肌寒い夜の空気に腕を組んで、十河は外の桜を見ていた。

栢山が言ったのは、問22のことだとすぐに分かった。やはり、他の問題に行くのをやめ、その問題に取り組むと決めていたのだ。そして、答えにたどり着いていた。相手は、たどり着いていなかった。

十河がタブレットを食い入るように見ていたのは、ふたりの決闘を物《もの》見遊山《みゆさん》していた人が気づいてコメントしていたからだった。

――問22、一ノ瀬《いちのせ》の十問じゃないか。

懐《なつ》かしいその言葉に問題を見返せば、確かにその通りだった。調べれば案の定、その問題の今までの正答率は他の問題より群を抜いて低かった。条件に即して問題がランダムに選択されるとは言え、なぜそんな問題が混じっていたのかは分からない。それでも、あの一ノ瀬の十問のひとつが混在していて、栢山は、それを解いた。

が、それ以外はまるで駄目だった。予想通りだった。問22に比べればずっと難度の低い問題さえ、解けていない。

本当に、誰にも何も教えてもらってこなかったんだな。

十河は、栢山の消えた路上にひらひらと散る桜を見ていた。

「まだあったか、あの古本屋」

「そりゃあるだろ」栢山はカツカレーを食べながら答える。

「約束通り、教えてくれる人がいたんだな」大柄の東風谷《こちたに》がラーメンを食べ終わってやきそばパンのラップを開けた。

「キフユも見かけによらず律儀《りちぎ》だったんだな。髪薄かったのに」学食の喧噪《けんそう》に負けない声を出して、蓼丸《たでまる》はきつねそばをすする。

「髪は関係ないけどな」東風谷がつっこむ。蓼丸は意に介さない。

「で、どんな人だったのよ」

どんなって、と栢山は思い出す。「愛想なかったな」

「面倒なんだろ、それ」

「①　かも」

「教えてくれることにはなったんだろ」

東風谷の問いに、たぶんな、と栢山は返事する。

「あそこの時計を管理してるくらいだから、面倒見はいいだろ」東風谷が言うと、蓼丸が目を見開く。

「うわ、あったな時計。ごんごんうるさかったな。うわあ、すげえ懐かしくなってきた。キフユがいなくなって、どのくらいだろ」

「小学校卒業前だから、もう三年以上だろ」と東風谷。

「1134日な」栢山が正す。

「まじか。②光陰だな」蓼丸が大げさに驚く。

小学生の頃の九十九書房での数学教室を思い出したのか、三人ともしばし③何も言わず咀嚼《そしゃく》していた。蓼丸がくしゃみを突然連発する。うっすら目が赤いと思っていたが、花粉症か。

「おかげで算数得意でもないのにオイラーの等式だけは知ってるしな」

「あったあった。見ろ、これが数学の宝石だ」鼻を啜《すす》りながら蓼丸が物《もの》真似《まね》をする。

「言ってた言ってた」

「東風谷も蓼丸も、来ればいいのに」

「俺は山岳部だから」東風谷が食べ終えてラップを丸める。

「俺も忙しいから」蓼丸はそばの汁を飲む。

「何が」

「生徒会に入るんだよ」

「生徒会？　お前が？」

「④論理的結論だ」

　意味が分からず顔を見合わせる東風谷と栢山に、蓼丸はＡしたり顔をする。

「部活に入れば多くても20人、クラスで20人で、計40人。でも、生徒会なら3年までの全校生徒と関わる可能性があるとすると、２４０人」

「何の数字だよ」

「女子じゃないか」東風谷が椅子にもたれかかる。

「さて、ここで女子一人に告白して成立する可能性を１％とする」

「平均にしても高すぎる」

「いきなり告白して成立するって仮定はどうかね」

　Ｂ間髪入れない二人のコメントを、蓼丸は手を振って却下する。「では、部活と生徒会で、少なくとも一人の彼女ができる確率は？」

「少なくとも一人って、二人できたらまずいだろ」と東風谷。

「あの、お前、うっさいな」

　視線を右下に落として黙っていた栢山が、計算を終える。「前者が33％、後者が91％」

「計算したのかよ」東風谷が呆《あき》れる。

「相変わらず早いな」要求しておきながら蓼丸は言葉を失う。「というわけだ」

「前者と後者だとたぶんかかる時間が違うよね」

「40人に告白してまわるのと、２４０人にやるのとじゃあな」⑤東風谷が笑って水を飲む。

「うるせえな、山岳部なんて、山登る以外暇だろうが」

「筋トレと技術磨きだよ」

　男だけでやってろ、と蓼丸は手を振る。ま、いずれにしてもな、と栢山を見る。「いつまでも数学やってる暇はないんだよ」

　蓼丸が立ち上がるのを機に、東風谷もトレイを持つ。「⑥同じことをずっと続けるってのは、俺はうらやましいけどな」

「いやいや。高校生活なんてあっという間だぜ、どうせ。いろんなことに興味持って、目移りして、あれやこれやに飛び込んで行かなきゃならないわけ」

　蓼丸が、まるで経験済みのように語る。

「青春は、やったもん勝ちだからな」

　そうなのか、と思いながら、栢山も立ち上がる。学食は、人、人、人、で騒がしい。新入生も三年生も混じり合って、そこに晴れた春の陽が注ぎ、すべての人が楽しそうに見える。さまざまにあるはずの声も、折り重なって、弾むように楽しさに満ちて聞こえる。放課後もきっと、ここは人がいるだろう。

　二人と別れて、教室に戻らず、栢山はまだ不案内な学校を、まだ見つけることができていないものを探して散策する。同年代が、歩き、走り、新しい季節を謳歌《おうか》しているのを眺めながら、人のいない方へと向かう。まるで猫のようだな、と思う。それにしても、どれだけの人がいるのだろう。数字としてはもちろん知っているけれど、⑦数字を思い浮かべても、目の前の光景と結びつきそうで結びつかない。現実があって、その一側面を切り取る数字がある。現実は数字になると、いつだって何かを失っている。

（王城《おうじょう》夕紀《ゆうき》「青の数学」より）

問一　傍線部A・Bの意味として最も適当なものを次の中から一つずつ選び、それぞれ記号で答えなさい。A（　　）B（　　）

A　ア　得意げな表情をする
　　イ　元から知っていたような顔をする
　　ウ　やっと言い返せたという顔をする
　　エ　自分だけが偉いという表情をする

B　ア　すばやい
　　イ　ケチのつけ所がない
　　ウ　ケチをつける暇がない
　　エ　気持ちの余裕をもたらさない

問二　傍線部①とあるが、それはどういうことか。その説明として最も適当なものを次の中から一つ選び、記号で答えなさい。（　　）

ア　数学を教えること自体が難しく、真剣に教えるには表情もおのずから真剣になるにちがいないということ。
イ　数学に集中している人間にとって数学以外のことすべてが無用なことと思われるにちがいないということ。
ウ　数学を教えるのに、それ以外のことをするのはたぶん不必要だと思っているだろうということ。
エ　キフユは、数学を教えるだけでよく、愛想まで振りまく必要はおそらく感じていないだろうということ。

問三　傍線部②とあるが、それはどういうことか。その説明として最も適当なものを次の中から一つ選び、記号で答えなさい。（　　）

ア　この１１３４日の間には明るくて楽しい出来事も暗くてつらい出来事もあったということ。
イ　１１３４日という計算を一瞬で正確になし得たその速さは光速なみですごいということ。
ウ　あれから三年以上の月日が流れたことに気づき、自分たちの成長の速度に驚いたということ。
エ　あれから三年以上経ったことに気付き、あらためて時の流れの速さを感じたということ。

問四　傍線部③とあるが、このときの三人の気持ちとして、最も適当なものを次の中から一つ選び、記号で答えなさい。（　　）

ア　数学教室での授業の雰囲気や習ったことなどをあれやこれや漫然と思い出している。
イ　数学教室で習ったさまざまな数学の定理などについて、今の段階できちんと理解しなおそうとしている。
ウ　数学教室でのいろいろな出来事を振り返って、それらの意味を噛みしめている。
エ　数学教室に通っていたことの意味を、この年になって理解しようとしている。

問五　傍線部④とあるが、それは具体的にどのような結論であるか。文中の言葉を用いて四十字以内で答えなさい。

問六　傍線部⑤とあるが、このときの東風谷の気持ちとして最も適当なものを次の中から一つ選び、記号で答えなさい。（　　）

ア　現実に即して考えず、数字上だけでしか考えていない計画を話して聞かせる蓼丸を滑稽に思っている。
イ　自分には到底できない、壮大なスケールの計画を立て実行しようとしている蓼丸をほほえましく思っている。
ウ　少し考えてみれば無理だとわかる計画に対して、いささかの疑問も抱かない蓼丸を滑稽に思っている。
エ　どんなことでも数学的に考えずには済まない蓼丸を、自分と重ねることでほほえましく思っている。

問七　傍線部⑥とあるが、それはどういうことか。その説明として最も適当なものを次の中から一つ選び、記号で答えなさい。（　　）
ア　蓼丸が女子に告白し続けること。
イ　東風谷が山岳部を続けること。
ウ　栢山が数学の勉強を続けること。
エ　三人が数学教室で習い続けること。

問八　傍線部⑦とあるが、それはどういうことか。その説明として最も適当なものを次の中から一つ選び、記号で答えなさい。（　　）
ア　この学校に何人の生徒がいるかは知っているが、目の前の光景には数字以上の人数の生徒がいるように思えるということ。
イ　この学校の全生徒数が何人かは知っているが、新しい季節を謳歌している生徒たちの生き生きとした様子は数字からでは測れないということ。
ウ　この学校に現在通っている生徒の人数は知っているが、それだけでこの学校について知ったことにはならないということ。
エ　この学校に現在いる生徒の人数はおおよそわかっているが、目の前にいる生徒は一部であり、全体の人数とは結びつかないということ。

7　次の文章を読んで、あとの問いに答えなさい。（洛南高）

佐々野円華《ささのまどか》は長崎の五島列島に住む高校生である。海岸の堤防で一人考え事をしていると、同級生の武藤柊《むとうしゅう》が声をかけてきた。円華の家は旅館を営んでいるのだが、新型コロナウイルス感染症の緊急事態宣言下で世間が揺れる中も営業を続けており、そのことが島内で様々にうわさされているという。


「知ってるの？　そんなふうに言われてること」

「……知ってるよ」
①観念して頷《うなず》くと、空の青さが沁《し》みるようにまた目の奥が痛んだ。
②あわてて唇を引き結び、首を振る。
「知ってる。こんな時なのにまだ客を泊めてるのかって、うちが、周りから相当思われてそうなこと。さすがに、小山《こやま》くんたちがそんな③とばっちりを受けてるってことまでは、想像もしてなかったけど」

立地が近いというだけの理由で寮の子たちまでそんなふうに言われるのだとすれば、小春《こはる》の言い分は、やはり仕方がないのかもしれない。

学校が再開され、いつも通り、円華は今日、幼馴染《おさななじ》みの福田《ふくだ》小春と下校しようとした。そんなに長い距離じゃないけれど、校門から並んで出て、小春の家の近くの分かれ道まで一緒に歩くのは、二人にとってはいつものことだった。

だけど放課後になって、言われたのだ。

「ごめん、円華。しばらく、別々に帰ってもいい？」

どうしてか、最初は全然わからなかった。だから、純粋に「え？」と口にすると、小春が少しだけ早口になった。

「円華と一緒に帰ってるところ見て、うちのおじいちゃんとかおばあちゃんがちょっと心配になったみたいで。ほら、うちら、話しながら帰ってるから、マスクしてても、距離が近くて心配なんだって。お母さんとかも、うちのお姉ちゃんが施設で働いてることもあって、気になったみたい」

心配になったみたい、気になったみたい、というそれが、④何を「気にして」のことなのか、円華にもだんだんわかってきた。でも、嘘《うそ》でしょ？　と思った。頼むから、そんな理由からじゃないって否定してほしい。だけど、小春は話し終えると、それ以上は何も言わずに円華の方をただ見た。その目を見て、⑤体の芯が一瞬で冷たくなっていく。

小春とは、小学校からずっと一緒だ。中学から吹奏楽部なのも一緒。

小春の家のおばさんやおじさんとも小さな頃から顔見知りだし、おじいちゃんやおばあちゃんにだって会えば挨拶してきた。家にも何度も遊びに行って、ごはんだってご馳走《ちそう》になったことのある小春の家の食卓やリビングを思い出したら、その中で、自分のことが——自分の家族や旅館のことがどう話題にされたのか、まざまざと想像できてしまって、何も言えなくなった。

「あー、わかった」

どうしてそんなふうに言ってしまったのかわからない。傷ついてることを悟られまいとそうしたんだと気づくと同時に、あ、私、傷ついたのか、と気づく。

小春は何度も「ごめんね」と謝っていた。

「ほんと、ごめん。［　　］」

「あ、うん」

「じゃ、先に行くね」

去っていく小春に、吹奏楽部の別の女子が駆け寄っていく。二人が何か話し、肩を並べて同じ速度で歩き始めるのを見た瞬間、円華はなるべくさりげないふうを装いながら、近くのトイレに駆け込んだ。二人がこっちを振り向きもせずに行ってしまうのも胸が苦しかったし、こちらを向いて意識されるのもそれ以上に嫌だった。

小春の姉が働いている「施設」とは、高齢者が入居する介護施設のことだ。島は、人口に対して、医療や介護に従事する人の割合がとても高い。テレビでこのところさかんに言われる「医療従事者」の言葉が、今更のように胸を締めつける。小春の姉は、特に気をつけていて、家族みんなが大皿の料理を一緒につつくようなことすら今はできずにいるのだと、そういえば少し前に聞いていた。

そっか、私、嫌がられてるのか。大好きな、小春の家のおばさんやお姉ちゃんたちから、警戒されてるのか。

誰にも、自分の姿を見られたくなかった。顔を伏せるようにして校門を出て、足元を睨《にら》むようにしながら家までの道を急いだ。誰も円華のことなど見ていない、気にしていない、と言い聞かせても、心臓がすごく大きく鳴っていて、足に⑥ぎこちない力が入るのを止められなかった。

小春の声が、耳の奥で響き続けていた。

——帰ってるとこさえ見られなかったら、学校では喋《しゃべ》っても大丈夫だから。

なんだそれ、と思う。

学校ならいいけど、帰り道は一緒にいられない。家族や、周りの目が気になるから。そう突きつけられて、明日からも教室で普通に小春と笑顔で接することができるとは到底思えなかった。別の子と一緒に帰る小春の背中。他の子とは一緒に帰れても、円華はダメ。それって。

差別じゃないか——。

⑦差別、という言葉の大きさに、思ってしまった後から気持ちが怯《ひる》む。高い場所から急に下を覗《のぞ》き込んだ時のような、足が竦《すく》む感覚があった。

円華の家がやっているつばき旅館は、小さいが、曾祖父《そうそふ》の⑧ダイから続いている古い旅館だ。そして、コロナのあれこれが騒がれ始めてだいぶ減ってしまったけれど、今も、それまでと変わらずにお客さんを泊めている。そのほとんどが島外のお客さんだ。長崎市内や福岡など九州本土からの人が多いけれど、中には、東京や大阪から泊まりに来る人もいる。うちを気に入って、東京から毎年来ている⑨ジョウレンさんのひとりは、⑩リ□ー□□ークになって出社しなくても仕事ができるようになったから、と確かに今も長期で滞在しているようだ。

休業するか、お客さんからの予約を取り続けるか。祖父母も両親も⑪葛藤していた。円華には悟られまいとしていたようだったけれど、円華が自分の部屋に引き上げると、大人が皆で話し合っている気配を感じた。消毒用のアルコールがなかなか手に入らなくて、どこか販売しているサイトがないか、円華も両親と一緒に探した。お客さんが安心して来られるようにって。

そういうことの葛藤の全部を、円華も見ていた。

休業を選ばず、営業し続ける選択をした家族のことを、円華もできる限り応援したいと思ったけれど、家族の間でも、話さないこと、聞けないことがだんだん増えていった。たとえば、泊まりに来たお客さんが、どこから来た人なのか。これまでは、何気なく両親に聞けていたけれど、今は構えないと聞けない。両親も、必要以上に明かさない。

――今だけ、ほんと、ごめん。

また、小春の声が蘇《よみがえ》る。

今だけ、というその「今」は、いったいいつまで続くのだろうか。

政府が日本全国に出した緊急事態宣言は、月末までには解除されるのではないかと言われている。円華はこれまで気安く「早く元通りになればいい」と思ってきたし、口に出してきた。母たちも、お客さんが減っても、「今は我慢だね」とか「今は仕方ない」と口癖のように話しているけれど、テレビでこの間、「新しい生活様式は下手するとあと二、三年は続く」と話す人がいて仰天した。だって、そんなに待てない。まだ一学期なのに、私の二学期も、三学期もどうなるのだろう。卒業するまで小春とは一緒に帰れないのか。マスクなしで生活することも、もう、高校に通う間は無理なのか。

吹奏楽部では、円華はホルンを吹いている。息を吹き、音を出す。たったそれだけのことが、今は危険とされる。

楽器の演奏はしばらく難しいかもしれないけれど、かわりの活動を何か考えよう、と顧問の浦川《うらかわ》先生がみんなに話してくれた。でも、部活が再開されたところで、円華はもう、自分が参加できる気がしない。帰り道、自分を置いて去っていく小春たちの後ろ姿が瞼《まぶた》の裏から消えない。小春でさえああなのだから、円華が参加することを嫌がる子はもっといるかもしれない。みんな、きっと怖いのだ。だから、「今だけ」遠ざける。日常が戻ったら、また円華とも戻れると思っているのかもしれないけれど、そこで置き去りにされた円華の気持ちはどうしたらいいのだろう。

一度にいろんなことを考えて、気持ちはぐちゃぐちゃだった。

円華は、大人の決断があまりに早すぎないか、ということにも怒っていた。みんな、すぐにあきらめすぎる。

夏から始まる吹奏楽コンクールや、インターハイとか、いろんな大会が中止になる決断はあまりに早すぎないだろうか。その頃までに状況が変わっている、という可能性だってゼロじゃないのに。なのに、先のことがどんどん決まってしまう。

　思い出すのは去年のコンクールのことだ。部員みんなで本土にフェリーでわたり、佐世保のホールで演奏したこと。集まったたくさんの吹奏楽部の中で、九州から全国に行ける学校は三校だけ。行けるかどうかわからないけれど、練習してきたこの曲をこれから先もまだこのメンバーで演奏し続けたいというそれだけの理由で皆、優勝したいと願った。あの瞬間、私たちの心ははっきりひとつだと感じた。なのに――。

　円華の未来はどこにゆくのだ。

　俯《うつむ》きながら家に帰り、鞄《かばん》を置いて、飛び出すようにしてこの堤防に来ると、そこで限界を迎えたように涙が一気に溢《あふ》れた。海と空、二つの青が涙で⑫ウルんで溶けだし、混じり合っていく。⑬悔しかった。とても、とても悔しかった。一番悔しいのは、そんなにも悔しいし、理不尽だと思っているのに、小春に何も言い返せなかったことだった。何でも話せる親友だと思っていたのに、今は、親友だからこそ、本当の気持ちは絶対に明かせない。

　泣いてるところを見られたのは、あまりに不意打ちだった。しかも、武藤にだなんて。

「ごめん」

　円華の口から、途切れるような細い声が洩《も》れた。

「泣いてたこと、他の人に言わないで」

　思わず言ってしまうと、そんなふうに頼まなきゃいけないこともなんだか惨《みじ》めになって、言葉の最後がちょっと掠《かす》れた。武藤が困るかもしれない、と思ったけれど、彼がすんなり「わかった」と頷いてくれて、ほっとする。

「邪魔してごめん」

　そう言って、また元通りイヤフォンを耳に入れ、あっさりとランニングに戻っていく。その背中を見つめながら、円華はおかしくなって少し笑った。邪魔してごめんって、なんかズレてる。元通り、また好きなだけ泣いていい、という意味なのだろうか。

　乾いた声で、ふっと笑い、それからまたなぜかこみ上げてきた涙を拭う。小さくなっていく武藤柊の姿を見つめながら、うん、あの人がモテるの、なんかわかるな、とこっそり思った。

（辻村《つじむら》深月《みづき》「この夏の星を見る」より）

問一　――線⑧⑨⑫のカタカナをそれぞれ漢字に改めなさい。

⑧（　　）　⑨（　　）　⑫（　　んで）

問二　――線①「観念して」・⑪「葛藤して」はどういうことを言っていますか。それぞれあとのア～オの中からふさわしいものを一つ選び、記号で答えなさい。

①　観念して（　　）

ア　決めつけられる様子に逆らうのも面倒になって
イ　そう思われているならそれでいいと開き直って
ウ　否定する余地もないと感じしぶしぶ認めて
エ　モヤモヤした考えが一言聞いてすっきりまとまって
オ　返事の内容がどう影響するか先行きを考えて

⑪　葛藤して（　　）

ア　悩むことに疲れわずらわしくなって
イ　意見がそろわず対立してしまって
ウ　その時々で心が揺れ対応が混乱して
エ　相反する気持ちの間で決断できなくて

オ　明確な答えが出せずいらいらして

問三　――線②「あわてて唇を引き結び、首を振る」とありますが、次のア～オの中から、ここでの円華のようすの説明としてふさわしいものを一つ選び、記号で答えなさい。（　　）

ア　心が痛くなって泣きそうになるのを必死にこらえている。
イ　返答した上でそれ以上の指摘を受け付けまいとしている。
ウ　事情の伝わりそうな相談相手を得て心強くなっている。
エ　思わぬ言葉かけに戸惑う一方でなるほどと納得している。
オ　悪い評判を聞きつけてとっさに怒りがこみ上げている。

問四　――線③「とばっちり」・⑥「ぎこちない」について、それぞれあとのア～オの中から、ここでの意味としてふさわしいものを一つ選び、記号で答えなさい。

③　とばっちり（　　）
ア　まきぞえ　　イ　あとくされ　　ウ　さしつかえ
エ　はたらきかけ　　オ　めぐりあわせ

⑥　ぎこちない（　　）
ア　不安定な　　イ　不案内な　　ウ　不可解な
エ　不完全な　　オ　不自然な

問五　――線④「何を『気にして』のことなのか、円華にもだんだんわかってきた」とありますが、円華に「わかってきた」のは、どういうことだと考えられますか。それを説明した次の文の□にあてはまる内容を、三十字以内で答えなさい。（句読点などは一字とします）

□

小春の家族は□ということを気にしている。

問六　――線⑤「体の芯が一瞬で冷たくなっていく」とありますが、円華がこのように感じたのはなぜですか。次のア～オの中からふさわしいものを一つ選び、記号で答えなさい。（　　）

ア　小春の目にあからさまに円華を敬遠する悪意がうかがえ、自らの存在がつきはなされていることを知ったから。
イ　小春は事の深刻さをわきまえておらず、いつも通り円華との会話を楽しんでいるようにしか見えなかったから。
ウ　小春は家族に言われたことを無心に伝えるばかりで、円華の立場が度外視されているかのように思えたから。
エ　小春は大事な問題を軽々しく伝えており、ふだんから自分を見下していたのかと思い知ることになったから。
オ　小春は自分の言い分の正しさを確信しているようすで、自分さえ良ければかまわないようなそぶりだったから。

問七　□で、小春はどのようなことを言ったと考えられますか。あてはまる形で答えなさい。

（　　　　　　　　　　）

問八　――線⑦「差別、という言葉の大きさに、思ってしまった後から気持ちが怯む。高い場所から急に下を覗き込んだ時のような、足が竦む感覚があった」とありますが、これはどういうことを述べたものですか。次のア～オの中からふさわしいものを一つ選び、記号で答えなさい。（　　）

ア　これこそが差別というものだと実感して、当事者となってしまった自覚から心は高ぶり怒りで身も震えそうだ。
イ　何でもないはずのことを差別と考えてしまう自分に驚き、自分たちが直面している事態の深刻さに緊張してしまう。
ウ　差別という言葉に結びつくくらいに心は動揺し、初めて自分は傷つけられたのだと気づいてなんだか恐ろしい。

エ　自分がいま差別に見舞われているのではないかと思うと、あらためて不安は募り心も身体も硬直してしまうようだ。

オ　差別され厳しい批評にさらされた家族のことを思うと心は痛み、この現実にいたたまれずすぐにも逃げ出したい。

問九　――線⑩「リ□ー□□ーク」について、□を補いことばを完成させなさい。リ□ー□□ーク

問十　――線⑬「悔しかった。とても、とても悔しかった」とありますが、次のア～オの中から、円華の感じる悔しさとして**あてはまらないもの**を一つ選び、記号で答えなさい。（　　）

ア　納得のいかない理由で小春が自分から離れていってしまうこと。

イ　緊急事態宣言の最中にも旅館を営業しなければならないこと。

ウ　出口の見えない状況で自分の学校生活が損なわれていくこと。

エ　どのような活動であれ部活動に自分の居場所が見えないこと。

オ　大人の判断には自分たちの思いが軽視されていると感じること。

問十一　次のア～オの中から、この文章における表現や構成の特徴を説明したものとしてふさわしいものを一つ選び、記号で答えなさい。（　　）

ア　それぞれの場面で短い会話文が具体的に重ねられて、過去の出来事を語りつつもリアリティがあり、主人公が活き活きと描かれている。

イ　回想を重ねて多くの人物を登場させ、それぞれに苦しい思いがあることを伝え、悲惨な一時期の社会的苦悩を主題として表している。

ウ　冒頭部分に聞き手役の人物を配置することで、主人公の語りが独りよがりに流れることなく、一つ一つの出来事に客観性を与えている。

エ　海岸の場面を軸に、それまでの出来事の断片が次々と連想されていき、主人公の抱える不安な気持ちが重層的に浮き彫りにされている。

オ　堤防のシーンを皮切りに、描かれる場面が止めどなく切り替わり、主人公の揺れ動き定まらない心が効果的に印象づけられている。

8　次の文章を読んで、あとの問いに答えなさい。出題の都合上、漢字にふりがなをふる、漢字をひらがなにするなど、本文の一部に改変を行っています。特に指示のない限り、字数制限のある問題では句読点や記号も一字として数えます。　**(三田学園高)**

僕らはひとけのない墓地下のカーブで、凩《こがらし》に慄《ふる》えながら花電車[注1]を待った。

そこはまったく写真撮影に適さない場所だった。第一に、街灯のほかの灯《あか》りがない。後ろは青山墓地、向かいは米軍キャンプ[注2]である。しかも四方を繁《しげ》みに囲まれているそのあたりは、霞町《かすみちょう》の名の由来のごとく、夜更《ふ》けとともに霧が湧《わ》く。何よりも、停留場も交叉点《こうさてん》もないカーブを、都電[注3]は全速力で駆け抜けるのである。

「青山一丁目の方が、よかないですか」

と、父は機材を出しためらいながら言った。

「よかねえよ。俺《おれ》アここしかねえって、せんから決めてるんだ」

凩にかき乱された霧が、街灯の輪の中で渦《うず》を巻いていた。父が仕方なしに機材を拡《ひろ》げる間、祖父はステッキに両手を置いてキャメル[注4]の両切を

唇《くちびる》の端で噛《か》んだまま、真剣なまなざしをあたりに配っていた。

まさかと思う間に、ちらちらと雪が降ってきた。

「やっぱ、むりですよおやじさん――」

「けっこうじゃあねえかい。ほれ、おめえの尊敬する何とかいうベトナムのカメラマンは、鉄砲の弾ん中でシャッターを切ったんだろう。あれァいい写真だ。おそらく奴《やつ》ァ、弾が飛んでくるたんびに、しめたと思ったにちげえねえ。プロってえのァ、そうじゃなきゃならねえ」

「①そりゃま、そうですけど……」

心のやさしい父は、ここまで準備を整えた祖父の□とも言える写真が、無残な結果に終わることを惧《おそ》れたにちがいなかった。

それからしばらくの間、父は心の底から祖父を②諫《いさ》め続けた。祖父は頑《がん》として譲らなかった。真摯《しんし》な師弟のやりとりに、僕や母の③口を（　）余地はなかった。

結局、父は強情な師匠に屈した。

「せめて、こっちを使っちゃくれませんか」

父はフラッシュをセットしたペンタックス[注5]をさし出した。

「いや、俺のを使う。ただし、おめえもそっちで、同時にストロボ[注6]を焚《た》け。合図は昔と同じだ」

わずかの間に、雪はほぐれ落ちる真綿ほどの大粒になっていた。祖父は掌《てのひら》でライカ[注7]のレンズをかばいながら、父の立つべき位置を指図した。

深いしじまの中で、都電の警笛が鳴った。隣りの新龍土町の停留場を発車したにちがいない。道路の向こう岸には、いつの間にか大勢のGI[注8]が見物にやってきていた。

「おじいちゃん、写せるかなあ。ストロボ替えてる暇なんかないよ。ここ、すごいスピードで来るんだ」

母は答えずに、じっと夫と父の仕事を見つめていた。

ストロボは一回で焼き切れてしまう。玉を替える間などあるわけはないから、写真は一発勝負だった。

祖父はハンチング[注9]の庇《ひさし》を後ろに回し、街路樹の幹に肩を預けた。両肘《りょうひじ》をぐいとしめ、何度もファインダー[注10]を覗《のぞ》きながら足場を定める。ふだんの老耄[注11]した姿など嘘《うそ》のように、腰も背もしゃんと伸びていた。

一方の父も真剣だった。指示通りに少し離れた場所で三脚を開き、毛糸の帽子を脱いでカメラをかばっている。

緊密な時間が刻まれた。雪を吸って真黒《まっくろ》に濡れた道路に、水銀を流したような二本の線路がはるかな弧を描いていた。

母が背中から僕を抱きすくめた。僕の鼓動と同じくらい、母の紬《つむぎ》の胸は高鳴っていた。

花電車が来た。

向こう岸のGIたちから、いっせいに喝采《かっさい》と指笛が起こった。

全速力でカーブに現われた花電車は、クリーム色のボディが見えないほどの造花で飾られ、フレームには目もくらむほどの豆電球を明滅させていた。ヘッドライトの帯の中に霧が渦を巻き、轍《わだち》からは雪が吹き上がった。

「まだっ！　まだまだっ！」

祖父が怒鳴った。

「いいかっ！」

「はいいっ！」

ひと呼吸おいて、祖父は木遣り[注12]でも唄《うた》うような甲高《かんだか》い合図の声を張り上げた。

「ああっち！　ねええっ！　さん！」

一瞬、夜の底に焼きつけられた都電の姿を、僕は一生忘れない。

二台のストロボと同時に、都電の[注13]パンタグラフから稲妻のような青い火花が爆《は》ぜた。真昼のような一瞬の閃光《せんこう》の中で、電車はそのまま止まってしまったように見えた。

しかし、都電は警笛を鳴らし続けながら、全速力で僕らの前を通過していたのだった。豆電球に飾られた運転台に、順ちゃんが無愛想な顔でつっ立っていた。

母が、ほうっと息を抜いた。

「あっち、ねえ、さん、だって。久しぶりで聞いたわ」

「あっちねえさん。おかしいね」

④僕と母は芯《しん》の折れたように屈《かが》みこんで、大笑いに笑った。

都電が行ってしまってからも、祖父と父はファインダーから目を離さずに立っていた。

少し間を置いて、向こう岸からGIたちの喝采が上がった。それはカメラマンたちに向けられた賞讃《しょうさん》に違いなかった。祖父はようやく身を起こし、ハンチングを粋《いき》に胸前に当てて、

「サンキュー・ベリマッチ!」と答えた。

「撮れたの、おじいちゃん」

僕は祖父に駆け寄った。

「焼いてみりゃわかる。まちがったって暗室のドア開けたりすんじゃねえぞ」

祖父はライカをケースに収めると、[注14]ツイードの背広の肩に斜めにかけ、雪と霧に染まった墓地下の舗道を、さっさと歩き出した。

「気が済んだかな」

三脚を畳みながら、父が悲しげに言った。

祖父は誇らしく胸を反り返らせ、無愛想に、まるで花道をたどる役者のような足どりで、雪の帳《とばり》の中に歩みこんで行った。

その夜、僕と父は夕飯もそっちのけで暗室にこもった。

赤ランプの下の父の顔はいつになく緊張していた。

「おとうさんのフィルムは?」

父は少し迷ってから言った。

「⑤ペンタックスのフィルムは抜いておいた」

「え、どうして?」

「ペンタックスが写っていて、ライカが真黒だったら、おじいちゃんガッカリするだろう。おとうさんの方は失敗してたことにしとけ」

「おとうさん、やさしいね」

「おじいちゃんは、もっとやさしいよ。較《くら》べものにならないくらい」

話しながら、僕と父はあっと声を上げた。現像液の中に、すばらしい花電車の姿が浮かび上がったのだった。

「すごい、絵葉書みたい」

父は濡れた写真を目の前にかざすと、唇を慄わせ、胸のつぶれるほどの溜息《ためいき》をついた。

「信じられねえ……すげえや、こりゃあ」

暗室から転げ出て居間に行くと、祖父と母は勝手にケーキを食っていた。

父と僕のあわてふためくさまをちらりと見て、祖父はひとこと、「メリー・クリスマス」と言った。家族が大騒ぎをしている最中にも、まるで当然の結果だと言わんばかりに、焼き上がった写真を見ようともしなかった。

「まあ座れ。戦《いくさ》に勝ったわけでもあるめえに、万歳はねえだろう」

僕らは尊敬する写真師、伊能夢影を中にして、炬燵《こたつ》にかしこまった。

まったく芝居のように長い間をとって紅茶をすすり、両切のキャメルをつけてから、祖父は言った。

「ベトナムのカメラマンはうめえよ。俺よりゃちょいと下がるが、おめえよりかはうめえ」

「当然です、おやじさん」

と、父は誇らしげに答えた。

「なら、なぜおめえがへたくそか、わかるかえ」

「機材に頼るから、でしょうか」

「いいや、そうじゃあねえ。少なくともおめえのペンタックスは、俺のライカよりか優秀なカメラだ。あの露出を計る機械にしたって、あるのとねえのとじゃあ、大違えだろう――要は、ここだ」

と、祖父は丹前[注15]の胸に掌を当てた。

「きれいな景色を撮るのもけっこうだが、景色にゃ感情てえものがねえ。おめえの撮る写真は、道具さえ揃《そろ》や誰だって撮れる。つまり、おめえはやさしさが足んねえ」

⑥はあ、と父は押し黙った。

（浅田次郎「青い火花」より）

注1　花電車《はなでんしゃ》……装飾の施された車両のこと。
注2　米軍キャンプ……米軍基地のこと。
注3　都電……東京都内を走っていた路面電車。
注4　キャメルの両切《りょうぎり》……タバコの種類。
注5　ペンタックス……カメラのメーカー。また、ペンタックス社製のカメラのこと。
注6　ストロボ……写真撮影の時に用いる、光度の高い放電管。
注7　ライカ……カメラのメーカー。また、ライカ社製のカメラのこと。
注8　GI《ジーアイ》……米軍兵のこと。
注9　ハンチング……帽子の種類。
注10　ファインダー……カメラにおいて撮影前に目で構図を決めたりピントを合わせたりするのに使用する覗《のぞ》き窓。
注11　老耄《ろうもう》……年をとって弱ること。
注12　木遣《きや》り……労働歌の一つ。
注13　パンタグラフ……電車が電気を受け入れる装置で、屋根上に設置されている。
注14　ツイード……毛織物の一種。
注15　丹前《たんぜん》……防寒着の一種。

問一　本文を二つの段落に分けるとすれば、第二段落はどこから始まりますか。最初の五字を抜き出して答えなさい。［　　　　　］

問二　――部①「そりゃま、そうですけど……」から読み取れる心情の説明として、最も適当なものを次の中から選び、記号で答えなさい。（　　）

ア　祖父のプロカメラマンとしての技術を認めつつも、シャッターを切る体力すらないので、どうにか撮影を中止したい気持ち。

イ　祖父のプロカメラマンとしてのあり方に賛同しつつも、撮影が失敗に終わるのが目に見えているので、どうにかやめさせたい気持ち。

ウ　祖父のプロカメラマンとしての姿勢に共感しつつも、準備不足で臨もうとしているので、どうにか撮影を中断したい気持ち。

エ　祖父のプロカメラマンとしての姿勢を理解しつつも、老朽化した機材では限界があり、新しい機材で撮影させたい気持ち。

問三　空欄［　］に入る最も適当な言葉を次の中から選び、記号で答えなさい。（　　）

ア　一世一代　イ　心機一転　ウ　天衣無縫　エ　正々堂々

問四　――部②「諫め続けた」とはどういう意味か、最も適当なものを次の中から選び、記号で答えなさい。（　　）

ア　慰め続けた。　イ　叱責し続けた。

ウ　注意し続けた。　エ　ののしり続けた。

問五　――部③「口を（　　）」について、空欄に適当な語句を補い慣用的な表現を完成しなさい。（　　）

問六　――部④「僕と母は芯の折れたように屈みこんで、大笑いに笑った」について、

Ⅰ　この時の「僕」と「母」の様子として、最も適当なものを次の中から選び、記号で答えなさい。（　　）

ア　張り詰めた緊張の中での撮影から解放され、一息つくとともに、祖父の言葉の意味が分からず、滑稽《こっけい》に思っている。

イ　写真撮影の失敗を確信し、落胆するとともに、その思いを祖父に悟られないよう、二人で示し合わせて平静を装っている。

ウ　写真撮影をひとまず終え、胸をなでおろすとともに、焼き上がりを心配しつつも、表面上は平静を装っている。

エ　タイミングを逃さず、ひとまず花電車を撮影することができて安堵《あんど》するとともに、祖父の言動をほほえましく思っている。

Ⅱ　これとは対照的な「僕」と「母」の様子が描かれている連続した二文を、本文中から抜き出し、最初の五字を答えなさい。

問七　――部⑤「ペンタックスのフィルムは抜いておいた」とありますが、何のためにそのようなことをしたのですか。五十字以内で説明しなさい。

問八　――部⑥「はあ、と父は押し黙った」とありますが、この時の「父」の様子として最も適当なものを次の中から選び、記号で答えなさい。（　　）

ア　見事な撮影をし終えた祖父を誇らしく思いつつも、祖父に機材について非難され、納得できないでいる様子。

イ　見事な撮影をし終えた祖父を目の前にして、祖父からの撮影姿勢についての助言に、何も言い返せない様子。

ウ　見事な撮影をし終えた祖父に恐縮しつつも、一からプロ写真師として出直そうと決意を新たにしている様子。

エ　見事な撮影をし終えた祖父に驚嘆しつつも、祖父という越えられない壁に直面して、気を落としている様子。

問九　本文の表現の特徴として、最も適当なものを次の中から選び、記号で答えなさい。（　　）

ア　祖父の会話文に方言を多用することで、祖父の頑固で昔気質《むかしかたぎ》の雰囲気を醸《かも》し出している。

イ　回想の形で語られる中に現在形の表現が挿入されることによって、臨場感が強められている。

ウ　感覚に訴える表現が多用されることによって、祖父の実感が巧みに表現されている。

エ　三人称視点で描くことで、物語の進行が重層化し、作品世界に深みをもたらしている。

9 次の文章を読んで、後の問いに答えなさい。　（雲雀丘学園高）

魚屋の長男・浩一《こういち》は、月に一度近所の光月堂の菓子を買って食べるのを楽しみにしている。ある日、浩一は仕事帰りに偶然光月堂の「親爺《おやじ》さん」と会い、煮豆腐で一杯やろうと誘われる。酒を飲みながら親爺さんは、近いうちに娘婿《むすめむこ》になる一人の弟子への思いを浩一に話し始める。

「いいか、浩一。①自分で見つけるから、ものになるんだよ。見て会得《えとく》できなきゃ、使い物にならねぇんだ。それをあいつは俺のやり方とてめぇの動きの違いもわからねぇってんだから、嫌ンなるよ」

その夜、親爺さんは悪い酒を飲んだ。愚痴はいつまで経ってもやまなかった。けれど浩一は、それを迷惑に思うことはなかった。むしろ、「相手が娘婿だと、他の奉公人と違って気を使うことも多いのだろうな」と気の毒に感じた。酒の席で親爺さんは娘婿をなじりながら、最後には必ず彼を救う言葉を付け足したからだ。気のいい奴《やつ》なんだよ、優しいんだ、男っぷりもなかなかだろ？　②相手を言葉で救っておいて、自分は苦しげな顔で酒を飲むのだ。

もし僕があのお弟子さんの立場だったら、と浩一は考える。細工の仕方や、小豆の煮方、餅をつくコツや――ともかく和菓子を作る上で欠かせない幾多の技をひとつひとつ理屈で説かれることのほうがたぶん辛いだろうな、と思う。手や鼻や耳を使って掴《つか》む塩梅《あんばい》を、時間や分量や物差しにいちいち置き換えて押し付けられたら、きっと頭がこんがらがる。そんなふうに作った菓子は、口に含んでも、舌や歯の隙間に砂利が挟まったようになって落ち着かないんじゃなかろうか。うまく胃の腑《ふ》に落ちないんじゃなかろうか。

よい潰れた親爺さんを光月堂に担ぎ込んだときには、すでに十時を回っていた。「やだ、父さん！」と娘が飛び出してきて何度も浩一に詫《わ》びるので、「僕が無理に飲ませたもので」と浩一も詫びた。あのお弟子さんも顔を出し、娘と一緒に親爺さんを奥へと運び込んだのち、ひとり出てきて浩一に丁重な礼を云《い》った。

「親爺さん、話が面白いので、飲んでいるうちについ長っ尻になってしまいまして」

浩一がまた詫びると、「話が？」と、彼は少し意外そうな顔をした。

「店では滅多《めった》に話さないんですが。そうですか。お客さんには話すんだな」

うなだれて頬《ほお》を掻《か》く。

「たまたまです。僕、昔からここの菓子が生き甲斐《がい》なもので」

「生き甲斐、ですか」

お弟子さんは浩一の顔を改めて見て、口元に力を込めた。笑いたいのをこらえているのかもしれない。

「私はまだ、そこまで思い入れが湧かないのかもしれません。なかなか難しくって。③うちじゃ親父もなにも教えてくれないですから」

彼は素直に思いを漏らしただけで、別段親爺さんを悪く云うつもりなんぞないことは、浩一にも察せられた。親爺さんの愚痴のほうがずっと辛《から》い。それなのに、お弟子さんのこの言葉は、親爺さんの愚痴の半分の豊かさもないように感じられた。

「あ、すみません。お客さんにこんな話」

あとに嫌なものを残さない軽やかな若者の声は耳に心地よくさえあったのだ。これが彼の素の姿なのだろう。明るくて、気遣いもあって、伸び伸びしている。新しい職場にはまだ慣れないけれど、もうすぐ婿に入ってここで暮らしていくことを楽しみにしている。それをまざまざと感じながら、浩一はいらぬことを口にした。

「大事な技は、口では説明するのが難しいと思います。僕も魚を仕入れていますが、選ぶ目は誰にも教われなくて、言葉で教えられるとかえってわかんなくなっちゃって。人によってやり方も違いますし。いろんな人の仕事を見て、自分のやり方を編み出すのが一番いいように思うんです」

お弟子さんの顔が引きつった。自分より明らかに年下の、しかもひと月に一度しか買いに来ない客に突然説教をされた戸惑いが総身に満ちていく。

「一応私はここに来る前、別の店で修業しているんです。もう下地はできていると自分では思っています」

「でも……」

喉が詰まって、浩一はひとつ咳《せき》払いをしてから続ける。

「親爺さんの菓子は天下一品です。僕はここより旨《うま》い菓子を食ったことがないんです」

「だから、なんだっていうんです」

そのとき奥から娘が現れた。押し黙って向き合うふたりを交互に見て、

「なに？　どうしたの？」と眉根を寄せた。

浩一は黙って頭を下げ、店を出た。とぼとぼ歩きながら、なぜだか寂しいと感じた。憤《いきどお》るでも、不愉快になるでもなく、ただ寂しい、と思った。ずいぶん来てから、出過ぎた真似《まね》をした、という後悔もぽつりと湧いた。④浩一は、得体の知れない寂しさにただ取り込まれて、路地への道を重い足取りでたどる。

翌日、昼飯のために長屋に戻った浩一は、格子越しに*齣江《こまえ》から呼び止められて蜜柑《みかん》を三つばかり渡された。

「今朝方、生地屋さんからもらったの。早摘みだけど、甘いって」

「へえ。紀文でも来たのかな」

と、冗談を返す。

「紀伊国屋文左衛門《きのくにやぶんざえもん》？　若いのに古いことをよく知ってるのね」

「河岸《かし》には年寄りが多いですからね。昔っからいろんな話をよく聞かされてるんで」

そう、と齣江は笑み、この蜜柑をくれたうちの生地屋さんも物知りよ、と少し自慢げに云い添えた。何十、何百とある反物から、彼女の望むものを毎回ぴたりと選び出してくれるのだという。⑤齣江が仕事相手を「うちの」なぞと身内のように語るのを聞いたのははじめてだ。よほど信の置ける相手なのだろう。

「望みの反物は、どうやって伝えるんですか？」

「柄が決まっていれば銘柄で云うんだけど、雰囲気だけ思い浮かんでいるものは、なんとなく注文するの」

「なんとなく？」

浩一は、首を突き出す。

「それで、生地屋さんにうまく伝わりますか？」

齣江はあごを引いた。

「それで伝わらないと、一緒に働くのは辛いのよ」

云って裁ち台に目を遣《や》った。つられてそちらを見た浩一は、台に置かれた布の美しさに胸を衝《つ》かれた。藤色をさらに薄くした紫に、小紋で幾筋も流れるような模様が描かれている。見たこともない柄だ。まるで、水面に現れた風紋だ。浩一は蜜柑を手に突っ立ったまま、長いこと、布に広がったその景色に見とれていた。

十一月の晦日《みそか》になった。

浩一は迷った挙げ句、光月堂に足を運んだ。あのお弟子さんに会ったら気まずいことは気まずいが、行かなくなったら親爺さんが気にするだろうし、だいいち唯一の楽しみをうばわれるのは浩一自身Ａしのびなかったからだ。

いつものように裏道を通り、垣根越しに作業場を覗《のぞ》く。また、小豆が煮上がった頃合いのようだった。健やかな匂いが立ちこめている。湯気の中で一本の手が動いていた。切るようにすくい、空気と絡めてからフワッと置く。また切るようにすくって――動きに見入っていた浩一は、「おや」と思った。親爺さんの手よりはこなれていない。でも、親爺さんの動きをその手はしっかりと汲《く》んでいた。位置をずらして、中を覗き込む。そしてＢ目を瞠《みは》った。

しゃもじを握っていたのは、あのお弟子さんだった。

親爺さんはかたわらで別の作業をしながら、時折娘婿へ目を放っては、「もうちょっと手際よくやれ」と注意する。⑥ただその声は、以前と違ってわずかな安心を含んでいた。

浩一は半信半疑で店に入り、「ごめんください」と奥に声を掛けた。ぼんやりしていたせいで、菓子を選ぶ前に人を呼んでしまったことに慌てたが、すでに前掛けで手を拭きながらのれんを分けて奉公人が出てきたあとだった。よりにもよって、あのお弟子さんである。

彼は浩一を見ると、「あ」と息を呑《の》んだが、すぐに「なににいたしましょう」と、落ち着いた声で云って台の前に立った。

浩一は急《せ》き込んで＊番重を見渡す。「えー、えーと」と繰り返しながら、とりあえずきんつばをひとつ頼む。⑦汗だくになって値段ちょうどの小銭を平台に置いた。

お弟子さんは先に小銭を木箱に仕舞《しま》ってから、＊経木《きょうぎ》の上にきんつばをひとつ、載せた。しばらくなにか考えるふうにしていたが、その隣にもうひとつ、菊の練りきりを置いた。

「あ、僕、ひとつとお願いしました。ひとつ分の金しかなくて」

彼は浩一が云うのを聞き流し、経木を経木紐《ひも》で結んで手際よく包装紙でくるむ。包みを浩一に手渡しながら「この間の、御礼です」と、Ｃぶっきらぼうに告げた。

「もうひとつ分の御代《おだい》は、俺があとで払っておきますんで」

そう云い置くと、さっさと奥に引っ込んでしまった。

店に取り残された浩一は、両手の平に載っかった包みと、奥に続くのれんとを互い違いに見ながらしばらく立ちつくした。改めて包みに目を落としてから、のれんに向かって深々とお辞儀をした。

店を出て、裏通りを歩いていく。⑧両手の平は、まるで巣から落ちた雛《ひな》でも抱えているような慎重さを保って、浩一の胸の前にある。

――誰と食べようか。

浩一は考えている。光月堂の味を誰と分け合おう。店を出たときからずっとうれしく思案している。

（木内　昇「よこまち余話」より）

＊齣江…近所に住む女性。夫を亡くし、着物の仕立てを生業《なりわい》にしている。
＊番重…和菓子を並べて入れる長方形の浅い箱。
＊経木…菓子を包むのに使う、杉・ひのきなどの木材を紙のように薄く削ったもの。

問一　――線部①「自分で見つけるから、ものになるんだよ」とありますが、親爺さんは和菓子作りにおいて自分で見つけなければいけないものが何だと言っているのですか。本文から十五字以内で探し、書き抜きなさい。（句読点、記号は字数に数えます。）

問二　――線部②「相手を言葉で救っておいて、自分は苦しげな顔で酒を飲むのだ」とありますが、浩一は、娘婿に対する親爺さんの気持ちをどのように考えていますか。これを説明したものとして最も適当なものを次のア～オから選び、記号で答えなさい。（　　）

ア　弟子としての姿勢には不満があるが、彼が真摯に仕事に取り組んでいることはわかっているため、苦しいのだろうと考えている。

イ　弟子としての姿勢に不満があるので、彼を娘婿として迎えることに不安があり、娘のことを思って苦しいのだろうと考えている。

ウ　弟子としての姿勢に不満があるので、彼がいずれ店を継ぐ立場になることをすぐには認められず、苦しいのだろうと考えている。

エ　弟子としての姿勢には不満があるが、職人としての彼の技術には一目置いている部分もあるため、苦しいのだろうと考えている。

オ　弟子としての姿勢には不満があるが、娘婿になる人として彼に優しくしてあげたい気持ちもあり、苦しいのだろうと考えている。

問三　――線部③「うちじゃ親父もなにも教えてくれないですから」とありますが、お弟子さんは親父（親爺さん）に何を求めているのですか。それを説明したものとして最も適当なものを次のア～オから選び、記号で答えなさい。（　　）

ア　技術を身につけるためのコツを、実際にやって見せてもらうこと。

イ　技術や分量について、一つ一つ丁寧に言葉で説明してもらうこと。

ウ　店に代々伝わる特別な技法と味を、包み隠さず教えてもらうこと。

エ　店の跡取りとして知っておくべき心構えを、説明してもらうこと。

オ　職人としてあるべき姿を、ことあるごとに示し見せてもらうこと。

問四　――線部④「浩一は、得体の知れない寂しさにただ取り込まれて、路地への道を重い足取りでたどる」とありますが、このときの浩一の心情を説明したものとして最も適当なものを次のア～オから選び、記号で答えなさい。（　　）

ア　親爺さんがお弟子さんに求めていることやその真意を、なんとかわかってもらいたいという思いで話したのに、お弟子さんには伝わらなかったばかりか拒絶されてしまい、胸を痛めている。

イ　親爺さんの話を聞いてしまった以上、娘婿になるお弟子さんには菓子職人としての心構えをしっかり理解してほしかったが、自分の言葉はお弟子さんの心に届かず、挫折感を味わっている。

ウ　親爺さんとお弟子さんのいさかいの背景には職人としての考え方の違いがあり、親爺さんの言い分を古いと考えるお弟子さんの気持ちがわかるだけに、両者が歩み寄れる道はないと絶望している。

エ　娘婿になるはずのお弟子さんが、親爺さんの作る菓子の旨さを認めていないという事実に衝撃を受け、彼を後継者として指導しなければいけない親爺さんの苦労を想像して、胸が苦しくなっている。

オ　親爺さんの作る菓子がどれほど深い思いから作られているのかを、お弟子さんにわかってもらえなかったばかりか、想像以上に二人の溝は深く、二人の仲を取り持てなかったことを悔しがっている。

問五　――線部⑤「齣江《こまえ》が仕事相手を『うちの』なぞと身内のように語るのを聞いたのははじめてだ」とありますが、齣江がこの生地屋を「身内のように語る」のはなぜですか。その理由を四十字以内で説明しなさい。（句読点、記号は字数に数えます。）

問六　――線部A「しのびなかった」、B「目を瞠《みは》った」、C「ぶっきらぼうに」の本文中の意味として最も適当なものを、それぞれの語群ア～オから選び、記号で答えなさい。

A　しのびなかった（　　）

ア　苦しかった　　イ　我慢できなかった　　ウ　嫌だった

エ　隠せなかった　　オ　申し訳なかった

B　目を瞠った（　　）

ア　見逃すまいと目を凝らした

イ　感動のあまり目がくらんだ

ウ　夢かと思ってまばたきした

エ　信じられなくて見なおした

オ　驚いて目を大きく見開いた

C　ぶっきらぼうに（　　）

ア　とげとげしく　　イ　ふてぶてしく　　ウ　そっけなく

エ　ものおじせず　　オ　いやいやながら

問七　――線部⑥「ただその声は、以前と違ってわずかな安心を含んでいた」とありますが、親爺さんの声がこのようになったのはなぜだと考えられますか。その理由を説明したものとして最も適当なものを次のア～オから選び、記号で答えなさい。（　　）

ア　娘婿が親爺さんの見えないところで鍛錬した結果、事細かに注意しなくてもいいレベルになったことを喜んでいるから。

イ　娘婿が心を入れ替えてひたむきに仕事に取り組み、親爺さんの助言に素直に従うようになったことを喜んでいるから。

ウ　娘婿が親爺さんの動きを見て取り入れようとしており、仕事への向き合い方が変わったことを頼もしく思っているから。

エ　娘婿が和菓子職人としての確固たる信念を持ち、独自のやり方で仕事に取り組んでいることを頼もしく思っているから。

オ　娘婿が甘えを断ち切り、和菓子職人の誇りを持つようになったことを、光月堂の後継者として頼もしく思っているから。

問八　――線部⑦「汗だくになって値段ちょうどの小銭を平台に置いた」とありますが、この時の浩一の様子として最も適当なものを次のア～オから選び、記号で答えなさい。（　　）

ア　年下にもかかわらず同じ職人として娘婿に助言をしたことで、生意気な客だと思われたのではないかと気に病んでいたが、何事もなかったかのような素振りで淡々と接客をする彼を前にして、一人で気にしていた恥ずかしさを取り繕おうとしている。

イ　親爺さんと娘婿の仲を何とか取り持ちたいと思ってしたことではあったが、家族の問題に口を出してしまった気まずさをずっと気にして過ごしてきたので、彼がまるで身内のように気を遣わない態度で接してきたことに戸惑い、動揺を隠せずにいる。

ウ　和菓子職人の仕事の難しさを理解できていないにもかかわらず、偉そうなことを言ってしまったため、娘婿が気を悪くしているのではないかと怖気《おじけ》づいていたが、何事もなかったようにやさしく言葉をかけてきた彼を前に驚き、拍子抜けしている。

エ　和菓子作りに関しては素人《しろうと》の自分が差し出がましいことを言ってしまったという思いから、娘婿に顔を合わせるのは具合が悪いと思っていたが、その彼が何事もなかったような素振りで接客をしてきたため動揺し、必死に自分を保とうとしている。

オ　親爺さんの味方をして娘婿を批判するような言い方をしてしまったことが引っかかり、娘婿にはしばらく会いたくないと思っていたのだが、淡々と接客をする彼の様子からまだ許してくれていないことを感じ取り、いたたまれなくなっている。

問九　――線部⑧「両手の平は、まるで巣から落ちた雛でも抱えているような慎重さを保って、浩一の胸の前にある」とありますが、Hさんはこの表現について次のようなノートを作成しました。これを読んで⑴、⑵の問いに答えなさい。

【ノート】「両手の平は、まるで巣から落ちた雛でも抱えているような慎重さを保って、浩一の胸の前にある」という一文についての考察。

① この部分は、お弟子さんから受け取った菓子を持つ浩一の心情を表している。

② 「雛でも抱えているような慎重さ」という表現からわかる、浩一の様子と心情。

〔様子〕　落とさないように気をつけて抱えている様子。

↓〔心情〕　小さな存在を（Ａ）気持ち。

③ 手にしている菓子を「巣から落ちた雛」に喩えている。

☆「巣から落ちた雛」とは、「ひとり立ちしようと飛ぶ練習をしている雛」のこと。（インターネット調べ）

光月堂の菓子 ＝ ひとり立ちしようとしている雛 を（Ａ）気持ちで抱えている。　↑この一文の浩一の心情。

⇧

Ｂ を間近で見られたことに対する浩一の喜び。

⑴ （Ａ）にあてはまることばを五字以内で考えて書きなさい。（句読点、記号は字数に数えます。）

⑵ Ｂ にあてはまることばを十字以内で考えて書きなさい。（句読点、記号は字数に数えます。）

10 次の文章を読んで、後の問いに答えなさい。字数を数える場合、ことわりのない限り、句読点や符号《ふごう》なども一字として数えなさい。

（清風南海高）

三十三歳の「笹本遼賀《ささもとりょうが》」は故郷の岡山を離れ、東京のレストランで雇われ店長を務めている。ある日、体調不良を感じて検査入院したところ、胃がんが見つかったため、入院を継続して胃の摘出手術を受けることになった。次は、地元にいるはずの弟（恭平）が検査入院の見舞いに突然現れた後の場面である。

「じゃあな、また来るわ」

「遠いところ悪かったな。それからお母さんによろしく。昌美[*1]さんにも」

缶コーヒーを飲み終えると、恭平は帰って行った。病気など寄せつけそうにない頑健な体で家族の待つ家に戻っていくその姿が眩《まぶ》しくて、陽《ひ》が照っているわけでもないのに①目を細めている自分がいた。

それから三日後、遼賀は外出届けを出していったん自宅に戻った。手術をした後は二週間ほど入院する必要があるので、足りない着替えを取りに帰る。

エントランスに足を踏み入れ、ポストに溜《た》まっていた郵便物を引っこ抜くと、「差出人　笹本恭平」と書かれた宅配業者の不在連絡票がぱらりと一枚、足元に落ちてきた。そういえばこの前病院に見舞いに来てくれた時、「いつ自宅に戻るんだ」としつこく訊《き》いてたっけ。なにか送りたいものがあったのかと②合点がいく。

エレベーターで三階まで上がり、自宅玄関のドアを開けた。小さな*2三和《たた》土《き》には黒い革靴とグレーのスニーカーが脱ぎ散らかしてある。短い廊下の先に擦《す》りガラスの扉があり、手で押し開けたら東京に出てきてから今日までの、笹本遼賀のすべてが詰まっている。

「ただいま」

③自分の部屋の匂いを思いきり吸い込んだ。脂っぽいような、埃《ほこり》くさいような。けっしていい香りとはいえないけれど落ち着く匂いだ。病院では手首に巻かれたネームバンドとベッドに付けられたネームプレート以外に、自分が笹本遼賀であることを証明するものはなにもなかった。わずか数日入院しただけで自分が何者で、これまでなにをして生きてきたのか、そんなことすらあやふやになっていた。人はいとも簡単に、それまでいた場所から離脱できるものなのだ。

テレビの前に置いてある座椅子に座り、背もたれに体重をかけた。二日後の手術までにしなくてはいけないことを、ひとつひとつ頭に思い浮かべる。上司には手術が決まった日に連絡を入れた。事情を話すと一か月間は休暇を取るようにと言われ、ありがたかった。ただ年末年始の忙しい時期にあっさり休ませてもらえたことに拍子抜けしている自分もいる。自分の代わりはいくらでもいる。そんなことをうっすらと考え、どこかで寂しく思っている。

「④気にしない、気にしない……」

つまらないことに引っかかっている自分に呆《あき》れ、呟《つぶや》いた。もちろんその呟きに答えてくれる人はいない。ひとりで生きるというのは、自分の弱さや脆《もろ》さにもひとりきりで立ち向かわなくてはいけないということなのだ。そんな当たり前のことを病気になってようやく実感する。ひとりは気楽、自由だと言っていられるのも、降りかかる火の粉を自分の力で払いのける力があるうちだけだ。若かろうが老いていようが、男だろうが女だろうが、病気は怖いし、死ぬのはもっと怖い。その底知れぬ恐怖を垣間見《かいまみ》たいま、この先ひとりで生きていく覚悟を持たなければいけない。

遼賀は小さく息を吐き、さっきポストに入っていた不在連絡票を手に取った。そこに記載されている番号に電話をかけると、すぐさまドライバーに繋《つな》がる。今日の六時までなら家にいるので、再配達してほしい。そう告げると、「間に合うように行きます」と張りのある若い男の声が返ってきた。

「これでよし、と」

次は病院で渡された「入院のしおり」を読みながら、シャツやパンツ、スリッパやひげ剃《そ》りなどの生活用品を準備していく。足りないものは帰りに買っていけばいい。いま家にあるものだけを紺色のスポーツバッグに詰め込んでいくと、あっという間に荷造りは終わった。だがあとは荷物を受け取って病院に戻るだけ、となったところで急に全身から力が抜けて、その場にへたりこむ。

　どうして、おれなんだろう。

煙草《たばこ》は吸わない。アルコールもつき合い程度。普段はできるかぎりⓐジスイをして、時間のない時はスーパーのⓑソウザイを買って食べる。睡眠時間が日によって違うことを除けば、この年で病気になるような生活は送っていないはずだった。

　それなのに、胃がんになった。

　どうしておれなんだろう……。

　俯《うつむ》いた拍子に、フローリングの床に涙が落ちる。喉の奥から嗚咽《おえつ》が漏れる。

　病室と違ってここでは思いきり泣けるという安心感からか、涙がとめどなく溢《あふ》れてきた。嗚咽以外の音が絶え、冷えた部屋で遼賀は泣いた。寒さなのか恐怖なのか、さっきから全身が小刻みに震えている。エアコンをつけ、布団にくるまり体を温めたが、それでも震えはとまらず、⑤いつしか病院に戻る気力などどこにもなくなっていた。

　一時間はそうしていただろうか。携帯の着信音が聞こえてきてゆっくりと顔を上げる。両方の鼻の穴から大量の鼻水が垂れて顔を濡《ぬ》らした。ティッシュで鼻を押さえながら画面を見れば、「恭平」の二文字が浮かんでいる。

「もしもし」

『あ、遼賀。いま家か？　今日いったん自宅に戻るって言ってたよな』

「ああ、家だ。おまえからの荷物が届くのを待ってたところで……」

　泣いていたことに気づかれないよう遼賀は立ち上がり、背筋を伸ばした。姿勢が声を作るというのは、接客業をして気づいたことだ。

『おまえが出した手紙、お母さん読んだみたいだ』

「……そっか。なんか言ってた？」

『なんも。まあ……泣いとったけど』

「そっか」

　それから数秒、沈黙が落ちた。恭平の息遣いが、耳に押しつけた携帯から聞こえてくる。

『あのな、遼賀』

　しばらく間を置き、恭平がゆっくりと言葉を継ぐ。いつもの大きな声ではなく低く落ち着いた口調で、[*3]山で遭難した時のことを話し始める。

『おれはあの時、自分が助かることしか考えてなかった。それなのにおまえは、自分の靴と、水がたっぷり沁《し》み込んだおれの靴を取り換えようって言い出したんだ』

　靴を交換しようと遼賀に言われ、「そんなことしなくていい」と断った。だが強がる自分に、遼賀は「交換するのはおれのためだ。おまえのためじゃない」と真剣な表情で言ってきた。それで⑥わざとのろのろと靴を脱いだ。本当は足先が氷のように硬く冷たく、怪我《けが》をした左足の感覚はすでに失われていた。遼賀がオレンジ色の登山靴を自分に向かって差し出してくれた時は、正直泣きそうになったのだと恭平は話す。ほっとして涙が出そうだったと。

『あの後登山をやめたのも、道具を全部捨てたのも、本当は情けない自分を思い出したくなかったからだ。遼賀はあんな時でもちゃんと兄貴で、おれはただ助けられるだけの存在だった』

　電話の向こうで恭平が真面目な声を出す。

「どうしたんだ？　急にそんな話」

『おまえは強いよ。だから』

恭平の声が一瞬途切れ、『だから大丈夫だ』と太い声が続く。

熱をもった携帯を耳に押し当てたまま無言で頷《うなず》いていると、インターホンのチャイムが鳴った。電話口の恭平に、「おまえの荷物かも」と告げ、電話を切った。

「はい?」

玄関先で魚眼レンズをのぞけば、思ったとおり宅配便のドライバーらしき顔が見える。

「笹本遼賀さんですか。こちら、お届け物です」

ドアを開け、両手で抱えられるくらいの大きさの、だが見かけよりずしりと重い段ボール箱をドライバーから受け取った。おそらくまだ二十代の前半だろう、緑色のキャップを被った若いドライバーは荷物を届けると「失礼します」と勢いよく去っていった。

手に持った箱を左右に振って、中身を想像してみる。

あいつ、なにを送ってきたんだろう。

岡山ⓒメイカかとも思ったが、それならあれほどもったいぶることはないだろう。ばあちゃん手作りのママカリ*4の甘露煮だろうか。でも生ものならクール便だろうし……。

箱を抱えながら部屋に戻り、留守の間にうっすらと埃の積もった床の上に置いた。恭平の字で書かれた送り状を剥がすと、マスカットの黄緑色のイラストが出てくる。

蛍光灯の白い灯《あか》りの下、ⓓフタの合わせ目に貼ってあるガムテープをゆっくり引っ張って外し、左右に開いた。このところ開封する小包といえばネット注文したものばかりなので、人から贈られた荷物を開けるのは少しどきどきする。胸を弾ませつつ箱の中をのぞく。

「あ……」

中に入っていた意外な届け物に、遼賀は息をのんだ。

箱の中に納まっていたのは、十五歳の遼賀が履いていた登山靴だった。

そういえば東京に出てくることになった時、兄弟で使っていた部屋を片付け、でも山の道具だけは捨てられなかったのだ。押入れの奥深く、紙袋に包んで隠すようにして置いていたことを恭平は知っていたのだろうか。

段ボール箱に手を伸ばし、その古びた靴に触れてみた。ずいぶん色褪《いろあ》せてはいたが、見憶《みおぼ》えのあるオレンジ色に、体温が上がる。

遼賀は立ち上がり、登山靴を手に玄関に向かった。

狭い三和土に靴を並べ、思いきって足を入れてみると、全体的に硬くはなっていたが、それでも足背や足裏に吸いついてくる心地よさがあった。踵《かかと》で地面をコツコツと打ちつけ足全体に馴染《なじ》ませると、さらに違和感はなくなる。

この靴を送ってきた恭平の気持ちを考えると、やっと止まった涙がまた込み上げてくる。

そうだった。あの日のおれは、生きるために吹雪の中を進んでいったのだ。十五歳の自分は逃げ出したいなんて、一度たりとも思わなかった。

この靴を履いて、病院に戻ろう。

そう決めると、遼賀はいったん靴を脱ぎ、部屋の中に置いていた紺色のスポーツバッグを取りに行った。⑦いつしか震えは止まっていた。

（藤岡陽子「きのうのオレンジ」より）

注
*1　昌美さん……恭平の妻。
*2　三和土……セメントで固めた土間のこと。
*3　山で遭難した……中学生だった遼賀と恭平は父と冬登山に行ったときに、雪の斜面を滑落してしまい、二人だけで吹雪の中のテントで死を意識しながら一晩を過ごした。恭平は滑落に

より左足を怪我した上に、登山靴を冷たく濡らしてしまっていた。

＊4　ママカリの甘露煮……サッパという小魚（飯借《ママカリ》は瀬戸内地方での別名）を甘く煮つめた食品。

問一　二重傍線部ⓐ～ⓓのカタカナを、漢字に直しなさい。（解答にあたっては、楷書で丁寧に書きなさい。）

ⓐ（　　）ⓑ（　　）ⓒ（　　）ⓓ（　　）

問二　傍線部①「目を細めている」、②「合点がいく」の、ここでの意味として最も適当なものを次の中から選びなさい。

①「目を細めている」（　　）

ア　自分とは異なり、家庭があっていかにも健康そうな弟を見て、うらやましさを感じているということ。

イ　突然の手術入院であるのに、岡山から東京までわざわざ来てくれたことを嬉しく感じているということ。

ウ　満ち足りた生活をしている弟とは違い、病と闘っている自分が情けなく涙をこらえているということ。

エ　身体がとても丈夫そうな弟の姿に、元気に働いていた頃の自分の姿を重ねて懐かしんでいるということ。

②「合点がいく」（　　）

ア　自分に送りたい物があったということがわかったということ。

イ　なぜ恭平が宅配便を送ってきたのかが理解できたということ。

ウ　ポストに不在連絡票が入っていた事情を承知したということ。

エ　帰宅日を恭平がしつこく尋ねた理由が納得できたということ。

問三　傍線部③「自分の部屋の匂いを思いきり吸い込んだ」のは、なぜですか。その理由として最も適当なものを次の中から選びなさい。（　　）

ア　衛生に留意しなければならない病院生活が息苦しかったので、好き放題に散らかっている部屋でリラックスしたかったから。

イ　これまでの自分の営みが染みついた部屋の空気を吸って、不確かになってしまった自分という存在を確認したかったから。

ウ　狭い部屋一面に漂う生活臭を身体全体で感じることで、自分が今を確実に生きているという手応えを実感したかったから。

エ　挨拶をしても反応がない孤独な暮らしの中で、部屋が発する気配を確かめることは寂しさを紛らわせる習慣であったから。

問四　傍線部④「気にしない、気にしない……」とありますが、この場面での遼賀の気持ちの説明として、最も適当なものを次の中から選びなさい。（　　）

ア　かけがえのない自分の生について悩んでいるのに、無数の自分の代わりを想定することは矛盾していて意味がないことだと感じている。

イ　限られた時間の中で入院の準備をしなくてはならないのに、考えても仕方がないことに時間を取られていることをくだらなく思っている。

ウ　ひとりで生きていくには強い覚悟が必要なのに、自分の代わりなどいくらでもいるという事実を辛く感じてしまう自分をいさめている。

エ　自身の健康を願って休暇を勧めてくれた上司の気遣いであるのに、経営的な合理的対応だと一瞬でも疑ってしまった自分を嘆いている。

問五　傍線部⑤「いつしか病院に戻る気力などどこにもなくなっていた」

とありますが、このときの遼賀の気持ちの説明として、最も適当なものを次の中から選びなさい。（　　）

ア　手術の準備があっさり完了し、部屋の寒さに気づき体を温めたが、震えが止まらなくなり、病が進行しているからではないかと怯え、現実と向き合うのが怖くなっている。

イ　これまで健康にとても気をつけた食生活を送ってきたので、死に至るような病を患った理由に思い当たらない自分が情けなく、前向きになれなくなっている。

ウ　他人には言えない辛い感情を思いっきり出せる自分の部屋が居心地よくなり、周囲の患者に配慮せねばならない病室に戻ることが嫌になってきている。

エ　手術の準備が終わって緊張が緩まり、自分の人生に降りかかった病という不条理に向かい合ったことで、これまで意識していなかった絶望感にさいなまれている。

問六　傍線部⑥「わざとのろのろと靴を脱いだ」のは、なぜですか。その理由として最も適当なものを次の中から選びなさい。（　　）

ア　足の感覚がなくて靴が脱ぎにくいように強調することで、遼賀の配慮に感謝していることを暗に伝えるため。

イ　限界に近い自分の状態と提案に対する感謝の念を表に出さずに、兄に渋々従っているように見せかけるため。

ウ　お互いのことを心配し合う状況の中で、遼賀だけでなく自分も兄に気を遣っていることを間接的に示すため。

エ　自分にまだ余裕があるように見せることで、「おれのため」という遼賀の身勝手な提案への抵抗を示すため。

問七　傍線部⑦「いつしか震えは止まっていた」とありますが、このときの遼賀の心情を五十字以内で説明しなさい。

問八　本文中の表現に関する説明として明らかに**適当でないもの**を、次の中から一つ選びなさい。（　　）

ア　複雑な心境の場面で「……」という記号を用いることで、直前に発せられた登場人物の言葉が無音となって数回繰り返されていることを表現している。

イ　嗅覚や色彩感を強調する表現や皮膚感覚に訴える表現を多用することで、病の中で今という時を慈しむように生きている遼賀の姿を暗示している。

ウ　故郷の果物や料理をさりげなく登場させることで、東京で一人暮らしをしている遼賀と岡山にいる家族との良好な関係を間接的に表現している。

エ　会話の中で、通常のかぎ括弧（「　」）とは異なって、二重かぎ括弧（『　』）を用いることで、電話越しに聞こえる恭平の声であることを表現している。

★★ 発展問題 ★★

1　次の文章は、森沢明夫《もりさわあきお》『おいしくて泣くとき』の一部である。「俺」の父親は、貧困家庭の子どもたちに無料で食事を提供する「こども飯」という慈善事業を運営している。「俺」の同級生の「石村《いしむら》」や、同級生の「夕花《ゆうか》」とその弟の「幸太《こうた》」も「こども飯」に通っていた。よく読んで、あとの問いに答えなさい。設問の都合で、本文を一部改変しています。字数制限のある問いは、句読点や記号も字数に含めて答えなさい。

（大阪教大附高池田）

無になろう、存在を消そう、誰にも気づかれないよう、息を止めたままでいよう——、そんな、淋《さび》しい静けさを夕花は常にまとっていた。うちの店のカウンター席で幸せそうに「こども飯」を食べているときとは、まるで別人のような存在感だ。

ふと、表情のとぼしい幸太の横顔が脳裏をよぎった。

①食べているところをたまたま俺に見られて、やたらと恨めしそうに頬《ほお》を歪《ゆが》めた石村の顔も思い出す。

偽善者のムスコ——。

毒を孕《はら》んだ言葉。その落書き。

思い出したら、②俺の胃のなかで、嫌な熱がとぐろを巻きはじめた。

この感じは、やっぱり「怒り」だよな——。

俺は確信した。というか、認めた。

認めたら、なぜか「怒り」の理由が明確になった。

偽善者のムスコ——、このムスコという三文字がやたらと腹立たしい意味を持つということに気づいたのだ。つまり、俺はただのムスコであって、偽善者と罵られたのは父だ。

父が、クラスメイトたちの前で吊《つ》るし上げられたのだ。

俺はゆっくりと息を吸い、そして、嫌な熱を孕んだ息を吐き出した。

Ⓐ低い空を流れてゆく黒雲から、ぱらぱらと大粒の雨滴が落ちはじめた。

窓から吹き込んでくる蒸し暑い風。

暑いのに、俺の背中にはチリチリと鳥肌が立っていた。

しばらくして三時間目の終わりを告げるチャイムが鳴った。

俺は席を立ち、誰とも目を合わさずに教室を出た。

そして、肚《はら》のなかに強い決意を持って、隣のクラスの引き戸をガラリと開けた。

引き戸の近くに、サッカー部の陽平《ようへい》の背中があった。

「陽平」

「ん？」と振り返った陽平が、少し怪訝《けげん》そうな顔をした。「どうした、ⓐおっかねえ顔して」

おっかねえ顔？

正直、いま俺は、ひどい恐怖と闘っているのだけれど。

「えっと、石村は？」

おっかないらしい表情を変えられないまま、俺は訊《たず》ねた。

「え……」

「どこにいる？」

「あいつ、今日は——」陽平の視線が、いちばん後ろの席に向けられた。

「朝から見てないけど。どうせ欠席じゃねえの」

「休み？」

「たぶんね」

石村は、いない。

それが分かったとたんに、③ガチガチに緊張していた身体から、すうっと力が抜けていくような気がした。

「石村の席って、そこ？」

訊《き》きながら俺は、なんとなくその席へと近づいていった。

「そうだけど……」

陽平の声を聞きながら、俺はハッとして歩みを止めた。

ビンボー野郎

驚いたことに、石村の机の上にも、Ⓑ油性ペンで落書きがされていたのだ。

〈中略〉


俺は頭のなかを整理した。

まず——、昨日の朝、石村の机に「ビンボー野郎」と落書きがされていた。石村は昼に登校してきて、その落書きを見てしまう。そして、すぐさま隣の教室にいる俺のところにやって来た。石村は、自分が「こども飯」を利用していることを、俺が周囲に言いふらしていると勘違いしたのだ。で、俺は体育館の裏に連行されて、多少なりとも「会話」を交わす。その途中、石村の取り巻きがやって来て、そこでなぜか俺は解放された。でも、取り巻きとすれ違いざまに「偽善者」という三文字をぶつけられたのだ。そして、その翌朝（つまり、今朝）、俺の机に「偽善者のムスコ」という落書きがあって……。

ってことは、俺の机に落書きをしたのは石村ではない。

むしろ、あいつも被害者なのだ。

陽平いわく、落書きを目にしたとき、石村は小さく笑ったらしい。

どんな気持ちで笑ったのだろう……。

〈中略——以下は数日後の出来事である。——〉

「あちぃな……」

ひとりごとみたいに言いながら、俺はワイシャツの胸のあたりをつまんで、はたはたと動かし、外の空気を取り込んだ。そして、傷だらけの石村の顔をあらためて観察した。

石村は、黙ったまま ⓑ眉間《みけん》にしわを寄せていたけれど、前回と比べると、その視線からはあまり怖い棘《とげ》を感じなかった。

「で、用件は？」

俺も、なるべく棘のない声色《こわいろ》で訊いた。

すると石村は、ポケットに両手を突っ込んだまま「ふう」と息をついた。そして、わずかに視線を落とした。

「まあ、なんつーか、一応、謝っておこうかと思ってよ」

「え？」

謝る？　石村が？　俺に？

予想外の展開に、俺は返す言葉を失《な》くしていた。

「おめえじゃなかったからな」

「何が？」

「俺が、おめえんちで飯を喰《く》ってること」

「ああ」

そのことか——。

石村は、落としていた視線を上げて、少し不貞腐《ふてくさ》れたような顔でこちらを見た。そのまま④謝罪を口にするのかな、と思っていたけれど、数秒間も黙ったままだったから、仕方なく俺が先に口を開いてやった。

「俺、決めてるから」

「決めてる?」

「誰がうちに飯を喰いに来てるか、絶対に言わないって」

「…………」

「いままで誰にも言ったことねえし、訊かれても答えたことねえよ」

Ⓒ遠くで鳴いていた蝉《せみ》が鳴きやんだ。

そのとき、石村の表情がふっと緩んだように見えた。

笑ったのだ。ほんの少しだけ。⑤ちょっと困ったような感じで。

なんだ、こいつ、こんなに魅力的な顔ができるのかよ——。

俺は、胸の内側がぞわぞわするような感覚を押し殺しながら続けた。


〈中略〉


「つーか、石村さ」

「…………」

石村は黙ったまま視線を上げて、まっすぐに俺を見た。

「その顔の怪我《けが》、どうしたんだよ?」

ほんの少しの沈黙のあと、石村は吐き捨てるように言った。

「別に、おめえなんかに言う必要はねえよ」

「もしかして、仲間割れか?」

確信を持って、俺は言った。

やっぱり図星だったのだろう、石村の目にいつもの［ⓒ］が戻ってしまった。

「はぁ?　なに言ってんだてめえ。ちげえよ馬鹿。ぶっ殺すぞ」

こいつ、絶対に俺より嘘《うそ》が下手くそだな——、と思って黙っていたら、その嘘について石村が勝手にバラしてくれた。

「仲間なんて、そもそもいねえっつーの」

「…………」

「ただムカついたから、シメてやったんだよ」

「え?」

「いい歳《とし》こいて落書きなんかで喜んでる害虫は、いるだけで目障《めざわ》りだからよ」

やっぱり、仲間割れじゃねえか。しかも、あいつらと仲間割れしたら、もう、この学校に石村の居場所はどこにもねえじゃん——。俺は胸のなかでそう思ったけれど、もちろん、口には出せなかった。

それから少しのあいだ、俺たちは、ただ黙って遠い蝉の声を聞きながらⒹ杭《くい》のように突っ立っていた。

問一　太傍線ⓐ「おっかねえ」・ⓑ「眉間にしわを寄せ」とは、どのような様子を表しているか。最も適切なものを選び、それぞれ記号を○で囲みなさい。

ⓐ「おっかねえ」（ア　イ　ウ　エ）
ア　不安な様子。　イ　勇ましい様子。
ウ　怖い様子。　エ　おびえる様子。

ⓑ「眉間にしわを寄せ」（ア　イ　ウ　エ）
ア　不機嫌そうな表情をする様子。
イ　理解を得られずに苦しむ様子。
ウ　秘めた怒りを押さえ込む様子。
エ　納得いかないことを示す様子。

問二　空欄［ⓒ］に入れるのに最も適切な言葉を、本文中から一語で抜き出して、答えなさい。（　　　）

問三　傍線①「食べているところをたまたま俺に見られて、やたらと恨めしそうに頬を歪めた石村」とあるが、「石村」がこのような表情を浮かべたのはなぜか。四十字以内で説明しなさい。

問四　傍線②「俺の胃のなかで、嫌な熱がとぐろを巻きはじめた」とは、どういうことか。六十字以内で説明しなさい。

問五　傍線③「ガチガチに緊張していた身体から、すうっと力が抜けていくような気がした」に関する「俺」の心情や態度として、最も適切なものを選び、記号を○で囲みなさい。（ア　イ　ウ　エ）

ア　隣のクラスの戸を開けた時点では、「石村」に向き合うことへの恐怖からくる緊張を隠すために、虚勢を張っていた。

イ　隣のクラスの戸を開けた時点では、毒を孕んだ落書きの真相に果敢に近づいていくのだ、という決意と緊張感を持っていた。

ウ　「石村」の不在を知った時点で、ではなをくじかれ、緊張感を持ちつつも奮い立たせた思いを踏みにじられて意気消沈していた。

エ　「石村」の不在を知った時点で、問題解決をあせる必要がないことに気付き、緊張から解き放たれてほっと一息ついていた。

問六　傍線④「謝罪」とあるが、何に対する「謝罪」か。「〜こと。」につながるように、本文中から四十字以内で抜き出して、最初と最後の四字ずつを答えなさい。

□□□□〜□□□□こと。

問七　傍線⑤「ちょっと困ったような感じで」の理由として最も適切なものを選び、記号を○で囲みなさい。（ア　イ　ウ　エ　オ）

ア　「こども飯」を営む人のみならず、その息子までが、特別に懇意にしてくれることに戸惑ったから。

イ　自分勝手に誤解して体育館裏に連行した相手が、真の理解者であることに気付き、気まずかったから。

ウ　自分の勘違いから「俺」と対立してしまったことで、もう元の友人関係には戻れないと思ったから。

エ　気持ちに寄り添ってくれるのは有り難いが、自分の状況が改善されるわけではなく、素直に喜べないから。

オ　取り巻きだった連中よりも、深い仲でもない「俺」の方が思慮深いことに気付いて、複雑な心境だったから。

問八　本文における情景描写の説明として、明らかに不適切なものを一つ選び、記号を○で囲みなさい。（ア　イ　ウ　エ）

ア　二重傍線Ⓐ「低い空を流れてゆく黒雲から、ぱらぱらと大粒の雨滴が落ちはじめた」は、「俺」の周りに不穏《ふおん》な空気が漂うことを仄《ほの》めかしている。

イ　二重傍線Ⓑ「油性ペンで落書きがされていたのだ」とあるが、簡単に消せない落書きは、そこに陰湿な悪意が込められていることを示唆《しさ》する。

ウ　二重傍線Ⓒ「遠くで鳴いていた蝉が鳴きやんだ」とあるが、周囲の雑音を除き去ることで、二人の登場人物の言動だけを際立たせる効果がある。

エ　二重傍線Ⓓ「杭のように突っ立っていた」は、何も分かり合うことができずに、ただ立ちすくむしかない「俺たち」の姿を印象付けている。

2

文筆業をしている五十代の「私」は、弟の嫁からの電話で、癇癪《かんしゃく》持ちの年老いた実父との喧嘩のすえ実母が怪我をしたことを知らされ、事態の収拾のために急遽《きゅうきょ》駆けつけるように頼まれた。それに続く次の文章を読んで、あとの問いに答えよ。なお出題の関係上本文を一部改めた部分がある。各問題とも特に指定のない限り、句読点、記号なども一字に数えること。

（西大和学園高）

とりあえず明朝渡さねばならぬ仕事を片づけて、私はタクシーを呼んだ。夜半の二時をまわっていた。多分、もう昂奮《こうふん》はおさまっているだろう。寝ていれば、そのまま帰ってくるつもりだった。

1 おそらく——と車中で想像した。騒ぎの発端はとるにたりないことで、父親は自制する力もなく暴力をふるおうとし、母親は身を避けて逃げたのだろう。母親は、もう五十年も父親のヒステリーの餌食《えじき》になっていて、本能的に深い恐怖を覚えており、いくらか大仰に飛びすさる。逃げれば追う。殴る気で追いすがったが、同時に縁側の端までいき、そこからまだ退《さが》ろうとする母親を支える気で両手を出した。母親にはそれが突きおとされたように感じた。そんなところではあるまいか。一瞬の惑乱の中で、関係のない気持が混在していたろうが、どちらもその片々は記憶しておらず、全体が持つ大きな特長に片寄らせて思っている。そうしたことは珍しいことではない。

父親は動転し、悔い、かえって a 居丈高になり、半分醒め、半分昂《たか》ぶったまま、いつもと同じ恰好《かっこう》だと思おうとして、怪我を認めまいとする。母親は、いつもとちがう証拠に怪我があるのだ、と固執する。が、母親の年齢で折った腕が旧《もと》に戻るのは、かなり時間がかかるのではあるまいか。その間、母親は、折った腕のかわりに父親に対する優位を獲得した気でいるだろうが、老耄《ろうもう》した父親がはたしていつまで憶えているか。

予想したとおり、生家の跡に建った二棟は、いずれも燈が消えていた。弟は勤め人で朝が早い。騒ぎに気づいたはずの近隣も寝静まっている。私は幼い頃遊んだ路上にしゃがんで煙草に火をつけた。何十年かして、私も夜も昼もけじめのつかない、夜昼ばかりでなく自分の主体というものにもけじめを失ったまま、浮遊するように生きている。五十年の間、あれこれやってきたことは、ただ伸びひろがって拡散していくばかりで、少しもまとまりがつかない。おそらく父親も似たようなものだろう。八十年も九十年も生きても、まだ途中だというだけで、なんのまとまりもつかない日々なのだろう。

（中略）

生家の跡に建った二棟の建物はいずれも闇に包まれているが、 A 、庭の通用口から眺めると、奥の父親の居る棟の方の庭に面したガラス戸が一枚開いていた。私は煙草を投げ捨てて庭から中に入った。

燈を消した居間に、父親が、いつも坐る位置に B 坐っていた。父親は三十年ほど前から耳が遠くなり、ニュアンスの乏しい大声の会話しかできない。私が部屋に入っても、音の気配では視線が動かない。

私はファインダーをのぞくように、父親の前に顔をのぞかせた。2 そうして、まず、微笑した。

「お前——、身体は健康か」

「——駄目なんだ。もうおとろえてきたよ」

私が顔を横に振るのを父親は見た。

「そうか。俺は少しいい。いくらかな。——もっとも、俺なんかが身体がよくなっても、喜ぶべきか」

「——悪いよりはいい」

「そうだ。悪いよりはいい」

父親は、疲れたときのような顔つきをしていた。そうして、 C いった。

「仕方がないな」

「――ああ」

「仕方がない。どうにもこうにもb閉口だ。いつ死ねるのかわからん」

私はやっぱり微笑を返した。母親のかわりにしばらく泊ってやろうと思う。そのつもりで仕事道具を袋に入れて持ってきた。私は、いつも使っていない隣室に燈をつけ、卓を出して本を読むようなふりをした。今夜はさしあたり、急ぎの原稿はない。けれども私は、ときおり父親のそばに泊るとき、用があってもなくても終夜起きて燈をつけているようにしていた。昼間も寝ない。あいまあいまに少しずつうとうとする。小さい頃からの癖で、私は貴方たちの生活律では生きていませんよ、というところを見せたがるのである。そうでもしていないと、父親も母親も、私のことを単に自分たち小市民層からの脱落者としてしか見てくれず、私の生活律の存在を無視してしまうのである。私は五十になっても生家に戻るとそういうところにこだわってしまう。

私は、卓に寄りかかったまま、うとうとした。

隣室で、不自由な足を畳に擦るようにして歩く気配がし、

「おい――」

父親が噛みつきそうな形相で、顔をのぞかせていた。父親は部屋の境の襖《ふすま》にすがって立っている。そうしないと上半身が折れるように前に曲がってしまう。

「電燈を消せィ――」

「――何故」

「世間体がわるい。今、何時だと思う」

「――しかし、やることがあるんだ」

「消せ。消せといったら消せ」

私は燈を消した。3そのかわり、寝ないぞという姿勢を示して、庭に面したガラス戸の開いているところに腰をおろした。

「もう、夜が明けかかってるよ」

私は外の空の方を手でさし示し、父親もなんとなく空を見た。父親の顔はもう平静に戻っていた。

「茶を呑《の》むか。呑むなら自分でいれろ」

私は茶をいれ、父親の前におき、自分も呑んだ。静かな夜明けで、外には何の気配もない。

（中略）

母親はその朝、弟の嫁につき添われて近くの大病院に行った。実際に鎖骨かなにかに罅《ひび》が入っていたようだけれど、まず何よりも自分の希望で入院した。

そのかわりに、平素、父親の毒気を避けて遠くに居る恰好の私がしばらく居残る。

「おじいちゃんか、あたしか、どっちかが病院に入らなくちゃ、おさまらないわよ」

「――ああ」

「このままじゃ、あたしは殺されてしまうからね」

「――だから、お袋さんが病院に入る、ひとまずそれでいいじゃないか。ゆっくり休んでこいよ」

母親はまだ感情的になっているが、私としては笑って受け流しているよりほかに術《すべ》はない。私にも意見はあるが、私が自分流の生き方をするために生家をはなれてすごしている以上、生家のことに口出しをする資格がないように思える。

まァ、ちょっとそばに居てみろよ、母親ばかりでなく、弟の眼もそう

いっているのがわかる。

　彼等がそう思う以上に、私もそのことをずっと以前から考えているつもりではある。できることなら誰よりも私が父親のそばに居てやりたい。しかしそうするためには、私は父親の兵卒にならねばならない。それができるだろうか。

　私も、母親も、弟も、事情は異なっているが、三人それぞれ、父親を生家に置き去りにした時期がある。

　弟は一番長く父親のそばに居たが、学校を出たあと地方本社の会社に勤務した。

　母親は、戦後、自分の弟たちがやっている商売に参加し、夜だけ生家に戻ったり、戻らなかったり。しかし、父親を経済的に養ってきたというc名分がある。

　私は一番身勝手で、十代の頃から父親とその背後の世界とは無関係のところに自分の島を造ろうとして、劣等の方角をうろうろしていた。父親にはたえず感情移入していながら、私は神経病が途中からのハンデになったせいもあり、父親と両立しがたい生家にはいつも近寄らない。よかれあしかれ、そのうえに私の生き方が成り立っている。

　父親は、実質的には、三十年余、ほとんど一人で日をすごしていた。

　弟一家が東京に転勤し、経済的な事情もあって同居しはじめたとき、孫を見て、父親は［D］衰えた。

　母親が、外での仕事、というより外での自分流の生き方から退いて、父親のそばに帰ってきたのは昨年のことだ。父親はその時点から、また［D］衰えた。

（中略）

「おじいちゃん、どう——？」


弟の嫁が、折り折りに様子を見に来る。

「まだすこし昂奮してる。明日、明後日はわからないが、今のところは、お袋のことが頭を去らないだろう」

「でも、おとなしいみたいね」

「俺じゃ、体力的に負けると思ってるから」

「それで、おにいちゃんは、ここでお仕事できそう」

「俺はたまさか（注1）だからな。気持ちが張っているから、大丈夫だよ。長くなるとわからんが」

　私は一日を大過（注2）なくすごした。父親の方も私の方も特殊な日であって、大過の起きようがない。

「おじいちゃんは、おにいちゃんがくるといいみたいね」

「一緒に暮せばすぐぶつかる。それは親父が耄碌《もうろく》（注3）する以前からだ」

「でもパパは嫌われてるわ」

「そうだな、弟は長いから。親父にいわせれば弟はまともな人間で、それならもっと親父に忠実になるべきだと思ってるんだ」

　私は夜、弟の棟の方に行って、ちょっと話しこんだ。

「ひとつ気がついたことがあるよ。親父はきっと、幻聴にたえず見舞われているにちがいない」

　弟は乗らぬ表情できいていた。

「俺の持病は、幻視、幻覚、幻聴がつきものなんだが、それで、いろんな人の声や、知り合いの家庭状況なんかが、はっきり耳の中に入ってくるんだ。むろん実際の風景じゃない。幻聴だ。それは俺自身、わかっている。ところが少し時間がたつと、あの件は幻聴の方の風景だったか、実際のことだったか、記憶がこんがらかってくるんだ。毎日おびただしい声が何かを伝達してくるからね。それがいりまじってしまう」

「それで――」と私はかまわず続けた。「親父はもう三十年も耳が遠くて、普通の会話をほとんどしていない。そのうえ一人で、話相手もなかった。親父は屈しなかったが、内攻はしているよ。きっと幻聴がずっと出てる。耄碌とはべつに、長いこと幻聴とだけ会話していたようなふしがある。たとえ幻聴だとわかっていても、それとのつきあいは深いよ。周辺の人にはわからない事象がいろいろと親父の中にはあって、我々にはどうしてそんな誤解をするのかわからないことで怒ったり昂奮したりするのかもしれない。――そこでだ、耳をとおしての会話は、特にニュアンスの細かいものは無理だが、ノートを作って皆で筆談を親父と交《かわ》したらどうだろう。親父との外部の交通を復活させるんだ。紙に書いておけば、あとになって読み直すこともできる」

弟は憮然《ぶぜん》としていう。兄貴は書く商売だから、苦にならないだろう、そういう表情もうかがわれる。

「もうおそいよ」

私は、うっかり攻めこみすぎたかな、と思った。攻めれば、攻め返される。此方《こっち》の不備も限りなくある。4私は自分の不備を突かれて直せるか。

弟は起き直っていった。

「もうおそいんだ。見ればわかるだろ」

「おそいな、たしかに」と私もいった。「しかし、まだとばくち(注4)でもあるぜ。親父は、極めて緩慢に、果てなくという恰好で、衰退していく。百年生きてこうなって、すくなくとも今日死ぬ風情じゃないから、もう百年、だらだら下降線をたどって居るかもしれない。俺は小さいときから――」

「俺もだよ。俺は自分が最後に一人生き残るんだと思っていた」

「そうだな――」

5私は笑った。弟は、父母は死に、兄は(注5)無頼《ぶらい》で疲弊し、その兄を背負って生きようと、かつて思い定めていた頃があった。

弟の嫁が、不意に腰を浮かしたので、私たちは父親がガラス戸の外に来ていることにはじめて気がついた。

父親は、怖い顔をしていた。

大変だ、どうしよう、と嫁が呟《つぶや》いてガラス戸を開け、

「おじいちゃん、お入りなさい」

といった。父親はしばらく私たちをにらんでいた。

「何か、俺に報告すべき重大要件が定《き》まったか。あれば報告しろ」

「なんでもないのよ、おじいちゃん」

「そっちへ行くよ」

私は父親の肩を軽く支えながら、隣り棟に戻った。

父親は、彼の定座に倒れるように坐《すわ》った。

「隣りの夫婦を呼べ」

「もう寝るだろう。あっちは朝が早いからね」

「つべこべいわずに、呼べ」

私は仕方なく、弟たちを呼んできた。

父親は放心したようにテレビを眺めていた。私たちがそれぞれの座についても、何もいわない。

「皆集まったよ」

「そうか――」と父親がうってかわった弱い声でいった。「熊がな、庭に入ってきている。皆で探せ」

「熊、か――」

私たちはむしろ望んだように立ちあがり、三人連れだって庭に出た。

6そうして冷たい夜空を眺めた。

（色川武大「百」より）

【語注】（注1）たまさか…めったにないさま。まれ。

（注2） 大過…大きなあやまち。ひどい過失。
（注3） 耄碌…年をとって頭のはたらきがにぶくなること。老いぼれること。
（注4） とばくち…入り口。物事のはじめ。
（注5） 無頼…一定の職業につかず、性行がよくないこと。

問一　二重傍線部a「居丈高」、b「閉口」、c「名分」の意味として最も適当なものを次の中からそれぞれ一つずつ選び、記号で答えよ。

a「居丈高」（　　）
ア　怒ったさま　イ　威圧的なさま　ウ　暴力的なさま
エ　見下したさま　オ　偉そうなさま

b「閉口」（　　）
ア　何とも表現できないこと
イ　気持ちが暗くなること
ウ　体調が悪くて苦しいこと
エ　孤独で話し相手がいないこと
オ　手におえなくて困ること

c「名分」（　　）
ア　表向きの理由　イ　内々の事情　ウ　心底からの誇り
エ　金銭的な貸し　オ　過去のいきさつ

問二　空欄[A]～[D]に当てはまる最も適当なことばを、次の中からそれぞれ一つずつ選び、記号で答えよ。ただし同じ記号を繰り返し用いてはならない。

A（　　）B（　　）C（　　）D（　　）
ア　ぽっつりと　イ　がくっと　ウ　ふと
エ　ぱったりと　オ　じっと

問三　傍線部1「おそらく――と車中で想像した」とあるが、「私」が「想像した」ことを説明したものとして適切でないものを次の中から一つだけ選び、記号で答えよ。（　　）
ア　騒ぎの原因はささいなことであったのに、自制心がない父親が暴力をふるおうとしたということ。
イ　長年父親を恐れ続けている母親の逃げ方が、おおげさなものであったのではないかということ。
ウ　縁側から母親が転落しないように差し出した父親の手を、母親が暴力だと勘違いしたということ。
エ　父親も母親も騒動の最中の細かい部分は覚えておらず、お互い感情的になっているということ。
オ　もう父親の昂奮はおさまって、弟夫婦も含めてみんな眠りについているにちがいないということ。

問四　傍線部2「そうして、まず、微笑した」とあるが、なぜ「私」は「微笑した」のか。その理由を説明したものとして最も適当なものを次の中から一つ選び、記号で答えよ。（　　）
ア　老年になっても落ち着けない父親に親近感を覚え、騒動のことに触れて父親を刺激することなく、父親の機嫌をうかがおうとしたから。
イ　騒動を起こしたことはともかく、父親なりに気が動転し、後悔もしているはずだから、過度に責めることはせずに、自発的な反省を促そうとしたから。
ウ　父親はもう十分に母親や弟夫婦からなじられ、気落ちしているはずだから、せめて自分だけでも温かく接することで、励ましたかったから。

エ　耳が遠くなり音では反応を示さない父親に、いきなり顔を見せ驚かせることで機先を制して弁明の機会を与えず、精神的に優位に立とうとしたから。

オ　父親が悪いのは確かだが、母親がいなくなって困ることは目に見えているので、しばらく母親の代わりに身の回りの世話をしてやろうと同情したから。

問五　傍線部3「そのかわり、寝ないぞという姿勢を示して」とあるが、なぜ「私」はそのような「姿勢を示」そうとするのか。その理由を六十字以内で説明せよ。

問六　傍線部4「私は自分の不備を突かれて直せるか」とあるが、「私」の「不備」の中でも最も重大なものはどのようなことだと思われるか。四十字以内で説明せよ。

問七　傍線部5「私は笑った」とあるが、この時の「私」の心情を説明したものとして、最も適当なものを次の中から一つ選び、記号で答えよ。（　　）

ア　自分にとっては、父親が心配の種であったけれども、弟にとってはむしろ父よりも自分の方が悩みの原因であったことを思い知って、兄であるのに情けなさを感じている。

イ　弟も自分と同じように父親の世話をしなければならないことにうんざりしていると知り、自分の父親がみんなから煙たがられていることを、あわれに感じている。

ウ　弟とは父親の世話について意見の相違があり、ぎくしゃくすることもあるが、そうはいっても弟が兄である自分のことを思ってくれていると知り、うれしく思っている。

エ　自分が最後まで生き残って父親の世話をする覚悟でいたように、弟はさらに長生きして自分の面倒を見る心づもりをしていたことを思い出し、なつかしく思っている。

オ　自分では自立して生活していくことが出来ていると思ってはいるものの、弟から見るとまだまだ頼りない兄に過ぎないと思われていることを、恥ずかしく思っている。

問八　傍線部6「そうして冷たい夜空を眺めた」とあるが、この時の「三人」の心情を説明したものとして最も適当なものを次の中から一つ選び、記号で答えよ。（　　）

ア　ただでさえ前日に父母の喧嘩があって大変であったのに、庭に熊が出現するという一大事にまで巻き込まれて心底うんざりしている。

イ　父親が怖い顔で現れたので、また一騒動起きるのではないかと緊張が走ったが、ただの熊退治だったので拍子抜けして胸をなでおろしている。

ウ　父親の妄想にすぎない熊の出現によって、兄弟の間で生じ始めていた亀裂の兆しが棚上げされ、ともに父の妄言に付き合い、家族のつながりを感じている。

エ　普段は怖い父親が熊におびえていることに微笑ましさを感じ、熊などはいないと思いながら、探すふりをすることで父との信頼を築こうとしている。

オ　庭で熊探しをするふりをしながら、父の幻覚が悪化しつつあることに思いをはせ、今後父の老化がますます進むことに不安な思いを抱いている。

3 次の文章を読んで、後の問いに答えなさい。　**（大阪星光学院高）**

母を病気で亡くした「僕」（太一《たいち》）は、父と妹（菜月《なつき》）との三人で母の故郷に引っ越した。悲しみに暮れる「僕」は、中学校にも馴染《なじ》めず、妹もまた毎晩蒲団《ふとん》の中で泣き明かしていた。そんなある日、「僕」は久しぶりに本屋を訪れ、どこかなつかしさを感じさせる「中村さん」という名の女の子に出会う。その女の子は「僕」の名前も聞かず、数冊の本を教えてくれた。それらの本を通して「僕」の生活は少しずつ変わっていき、母を失い傷ついた妹の心も癒やされていった。

本屋にはなかなか行けなかった。

本を読む以外にもやることがある。それは、新鮮な驚きだった。登下校のときに誘われたり、休み時間に話しかけられたり、他愛もないことばっかりだったけれど。

「*1重松清《しげまつきよし》、読んだよ」

*2上別府《かみべっぷ》がいった。

「え、もう？」

「兄貴が文庫で一冊持ってた。『その日のまえに』っていうんだ。すげえよかった」

僕はだまってうなずいた。その本は内容紹介を読んだだけで棚に戻した。「その日」を過ぎてきた僕には、その本は読めない。きっと死ぬまで読めないだろう。

「しっかし、a シブいよな。親父《おやじ》の趣味か？」

いや、と僕は首を振った。父さんは小説を読まない。

「こないだ、本屋の前で会ったときに一緒にいた子。あの子に教えてもらった」

なにげなさそうに話したけれど、ほんとうは思い切って告白したつもりだった。しかし上別府は首を傾《かし》げた。

「一緒にいた子？　誰だそれ」

僕は上別府の日に焼けた顔をA しげしげと見た。わざと話をはぐらかしているのだろうか。

「ほら、黒いセーラー服の、同じ歳くらいの子」

「黒いセーラー服って、今どきないだろ。どこの古めかしい学校だよ」

今度は僕がきょとんとする番だった。そういわれてみれば、セーラー服を着ている子自体を見かけない。うちの学校も白いシャツにグレーのスカートだ。もう少し寒くなれば、その上にブレザー。

「じゃあ、あれはどこの制服なんだろう」

僕がいうと、

「何いってんだおまえ」

上別府は声を上げて笑い、鞄《かばん》を肩にかけて部活に行ってしまった。

その夜、僕はぼんやりと考えた。もしかしたら、彼女は遠距離通学をしている高校生なのかもしれない。ほとんど根拠はないが、そう推測して結論づけることにした。もしも彼女が何らかの理由で自分の学校の制服を着ているのではないのだとしても、その理由はわからなかった。考えてもしかたがない。それよりも、彼女のすすめてくれた本はどれもおもしろかった。そのことが大事なんだと思った。①思おうとした。

寝る前に蒲団の中で読む本は僕を遠いところへ連れていってくれる。

バレーボールは飛んでこなかったし、青々と晴れ渡る空も出てこなかったし、中村さんも姿を現さなかった。

本を閉じた。バレーボールも青い空もどうでもいいけれど、彼女には登場してほしい。彼女に会いたい、と思った。

やっと週末になったのに、土曜日は父さんに釣りに誘われた。当然菜月も行くものと思ったのに、あっさり断られた。父さんは戸惑ったみたいだ。

「読みたい本があるから」

菜月はいった。ずるいぞ、菜月。僕だって読みたい本はあるし、行きたい本屋がある。睨《にら》んでみせたけど、知らん顔されてしまった。

ふたりで出かけた。

「こんなに水のｂスんだ川があるんだなあ」

父さんはしみじみといった。

すっかり秋の気配がしていた。川面《かわも》は細かく波立って、意外に強い光を反射させていた。無数の魚が跳ねているのかと見紛《みまが》うほどだった。

「釣らなきゃ」

そうして、Ｂまるで親の仇《かたき》みたいに釣《つ》り竿《ざお》を振ってはｃエサを飛ばしていた。

母さんが死んで、仕事を変えて、家も売って、とりあえず息子と釣り糸を垂らすくらいしかすることがないんだろう。父さんは釣りをしながらよく笑った。ぜんぜん楽しそうじゃなかったけれど。

「こっちへ来て、よかったかな」

不意に父さんがいって、こっちというのが今釣りをしているこの川辺のことのように思えた。でも、きっと違う。こっち。母さんの生まれ故郷であるこの町のことだ。小さい頃こそ夏休みには毎年遊びに来ていたけれど、高学年になると毎年ではなくなり、来ても数日しか滞在しなかった。それでも、去年のお盆に遊びに来たのは、虫の知らせだったのだろうか。母さんは東京へ戻って間もなく病気がわかった。

「父さんはどう思う？」

見ると、父さんは困ったような顔をして川の向こう岸を眺めていた。

「俺にはよくわからないんだよ。こっちへ来たほうがよかったのか、がんばって残るべきだったのか」

残るという選択肢はなかったのだ。がんばれなかった。父さんだけじゃない、僕も、母さんのいないあの部屋ではがんばれなかったと思う。

「太一と菜月がこっちで少しでも前を向いて暮らせればいいんだが」

「前ってどっち」

笑いながらいうと、父さんもつられて笑った。

「どっちだろうな。そんなこと、考えたこともなかったのにな」

父さん、と僕はいった。

「友達ができたんだ」

「お、おお、そうか」

父さんは釣り糸を垂れたまま、顔だけこちらに向けた。

「②だからさ、こっちが前でいいんだよ、たぶん」

もう父さんの顔は見られなかった。照れくさくて、僕は川の真ん中辺りをじっと見つめていた。

日曜に、ようやく本屋へ行くことができた。

彼女がいると思ったわけじゃない。むしろ、いなくて当然だと思った。でも、文庫の棚の前に、あのなつかしい姿がなかったとき、僕はやっぱり落胆した。

あ。また「なつかしい」と思った。この辺のひとの顔はみんななんとなく似ている。そうつぶやいた父さんの言葉を思い出している。

そうか。話が解けた気がした。彼女はこの辺のひとの顔をしている。つまり、母さんとどことなく似ているのだ。だから、惹《ひ》かれた。恋とか愛とかじゃなく、本能的に惹かれたのだと思う。

「こんにちは」

背後で声がして、振り向いた。

彼女だった。

僕はその顔を見て、すぐに目を逸《そ》らした。どきどきしていた。たしかに、似ていた。みんな似ている、その範疇《はんちゅう》を少し超えているような気がした。

「……こんにちは」

彼女の目を見ずに軽く頭を下げる。

「ちょっと久しぶりだったね」

微笑んでいるかのようなやわらかな声が、僕の身体に染み込んでくる。その声までも、似ている、気がした。

「どうかした？」

彼女がいった。僕は黙って首を横に振った。彼女も黙った。目を見合わせないで、ふたりで立っていた。

「読んだよ、重松清」

僕がいうと、彼女はほっとしたように表情をdクズした。

「『流星ワゴン』が今のところ一番好きだ」

「ああ、よかった」

「それから、『きみのともだち』。『再会』も」

彼女はちょっと声のトーンを上げた。

「そんなに読んだの？　こんな短い間に？」

僕はうなずいた。お小遣いではすべては買えないから、学校の図書館から借りたものも混じっている。

「かあちゃん」

「……え？」

僕は顔を上げ、真正面から彼女を見た。

「『かあちゃん』っていう本もすごくよかった」

半分、嘘だ。すごくよかったけれど、半分までしか読んでいない。いろんな「かあちゃん」が出てきて、涙で最後まで読み通すことができなかった。

「あれから考えたんだけど」

中村さんは『かあちゃん』には触れずに話題を変えた。

「新しいおすすめの本。たぶん、小説は重松清から広げていけると思うから。もし興味があったら、の新ジャンル」

うん、とうなずくと、彼女は先に立って歩き出した。背格好も似ている。女の子というのは、中学生くらいで身長が伸び止まってしまうのだろうか。

彼女に連れていかれたのは、意外な棚だった。

「何、これ、どうして。僕に？」

料理の本が並んでいる。初めての料理。和食のeキソ。スープの本。本場のパスタをおいしくつくるには。

「案外、お料理の本って読んでると楽しいのよ」

彼女はくすくす笑った。それから、真顔になって付け足した。

「いつか必ず役に立つから。ご家族のためにも」

ご家族。やけに大人びたいい方だった。彼女は知っているのだ。僕の「ご家族」から大切なひとりが欠けてしまったこと。今度は僕が「ご家族」のためにがんばるときだということ。

落ち着いた表情で僕を見ている彼女に向き直った。

「ありがとう。読んでみるよ」

そういうのが精いっぱいだった。

家に、母さんの使っていた料理の本が何冊もあったはずだ。あれを読んで、何かつくってみよう。母さんほどうまくはつくれないに決まっているけど、「ご家族」のために、何か、おいしいものを。

「ご家族に、母さんは含まれるのかな」

おそるおそる聞いてみた。彼女は目を伏せた。

「あたりまえじゃない。母さんはもちろん太一の家族でしょう」

顔は穏やかだったけど、語尾が震えた。

「中村さん」

名前はなんていうの。その見かけない制服はどこの学校のものなの。何も聞けなかった。聞かなくても知っていた。家に帰って、おばあちゃんに古いアルバムを借りればわかることだと思った。

「③ありがとう」

はっきりと、しっかりと、伝わるように祈りながら僕はいった。彼女はにこにこと笑った。いつもそうしていたみたいに、小さく首を振って。

「こちらこそ」

涙でかすんだ目を上げると、彼女はもういなかった。

（宮下奈都《みやしたなつ》「なつかしいひと」〈つぼみ〉所収）より）

＊1　重松清…日本の作家（一九六三〜　）。後の『流星ワゴン』『きみのともだち』『再会』『かあちゃん』は重松の著作である。

＊2　上別府…「僕」のクラスメイト。以前「僕」は「中村さん」と本屋の前にいるのを上別府に見られていた。

問1　＝線部a〜eのカタカナを漢字に直しなさい。

a（　　い）　b（　　んだ）　c（　　）　d（　　した）

e（　　）

問2　――線部A・Bの本文中における意味として最も適当なものをそれぞれ次の中から選び、記号で答えなさい。

A「しげしげと」（　）

ア　動揺しながら、繰り返し何度も
イ　不審に思ったので、じっくりと
ウ　真意を見抜くため、さりげなく
エ　不快感を覚えて、ざっと適当に
オ　敵対心をもって、わざとらしく

B「まるで親の仇みたいに」（　）

ア　むきになり何度も繰り返して
イ　なんとか楽しげに振る舞って
ウ　抑えきれない憎しみを込めて
エ　思いがうまく伝えられなくて
オ　狙いの魚が釣れると確信して

問3　――線部①「思おうとした」とありますが、それはなぜですか。その説明として最も適当なものを次の中から選び、記号で答えなさい。（　）

ア　本屋で出会った女の子の素性は気になるが、上別府との会話からその正体は触れてはならないものであるという直感があり、彼女自身ではなく、教えてくれた本のことに意識を移そうとしたから。

イ　本屋で出会った女の子の素性は気になるが、遠い学校へ通学しているからには相応の事情があり、彼女が辛い思いをしているかもしれないので、むやみに詮索するようなことは避けたかったから。

ウ　本屋で出会った女の子の素性は気になるが、その正体に迫る術《すべ》は無く、紹介してくれた本の内容にこそ、彼女の伝えたい真意が隠されており、そこから正体も見えてくるはずだと信じているから。

エ　本屋で出会った女の子の素性は気になるが、彼女が教えてくれた本によって、自分の生活が変化し、新しい環境で生きる僕の手助けとなってくれたことの方が、大切なはずだと考えようとしたから。

オ　本屋で出会った女の子の素性は気になるが、彼女が教えてくれた本はどれも本当におもしろく、楽しく読んでおり、わからないことを推測するよりも、その事実について感謝すべきだと考えたから。

問4　――線部②「だからさ、こっちが前でいいんだよ、たぶん」とありますが、「僕」がそのように言うのはなぜですか。八十字以内で説明しなさい（句読点も一字に数えます）。

問5　――線部③「ありがとう」とありますが、この時の「僕」の気持ちとはどのようなものですか。百字以内で説明しなさい（句読点も一字に数えます）。

問6　この文章の表現の説明として適当でないものを次の中から一つ選び、記号で答えなさい。（　　）

ア　「一緒にいた子？　誰だそれ」（19行目）、「黒いセーラー服って、今どきないだろ。どこの古めかしい学校だよ」（23行目）という上別府の言葉は、中村さんが実在しない女の子であることを暗示している。

イ　「ずるいぞ、菜月。僕だって読みたい本はあるし、行きたい本屋がある」（48～49行目）と「僕」の心情が連続することで、菜月に対し抱いていた不満がさらに増していく様子が読者にわかりやすく表現されている。

ウ　「僕はやっぱり落胆した」（88～89行目）という表現によって、中村さんに会いたいという本心から目をそむけようとしても、その気持ちに抗《あらが》えないという事実を「僕」が冷静にとらえていることが読み取れる。

エ　「かあちゃん」（118行目）という言葉は、本のタイトルを示すと同時に、「僕」が中村さんに対して抱いていた感情が思わず口からこぼれ出て、彼女に対する呼びかけになってしまったことを表現している。

オ　「彼女はもういなかった」（160行目）という表現でこの作品が締めくくられることによって、残された息子たちを救いたいという、中村さんの思いを「僕」がしっかり受け止めたということが暗示されている。

(2) 随　筆

☆☆ 標準問題 ☆☆

1 次の文章を読んで、あとの問いに答えなさい。答えの字数が指定されている問題は、句読点や「」などの符号も一字に数えなさい。

(大阪府―特別)

植物ほど、人Aの暮らしに役立てられてきた天然素材はないのではないだろうか。もっとも、石油をはじめとした地下資源は大量に使われている。しかし、それらの使用量が格段に増えていったのは、ここ100年ほどの話で、人類の歴史Bの中では、ごくごく最近のことである。それまでの人の暮らしは、植物からつくる生活道具に支えられてきた。

これほど木や草が暮らしに役立てられている背景には、植物Cの持っている再生力がある。木を伐《き》り出したときに、新しい苗を植えてやれば、何十年か後には立派な木が育つ。また多年草なら、根を絶やしてしまうような採り方さえしなければ、来年も、その次の年も収穫することができる。植物でつくられた生活道具に接するとき、そうした、自然の恩恵を得ながら、自然を守り続けてきた古人の知恵を思い起こしたいものである。

手仕事の職人には、なぜか、洒落《しゃれ》た話を聞かせてくれる人が多い。たくさんの樹種を扱う大工は①「適材適所」とよくいう。必要な場所に最適の人材を配置するということだけではない。もっとも適した樹種を、最適の位置に組み入れることをいうのだ。いい職人は、人の適性を見抜くように、材料の適性をも見極めようとしてきた。もちろん、こうした力は木工技術だけに備わるのではない。この道具にこの素材あり。植物素材の道具たちは、素材の性格が表面にも出やすいので、ぜひその豊かな表情を楽しみたい。

ところで、そんな植物たちの中で、竹は木なのか草なのか。植物学的にはイネ科に属し、どうやら草の部類らしい。しかし、古人は「竹は凡草衆木にあらず」といった。梅雨時だと一日に120cmも伸びるときがあるという生長力や加工のしやすさから、あまたの木や草とは分けたのである。そんな竹でつくった生活道具には、箕《み》、笊《ざる》、籠、竿《さお》などと、みな竹冠の漢字が充《あ》てられる。草や木には、種類ごとに草冠、木偏の漢字がある。だが、木の中にひとつだけ三水の漢字を充てられる樹種がある。それは「漆《うるし》」である。葉や幹よりも樹液が表現されたわけだが、②漢字を並べただけでも、植物素材と人とのかかわりの長さと深さを垣間見《かいまみ》ることができる。

「重力に逆らって、何十mも伸びていく。これは考えてみると不思議なことです。そんな植物の神秘的な力に魅せられて、木工の世界にのめり込んでしまいました」

という話をかつて木工職人から聞いたことがある。いい職人とは、素材に強い愛着を持つ人ではないだろうか。それは自然への畏敬の念ともいえる。そんな職人は、ただ素材を自然から採るだけではなく、自然を守っていくことも忘れてはいない。

(藍野裕之「ずっと使いたい、和の生活道具」より)

(注) 箕＝穀類を揺り動かしてふるい、殻やごみを除く農具。

1 本文中のA～Cの━━を付けた「の」のうち、一つだけ他とはたらきの異なるものがある。その記号を○で囲みなさい。(A　B　C)

2 ①「適材適所」とあるが、次のうち、たくさんの樹種を扱う大工がいう「適材適所」が意味することについて、本文中で述べられていることがらと内容の合うものはどれか。最も適しているものを一つ選び、記

号を○で囲みなさい。（ア　イ　ウ）

ア　人材だけでなく樹種も、最適のものを最適の位置に配置するということ。

イ　材料の適性を理解したうえで、最適な方法で加工していくということ。

ウ　職人が自分の適性を知ったうえで、技術力を高めていくということ。

3　②漢字を並べただけでも、植物素材と人とのかかわりの長さと深さを垣間見ることができるとあるが、本文中で筆者が挙げている、植物素材と人とのかかわりの長さと深さが垣間見られる漢字の例を次のようにまとめた。［a］に入る内容を、本文中のことばを使って**二十字以上、三十字以内**で書きなさい。また、［b］に入れるのに最も適しているひとつづきのことばを、本文中から**五字**で抜き出しなさい。

a ［　　　　　　　　　　　　　　　　　　　　　　　　　　　　　　］

b ［　　　　　］

○　箕、笊、籠、竿などのように、［a］という例。

○　「漆」は、木の中でひとつだけ［b］が充てられており、葉や幹よりも樹液が表現されているという例。

4　次のうち、本文中で述べられていることがらと内容の合うものはどれか。最も適しているものを一つ選び、記号を○で囲みなさい。（ア　イ　ウ）

ア　石油をはじめとした地下資源の使用量が格段に増えていったのは、ここ100年ほどの話であるが、地下資源は、それ以前から植物と同じくらい人の暮らしに役立てられてきた。

イ　植物は再生力を持っているので、木を伐り出したときに新しい苗を植えれば、何十年か後には立派な木が育ち、多年草なら、どんな採り方をしても、来年も、その次の年も収穫することができる。

ウ　いい職人は、自然への畏敬の念ともいえる、素材に対する強い愛着を持っており、ただ素材を自然から採るだけではなく、自然を守っていくことも忘れてはいない。

2　次の文章を読んで、あとの問いに答えなさい。　（**綾羽高**）

［前略］

パブロ・ピカソ。――この天才アーティストの名前を口にするだけで、なんとなく胸がアサワぎがする。ピカソという画家を知らずに過ごしたとしたら、(1)私はアートとこんなにも深く付き合うことはなかっただろう。つまり、人生における豊かな体験のひとつを知らないままで生きてしまっていたことだろう。

私は、十歳の頃、倉敷にある大原美術館で、ピカソ作「鳥籠《とりかご》」を観た。それが、私の初めての「ピカソ体験」だった。まったく、ピカソほど「体験」という言葉とすんなり結びつく画家の名前はそうそうないだろう。十歳の私にとって、ピカソの絵と向き合うことは、まさに「体験」というほかないくらいのインパクトだった。

いったい、どのようなインパクトだったかというと、「ものすごく下手くそだ」というイ衝撃。下手くそパンチを思いっきりウアびた気分だった。奥行きのない画面の中に、抽象化された女性の頭部、鳥籠、やはり抽象化された黄色い鳥、卓上にぺたんとくっついたようなオレンジが配置されている。大人になって観ると、エ絶妙な構図、配色、すぐれたバランスの上に成立している絵であるとわかるのだが、子供の目には「奥行きのない絵＝下手くそな絵」と映った。同じ理由で、私は、長らくマティスやルソーの絵も「極めて下手くそ」と決めつけていた。やがてこれら三人の画家たちに対して、私は生涯《しょうがい》、憧《あこが》れと愛情を感じ続けることになったわけなのだが。

私の人生にはかりしれないインパクトを与えたピカソであるが、二十世紀になってまもなく、彼が美術史にその姿を現したとき、いかに衝撃的だっただろうか。

［中略］

一九〇五年から〇七年頃にかけて、(2)ピカソは、自分が次に取り組むべきテーマや手法について探求し続けていた。一九〇五年の「サロン・ドートンヌ（秋の展覧会）」という展覧会で、アンリ・マティスやアンドレ・ドランがあり得ないほど激しい色彩の作品を発表し、評論家から「フォーヴ（野獣）のようだ」と評されて話題になった。ピカソはこれを目にして「色なんて、たいした問題じゃない」と※うそぶいていたらしい。もっと大きな変革を、すべてを超越し、ぶちこわすほどの衝撃を――と、ピカソは考えていた。アートに対する既成概念をひっくり返す、しかもたったの一撃で。そんなふうに考えて、策をオ練り、タイミングを計っていたのかもしれない。(3)まるでボクサーか何かのように。

そして描き上げたのが「アヴィニヨンの娘たち」である。

恐るべき一作だ。何がすごいって、画面に登場している五人の女たちが、まったく美しくないところだ。美しくないどころか、醜《みにく》い化け物のようですらある。左側の女は、それでもまだ「女」であるとわかる。しかし、右へいくほど顔や姿の抽象化が進み、右端のふたりは宇宙人かカカイブツのようだ。当時、女性の裸体像といえば、理想化されて、※崇《すう》拝《はい》されるべき偶像として描かれたものだ。それがこの醜さ。(4)この作品を最初に観た人は、どれほど驚いたことだろう。［Ⅰ］を抜かした、という表現がぴったりだったはずだ。彼の友人たちも「とうとうピカソは頭がおかしくなった」とキ嘆いたらしい。

人々が［Ⅰ］を抜かし、友人たちが離れていく――そんなリスクを負ってでも、しかしピカソはこの一枚を世に送り出した。本作は、【A】こそが新しい「美」の【B】であると信じた画家の【C】であり、その後の二十世紀美術をクミチビくマニフェストとなった。

結果、この一枚の絵で、美術史はケヌり替えられた。世界は変わった。私たちはピカソを「体験」することになった。

本作をみつめれば、俺こそが「絶対」なのだ、という画家のコサケびが聞こえてくる。そういう一枚の絵、いや、画期的な事件なのだ。

（原田マハ「いちまいの絵」より）

※うそぶく　偉そうに大きなことを言う。
※崇拝　心から深くひかれて夢中になること。

問一、――線部アからコのうち漢字はひらがなに、カタカナは漢字に改めて書きなさい。

ア（　）イ（　）ウ（　）エ（　）オ（　）
カ（　）キ（　）ク（　）ケ（　）コ（　）

問二、══線部(1)「私はアートとこんなにも深く付き合うことはなかっただろう」とあるが、筆者はアートと付き合うことはどのようなことであると考えているか。本文中から十五字で抜き出し、答えなさい。

［　　　　　　　　　　　　　　　］

問三、══線部(2)「ピカソは、自分が次に取り組むべきテーマや手法について探求し続けていた」とあるが、ピカソが挑戦しようと考えていたのはどのようなことか。「～こと。」に続く形で本文中から十八字で抜き出し、答えなさい。

［　　　　　　　　　　　　　　］こと。

問四、――線部⑶「まるでボクサーか何かのように」とあるが、ここに使われている表現技法を答えなさい。（　　　）

問五、――線部⑷「この作品を最初に観た人は、どれほど驚いたことだろう」とあるが、ピカソの作品はそれまでの作品とはどのような点で異なっていたか。本文中の語句を用いて説明しなさい。

（　　　　　　　　　　　　　　　　）

問六、［Ｉ］にあてはまる体の一部を表す漢字を一字で答えなさい。（　　）

問七、【Ａ】【Ｂ】【Ｃ】にあてはまる語句として最も適当なものを、それぞれあとのアからエより選び、記号で答えなさい。

Ａ（　　）Ｂ（　　）Ｃ（　　）

ア、定義　イ、個性　ウ、挑戦　エ、未来

3 次の文章を読んで、あとの問いに答えなさい。（神戸弘陵学園高）

①表が明るくなったら朝、というわけではない。

雨の日もあるとか、白夜がつづく地域もあるとかいった意味ではなく、生活時間帯の問題だ。当然ながら夜間に働くひともいて、そのかたたちにとっては午後八時だろうと、「これから一日がはじまるので朝」なはずだ。

かく言う私も、家で一人で仕事をしているため、しょっちゅう昼夜が逆転する。気が向くとベッドに入り、仕事が忙しくないときはそのまま十四時間ぐらい眠るので、生活時間帯がまったく安定しない。年中、時差ボケ状態だ。ちなみに私は飛行機が苦手なので、海外旅行はできない。その代わり、自宅でいつでも海外気分。いえーい。ポジティブシンキング。

そうは言ってもやはり、気力体力ともに充実し、仕事がはかどるのは、朝型生活の周期に入ったときだ。だったら一年じゅう朝型生活になるよう努めればいいのでは、と自分でも思うのだが、ついつい欲望のおもむくままに寝起きしてしまうため、時差ボケ状態から脱しきれないのだった。

名実ともに朝に起きるときは、まずはだいたい、植物のご機嫌をうかがう。私は室内とベランダで複数の鉢植えを育てており、②かれらに「おはよう！」と話しかけながら水や肥料をやったり、傷んだ葉っぱを取り除いたりする。なんの反応も返ってこないとわかってはいるのだが、ほかに生き物がいないので、しかたなく植物に挨拶しているのである。家主の私に許可なく、いつのまにか棲みついているクモが視界の端をよぎるときもあるが、さすがにクモにまで挨拶したらなんとなく負けのような気がするから無視だ。

植物のお相手が一段落したら、テレビで朝のニュースや情報番組を見ながらご飯のＡシタクをする。焼き鮭と納豆とワカメのみそ汁、目玉焼きとウインナーとレタスサラダ、といった比較的ちゃんとした朝食メニューを作るときもあるが、朝からカツ丼とかパスタ大盛りといった日も多い。だから太……、なんでもない。二十代半ばぐらいまでは、どちらかというと胃腸が弱く、朝は消化にいいものを食べていたのだが、なぜかどんどん頑健さに磨きがかかり、いまや朝から焼肉でもどんと来いな体になった。反比例して体力は低下しているので、太りが止まら……、なんでもない。

ガツガツと腹を満たして一息つくころ、小学校の登校時間になる。

③拙宅の隣には小学校があり、チビッコたちが川の流れのように道を行く姿が窓から見えるのだ。私はかれらを観察するのを楽しみとしている。

低学年の子は、なぜか縁石のうえを歩きたがるＢケイコウにある。両腕を広げてバランスを取りながら、慎重に進んでいる。まるで、縁石から落ちること、すなわち崖下への転落である、と言わんばかりに。そういえば私も子どものころ、「危険な崖の細い道だ」と空想しながら、縁石のみならずブロック塀のうえも歩いていたな、となつかしく思い出す。

　しゃがんで道端の植え込みの根もとを覗きこんでいる子も散見される。枝きれでなにかをつついたり、石ころを蹴っている子もいる。かれらの脳内からは、もはや「登校」という文字はきれいさっぱり抜け落ちているようで、「はわわ、遅刻しちゃうよ」と気が揉める。案の定、学校のチャイムが鳴りはじめてようやく、かれらは夢から覚めたようにハッとして、校門に向けて猛ダッシュするのだった。自由C奔放なる魂が好ましい。

　こうしてチビッコたちの様子から活力をもらい、一日の仕事をはじめる。

　□私は、夜型生活の周期もわりと好きだ。多くのひとは日のあるうちに活動するから、お店の営業時間や交通機関の時刻表もそれに基づいて設定されている。しかし深夜、パソコンに向かっていると、遠くでトラックや新聞配達のバイクが走る音が聞こえる。少数派かもしれないが、夜に活動するひとたちの気配。④それを感じるたび、世の中は決してD画一的にはできていないのだと思えて、なんとなく勇気づけられる気がするのだ。

　夜型生活のときは、登校するチビッコたちのざわめきを聞きながら、「おやすみなさい」とベッドで目を閉じる。明るい光がまぶたを射すが、食欲だけでなく睡眠欲もひとかどのものなので、なにも問題はない。

　朝に眠る暮らしがあってもいい。ひとそれぞれ、いろんな事情やEツゴウを抱えつつ、各人のリズムで毎日を生きている。そういう人々を乗せて、地球は淡々と回転している。

　「朝が来たから全員起きろ」と命令されたら、反抗してふて寝するひとが絶対に出てくるだろう。人間は多種多様なリズムや考えかたや思いを持った自由な生き物なのだと感じられるから、朝に目覚める日も朝に眠る日も味わい深い。

（三浦《みうら》しをん「目覚めたときが朝」より）

問一　══線部A「シタク」、B「ケイコウ」、C「奔放」、D「画一的」、E「ツゴウ」の漢字は読みをひらがなで答え、カタカナは漢字に改めて答えなさい。

A（　　）B（　　）C（　　）D（　　）E（　　）

問二　文中の□にあてはまる接続語を、次のア～エから一つ選び、記号で答えなさい。（　　）

ア　けれど　イ　もっとも　ウ　もちろん　エ　たとえば

問三　――線部①「表が明るくなったら朝、というわけではない」とありますが、作者の考える朝とはどういうものですか。本文中の語句を用いて二十字以内で答えなさい。

問四　――線部②「かれら」とは何を指しますか。本文中から五字程度で抜き出して答えなさい。

問五　――線部③「拙宅」のような表現方法を何といいますか。次のア～エから一つ選び、記号で答えなさい。（　　）

ア　比喩表現　イ　謙譲表現　ウ　倒置法　エ　対句表現

問六　――線部④「それ」とは何を指しますか。本文中から十五字以内で抜き出して答えなさい。

問七　筆者の好む生活とはどのようなものですか。簡潔に答えなさい。

（　　　　）

4 次の文章を読んで、後の問いに答えよ。（宣真高）

先日、電車で立ったまま本をバッグから出して読もうとしましたら、前の席に座っていた青年がⅠスッと立ち上がりました。①どうぞと言われ、大丈夫ですよと遠慮したのですが、「座って読まれた方が楽ですよ」とⅡニコニコされたので、思わず座ってしまいました。申し訳なく思いながら、とてもよい気持ちにもなっていました。大学生でしょうか。このような若者がこれからすてきな社会をつくってくれるのだろうなというa期タイも生まれました。私の方が先に降りましたので彼に席をお返しして、浮き浮きしながらb家ジについたのでした。実はグレーヘア※1にしてから、②このような体験が増えました。

そこで、③老いをマイナスとしてばかり捉えるのでなく、なかなか面白いところもあると思っている気持ちを語ってみたくなりました。それだけでなく、私の場合、生きているってどういうことだろうという問いに正面から向き合い、甲④それを小さな生きものたちが生きている姿に学ぶという生命誌の研究を続けてきましたので、そこから生まれる思いを語りたい気持ちもあります。

⑤それは、人間を生きものとして見るということです。他の生きものを見るのと同じように。そうすると、生まれる、育つ、成熟する、老いる、死ぬという⑥自分の一生をちょっと離れたところから見ることができるようになるのです。私はたまたまこのようなcブン野の勉強をしたのですが、年を重ねるにつれて、生きものとしての自分を外から見る気持ちになれるのは面白いなと思うようになりました。【1】

そこで、ちょっと⑦おせっかいかなとは思いながらも、こんな見方をすると生きやすくなるような気がしますとお話ししたくなりました。⑧心が広がることは確かですので、Ａをお貸し下さい。【2】

思いついた言葉を並べましたのでまとまりはありませんが、底には、「⑨老いる」ということを生きることの一場面として捉え、年齢を重ねたがゆえに得られたことを大事にしたいという気持ちが流れています。小さなことを大切にていねいに生きていけば、どんな年齢にもその年齢なりのよさ、楽しさがあるのではないでしょうか。【3】

この気持ちを「愛《め》づる」※2という言葉に託《たく》すことにしました。「蟲《むし》愛づる姫君」というお話があります。今から一〇〇〇年も前の平安時代、京都に住むお姫様ですが、ちょっと周囲の人とは違うことをおっしゃるのです。「d世ケンではよく蝶《ちょう》をきれいというけれど、あれははかないものでしょう。もっと本質を見なければ」。実はお姫様のお気に入りは毛虫で「考え深そうな感じでいい」と言いながらeカン察なさいます。乙毛虫が美しい蝶になることがわかり、この小さな虫にこそ生きる⑩本質があるということになり、愛づる気持ちが生まれました。私はこのお姫様が大好きです。【4】

見かけはきれいとは言えない毛虫をよく見つめたら、いっしょうけんめい生きている姿がすばらしいことに気づいた「蟲愛づる姫君」のお話に倣《なら》って「老い」も見かけは決して美しくないかもしれないけれど、長い間いっしょうけんめい生きてきてこうなったのですから、よく見るとすてきなものなのではないかしらと思うのです。

（中村桂子「老いを愛づる　生命誌からのメッセージ」より）

【語注】

※1　グレーヘア（白髪を染めず、白髪交じりの髪色や髪質を活かしたヘアスタイルのこと）

※2　愛づる（心がひかれる、感じ入る、好きになる、気に入る）

問一　波線部a「期タイ」・b「家ジ」・c「ブン野」・d「世ケン」・e「カ

ン察」のカタカナ部分と同じ漢字を用いるものを、後の選択肢からそれぞれ一つずつ選び、ア～ウの記号で答えよ。

a　期タイ（　　）

ア　学習タイ度が良い　　イ　タイ機場所を示す

ウ　タイ戦相手を調べる

b　家ジ（　　）

ア　旅ジを急ぐ　　イ　成績を誇ジする

ウ　筆記用具をジ参する

c　ブン野（　　）

ア　昆虫のブン類は難しい　　イ　彼は長ブン読解が得意だ

ウ　新ブン記事を読む

d　世ケン（　　）

ア　国際カン係を学ぶ　　イ　カン便な商品を選ぶ

ウ　適度にカン隔を空ける

e　カン察（　　）

ア　美術品をカン定する　　イ　お寺を拝カンする

ウ　カン迎会を開く

問二　空欄［甲］・［乙］に当てはまる語として適当なものを、次の選択肢からそれぞれ一つずつ選び、ア～エの記号で答えよ。

甲（　　）乙（　　）

ア　あえて　　イ　すると

ウ　しかも　　エ　または

問三　空欄［A］に当てはまる語として適当なものを、次の選択肢から一つ選び、ア～エの記号で答えよ。（　　）

ア　口　　イ　手　　ウ　顔　　エ　耳

問四　二重線部Ⅰ「スッと」・Ⅱ「ニコニコ」に共通して用いられている表現技法を、次の選択肢から選び、ア～エの記号で答えよ。（　　）

ア　擬音（擬声）語　　イ　擬態語

ウ　直喩（明喩）　　エ　擬人法

問五　傍線部①について、「どうぞ」の後に省略された言葉について最も適当なものを次の選択肢から選び、ア～ウの記号で答えよ。（　　）

ア　お好きな本を選んでください

イ　遠慮なく降車してください

ウ　私の座席にお座りください

問六　傍線部②「このような体験」の内容を説明した次の選択肢から、最も適当なものを選び、ア～エの記号で答えよ。（　　）

ア　公共の場で、若者が高齢者に親切にする様子を目にする機会が増えたこと。

イ　年老いてからというもの、電車の中で立っていることが辛くなったこと。

ウ　年齢相応に見た目を変えてから、周囲に迷惑をかける機会が増えたこと。

エ　年齢相応に見た目を変えてから、若者に親切にされる機会が増えたこと。

問七　傍線部③について、筆者の考える老いの「マイナス」の面を次の選択肢から一つ選び、ア～エの記号で答えよ。（　　）

ア　大学生から席をゆずられること

イ　見かけは決して美しくないかもしれないこと

ウ　思いついた言葉を並べ、まとまりがないこと

エ　ちょっと周囲の人とは違うこと

問八　傍線部④「それ」・⑤「それ」が指す内容について、それぞれ最も適当なものを次の選択肢から一つずつ選び、ア～ウの記号で答えよ。

④（　　）⑤（　　）

④ア　生きているとはどういうことかという問い
イ　老いの持つマイナス面の面白さを語りたい気持ち
ウ　若者がこれからつくってくれるすてきな社会

⑤ア　グレーヘアにしてから続いた体験
イ　正面から向き合った小さな生き物
ウ　生命誌の研究から生じた思い

問九　傍線部⑥「自分の一生をちょっと離れたところから見る」の内容を言い換えた箇所を本文中から八字で抜き出して答えよ。

問十　傍線部⑦「おせっかい」の本文中での意味として最も適当なものを、次の選択肢から選び、ア～エの記号で答えよ。（　　）

ア　役に立つお手伝い
イ　効果的なアドバイス
ウ　余計な口出し
エ　嫌味な悪口

問十一　傍線部⑧「心が広がる」とはどのような意味か。次の選択肢から最も適当なものを一つ選び、ア～エの記号で答えよ。（　　）

ア　「老い」についての自分の認識が、以前よりも柔軟になること
イ　「老い」についての周囲の認識が、理解できるようになること
ウ　「生きもの」についての考え方が、以前よりも頑固になること
エ　「生きもの」についての興味を、すっかり失ってしまうこと

問十二　傍線部⑨「老いる」という言葉を筆者はどのように捉えているか。次の選択肢から最も適当なものを選び、ア～エの記号で答えよ。

（　　）

ア　年齢を重ねるほどにその年齢に応じたよさ、楽しさがあるもの
イ　年齢を重ねれば重ねるほどに死に近づくというはかないもの
ウ　若い頃に感じていた楽しさを感じられなくなるつまらないもの
エ　年齢を重ねれば重ねるほど人の好意に鈍感になる冷たいもの

問十三　傍線部⑩「本質」について、筆者と「蟲愛づる姫君」に共通する考えである「生きものの本質」とは何か。本文中より二十三字で抜き出し、**初めと終わりの三字**を答えよ。　～

問十四　次の一段落は、本文中から抜き出したものである。どこに戻すのが適当か。本文中の【1】～【4】から選び、1～4の数字を答えよ。

（　　）

とはいえ、私の生き方にそれほど自信があるわけではありませんので、私がいいなと思う生き方をしている人がチラッともらした言葉をお借りすることにしました。いいなと思う人は、さまざまです。なぜか、『男はつらいよ』のフーテンの寅さんや、『北の国から』の黒板五郎さんのような生き方に憧れます。アフガニスタンで医療や給水事業をなさった中村哲医師のようなすばらしい生き方には、もちろん教えられます。先を歩いていらっしゃる女性ですてきだなと憧れる方として、染織の「人間国宝」である志村ふくみさん、水俣病を見つめてみごとな言葉で語る石牟礼道子さんなどたくさんの方が頭に浮かびます。

★★ 発展問題 ★★

1 次の文章を読んで問に答えなさい。ただし、出題の都合上、一部改変しているところがあります。（関西学院高）

日ごろはあまり意識しないが、A人はつねに二つの時空を生きている。だが、日常の生活ではその差を明確に感じることはなかなかできない。しかし、人生の試練に遭遇するとき、世が「時間」と呼ぶものとはまったく姿を異にする「時」という世界があることを、ある痛みとともに知るのである。

B時間は過ぎ行くが、「時」はけっして過ぎ行かない。時間は社会的なものだが、「時」は、どこまでも個的なもの、そして二つとない固有なものだ。時間で計られる昨日は過ぎ去った日々のことだが、「時」の世界においてはあらゆることが今の姿をしてよみがえってくる。

東日本大震災から六年が経過した。こうした時間的な事実とはまったく別なところで、個々の人間はそれぞれの「時」の真実を生きている。愛する人、愛する場所、愛するものを失った悲しみはいつも「時」の世界で起こっている。

時間的な記憶は、さまざまな要因で①ウスれることがあるかもしれない。だが、「時」の記憶はけっして消えることがない。誤解を恐れずに言えば、私たちの意識がそれを忘れても、②タマシイはそれを忘れない。

時間がたてば悲しみは癒えるのではないかと人はいう。それは表向きの現象に過ぎない。悲しみは癒えるのではなく、深まるのである。傍目《はため》には悲しんでいないかのように見えるほど、悲痛の経験は私たちの心を掘る。

「かなしみ」は「悲しみ」と書くほかに「哀《かな》しみ」と書く。悲しみという言葉は、悲痛という言葉があるようにときに私たちの胸をつんざくような経験を指す。一方、哀しみは、哀憐《あいれん》という表現があるようにC他者への深い憐《あわ》れみの源泉になる。

悲しみは、私たちの心のなかで、いつしか一つの種となり、それが静かに花開いたとき、他者の悲しみを感じ得る哀しみになる。ある日、おそいかかるように起こった悲しみの経験が、容易に理解し得ない他者を感じとる窓になっていく。

他者の悲しみを感じ取るのは、悲しみを生き、哀しみの花を内に③ヒめている人だろう。私はこの六年間に、被災地で幾人もそうした人々に出会ったように思う。彼らは他者に同情するのではない。ただ、哀しみによって共振する。世に同じ悲しみなど存在しない。だが、異なる悲しみだからこそ、共鳴し、そこに常ならぬ調べを生むのである。

憐れみと同情は似て非なるもの、というよりはむしろ対極にあるもののように思われる。同情するとき、私たちはしばしば他者に励ましの言葉をかける。同情は、心ない言葉によって表現され、人を傷つけることが少なくない。

だが、真に憐れみを感じるとき人は、それを沈黙のうちに表し、相手もそれを沈黙のうちに受け取っている。

昔の人は「悲し」や「哀し」とだけでなく、「愛し」、「美し」と書いても「かなし」と読んだ。私たちが何かをうしなって悲しむのは、それを愛《いと》しいと感じているからだ、というのだろう。

人は何かをうしなうまで、自分が相手を愛しいと感じているのを自覚できないことがある。別な言い方をすれば、人は、何かとの別れを経験することによって自分がその失われたものを愛していたことを知る。「かなし」の世界を歌ったのは古人だけではない。宮沢賢治は「白い鳥」と題する詩で「かなしみ」の光景を歌い上げた。

《二疋《ひき》の大きな白い鳥が／鋭くかなしく啼《な》きかはしながら／しめつた朝の日光を飛んでゐる／それはわたくしのいもうとだ／死んだわたくしのいもうとだ／兄が来たのであんなにかなしく啼いてゐる／（それは一応はまちがひだけれども／まつたくまちがひとは言はれない）》

ここで賢治が、「かなしい」と、あえてひらがなで書いているのは、「悲しい」と書き記すだけでは終わらないおもいが、彼のなかにあるからなのだろう。

鳥の姿を見て、亡き妹を強く感じるとき、彼の全身を「哀しみ」の情感が④ツラヌく。賢治は鳥の姿とその鳴き声に無上に美しい何ものかを感じている。こうした出来事が彼の心を打ち破って、私たちの心をゆさぶる哀しみの歌になったのではなかったか。

また、「D一応はまちがひだけれども／まつたくまちがひとは言はれない」と賢治はいう。亡き者は「生きている」。それだけでなく、こちらの姿を眺めていると感じている。

だが、そんな自分の認識が、世の常識に照らしてみれば妄想に過ぎないといわれることも賢治はよく分かっている。それは事実とはいえないのだろう。しかし愛する亡きものが鳥となり、その声に「愛しみ」のおもいを聞くという実感は、打ち消しようのない私の真実なのだ、というのである。私たちもまた、それぞれの真実をどこまでも愛しんでよいのではあるまいか。

人はしばしば、別れなき生活を望む。しかしそこにあるのは、真の出会いなき人生かもしれない。出会いが、確実にもたらすものは別れである。むしろ、出会いだけが、別れをもたらし得る。出会いとは、別れの始まりの⑤イミョウなのである。

離別という悲痛の経験は、誰かと出会うことがなければ生まれない。誰かを愛することがなければ、別れと呼ぶべき出来事は、起こらない。別れとはけっして消えることのない新しき*1邂逅《かいこう》の合図なのではないだろうか。

（若松英輔「それぞれのかなしみ」〈日本文藝家協会編「ベストエッセイ2018」所収〉より）

*1　邂逅――出会い。

問一　＝＝線部①～⑤のカタカナを漢字になおしなさい。

①（　　れる）②（　　）③（　　めて）④（　　く）⑤（　　）

問二　波線部Aについて、「二つの時空」とはそれぞれどのようなものか説明しなさい。

（　　）

問三　波線部Bについて、なぜ「時」は過ぎ行かないのか、説明しなさい。

（　　）

問四　波線部Cの「他者への深い憐れみ」について、筆者はこれをどのようなものと考えているのか説明しなさい。

（　　）

問五　波線部Dについて、どのような点で「まったくまちがひとは言はれない」のか説明しなさい。

（　　）

問六　宮沢賢治はひらがなの「かなしい」にどのような思いを込めたと考えられるか、説明しなさい。

（　　）

2 次の文章は、水俣《みなまた》病（チッソを原因企業とする公害病）に取材した著作のある石牟礼道子《いしむれみちこ》に関する文章である。これを読んで、後の問いに答えよ。解答に字数制限のある場合、句読点などの記号も字数に数える。　（灘高）

石牟礼さんの著作を私がちゃんと読むようになったのは、ここ数年のことだ。それまでは、昔買った何冊かの本を、ときどき本棚から引き抜いてはおっかなびっくり目を通し、また戻すことを繰り返していた。

石牟礼さんの文章からは、私が読んできたどんな作家とも違う、異世界からの声が響いていて、引きずり込まれるようで怖かったのだ。ではなぜ、石牟礼作品をつぶさに読むようになったのか。

取材をして書く、というのが私の仕事だが、文章にするとき、1多くのことをふるい落とす。語ってもらった言葉も、そのときの表情も、訪れた土地の風景も、最終的に文章となって残るのはほんのわずかである。

二十年近く書いてきて、昔の取材ノートを見返すと、原稿にしなかったことの多くを忘れてしまっていることに気づいて愕然《がくぜん》とする。「書かなかったこと」を、いつのまにか「なかったこと」にしているのだ。それらは、取材という名目のもとに、与えてもらい、あるいは奪ってきたもので、もともと自分のものではなかったのに。

2ばらばらに存在する出来事や言葉や風景を結んで星座をつくるのが、ものを書くということだと思ってきた。すっきりと美しいかたちの星座にするためには、不要な要素を間引かなくてはならない。だが、そうやって捨ててきたものが、あるときから急に押し寄せてきて、思うように原稿が書けなくなった。石牟礼さんの著作を少しずつ読み直すようになったのはその頃からだ。

受け止め、背負い、何も捨てずに書き尽くす覚悟が、石牟礼さんの文章からは感じられた。それは命を削る行為だが、石牟礼さんは生きのびて書き続けた。どうして、そんなことができたのだろう。

生前に会うことは叶《かな》わなかったが、石牟礼さんを育み、石牟礼さんがそこで闘った土地を踏むことで、私も彼女の文学に近づきたいと思った。

奥田《おくだ》夫妻が暮らすのは、一九八六年に石牟礼さんの夫の弘《ひろし》さんが水俣川の河口に近い白浜町《しらはまちょう》に建てた家だ。

石牟礼さんは一九七〇年から熊本市内に仕事場を設け、亡くなるまで執筆は熊本で行った。生活の場も、次第に熊本に移っていく。

奥田順平《じゅんぺい》さんがカライモブックス発行のフリーペーパー「唐芋通信《からいもつうしん》」に書いた文章の中に〈（道子さんは）水俣にいたかった。だけど、水俣では書けなかった。〉という一節がある。

石牟礼さんが身を投じた水俣病闘争は、長くチッソに依存してきた水俣市にとって市の根幹をゆるがす問題で、住民の多くがチッソを擁護する立場に立った。患者とそれ以外の住民は対立関係となり、患者側に立った石牟礼さんは、水俣で仕事をすることができなくなったのだ。

3それは現在まで尾を引いている。水俣を訪れて驚いたのは、石牟礼道子という作家の存在がほぼ消されていることだった。駅などに置かれた水俣市のパンフレットには、水俣ゆかりの人として、徳富蘇峰《とくとみそほう》・蘆花《ろか》、高群逸枝《たかむれいつえ》、淵上毛錢《ふちがみもうせん》、江口寿史《えぐちひさし》が載っているが、石牟礼道子の名前はない。水俣駅が新しくなったときに作られた石牟礼さんを紹介するコーナーは、数日もたたないうちに撤去されたと聞いた。

後半生を実質的に熊本市で暮らした石牟礼さんだったが、白浜町の家にしばしば帰り、料理をした。『食べごしらえ　おままごと』という美しい本が石牟礼さんにはあるが、ここに載っている料理はこの家の台所で作り、撮影されたものだ。

同じその台所で、順平さんが鱧《はも》の天ぷらを揚げてくれた。びっくりするほど沢山の鱧を持ってきてくれたのは、もともとは水俣病の患者支援のためにこの地にやってきて、その後、漁師になったという人だ。

不知火海《しらぬいかい》でとれる鱧の量は全国でも有数で、おもに京都に送られるそうだ。だが水俣産だと知って食べている人はほとんどいない。積極的に明かされることはないからだ。

4水俣という地名はいまも負のイメージを背負っている。水俣出身だというと差別を受けることもあるという話を今回の旅で何度か耳にした。水俣駅の近くでは「水俣病は差別用語　メチル水銀中毒症へ病名改正を求めます」と書かれた看板を見た。

水俣病を大ごとにしてほしくないという人たちの思いには、こうした事情もある。その痛みを十二分にわかりながら、石牟礼さんは、患者のために闘ったのである。

米本浩二《よねもとこうじ》さんの『水俣病闘争史』に、晩年の石牟礼さんが、病気（パーキンソン病）になってよかったと思っていた、と話す場面がある。

「病気になったから、これでもう、すっかり忘れていいのだ、と思っていました。」と石牟礼さん。忘れて楽になりたかったのは、住民を分断した水俣病闘争のことだった。それぞれの立場にそれぞれの事情があり、苦しみがあった。あれほどの闘いを繰り広げながら、自分たちだけが正義だとは石牟礼さんは思っていなかったのだ。

このときの石牟礼さんは、夢うつつの中で、チッソの島田《しまだ》社長がやってくる幻を見ている。島田社長は、患者側に譲歩したとして会社から批判された人物だ。苦しい病を得ても、石牟礼さんはかつての闘争を忘れることはできなかった。

水俣は複雑な土地である。その複雑さを引き受けることは、自身が引き裂かれることだった。5引き裂かれつつ書き続けたのが、石牟礼道子という人だった。

（梯《かけはし》　久美子《くみこ》「水俣、石牟礼さんへの旅」より）

問一　傍線部1「多くのことをふるい落とす」とあるが、ここではどういうことを表しているのか、答えよ。

（　　　　）

問二　傍線部2「ばらばらに存在する出来事や言葉や風景を結んで星座をつくる」とあるが、ここではどういうことを表しているのか、答えよ。

（　　　　）

問三　傍線部3について、次のA・Bの問いに答えよ。

A　「現在まで尾を引いている」とはどのようなことか、答えよ。

（　　　　）

B　Aで答えた事態になったのはなぜか。理由を答えよ。

（　　　　）

問四　傍線部4「水俣という地名はいまも負のイメージを背負っている」とあるが、どういうことか、答えよ。

（　　　　）

問五　傍線部5「引き裂かれつつ書き続けた」とあるが、どういうことか。本文全体の内容を踏まえて答えよ。

（　　　　）

六　韻文の鑑賞

(1)　詩・短歌・俳句

1　次の詩を読んで、後の問いに答えなさい。（箕面学園高）

余分な場所　　黒田三郎

大きな娘がごはんを残す
小さなむすこもごはんを残す
「美容食かい」
①ぼくは自分の茶わんにそれを移す

包装紙やひも類を
妻は大事に引出しにしまう
ぼくは引出しをあけて
その②半分をごみ箱にすてる

一粒のお米ももったいないといって
ぼくは育ったけれど
今ではどんなものでも
あまってじゃまになる

［A］必要だったものも
今では押入れからはみ出し
へやからあふれだし
そして③余分な場所はない

どこにも余分な場所はない
娘やむすこや妻や
そしてぼくの心のなかに
ちょっぴり④余分な場所がほしい

問一　この詩の形式を次のア～エから選んで記号で答えなさい。（　　）
ア　口語自由詩　　イ　口語定型詩
ウ　文語自由詩　　エ　文語定型詩

問二　――部①に込められた「ぼく」の気持ちを詩中より六字で書き抜いて答えなさい。［　　　　　　］

問三　――部②について、「すてる」理由について適当なものを次のア～エから選んで記号で答えなさい。（　　）
ア　昔から物にこだわらないから。
イ　妻が大切にしまっているから。
ウ　傷んで使うことができないから。
エ　あぶれて必要でなくなるから。

問四　［A］に入る語として適当なものを次のア～エから選んで記号で答えなさい。（　　）
ア　いつも　　イ　かつて　　ウ　きっと　　エ　とにかく

問五　――部③はどのようなことを表現しているか、次のア～エから選んで記号で答えなさい。（　　）
ア　生活が豊かになり、ものがありすぎている。
イ　ものを大事にせず、何でも使い捨てにする。

ウ　ものの大事さがわからず、もてあましている。
エ　何が大事かを考えすぎて、混乱している。

問六　＝＝部④はどのようなことを表現しているか、次のア～エから選んで記号で答えなさい。（　　）
ア　家族に対して、ものを大事にする心がけを求めている。
イ　ものを整理して、新しいものが置ける場所を求めている。
ウ　様々なことに考え悩み、心のゆとりを求めている。
エ　何でもかんでも捨ててしまう考えを誰かに認めてもらうことを求めている。

2　次の詩を読んで、あとの問いに答えなさい。（日ノ本学園高）

『くらし』　石垣りん

食わずには生きてゆけない。
メシを
野菜を
肉を
空気を
光を
水を
親を
きょうだいを
師を
金もこころも
［A］生きてこれなかった。
ふくれた腹をかかえ
口をぬぐえば
台所に散らばっている
①にんじんのしっぽ
鳥の骨
父のはらわた
②四十の日暮れ
私の目にはじめて③あふれる獣の涙。

問一　［A］に入ることばを五字以内で抜き出して書きなさい。□□□□□

問二　この詩の形式を漢字五字で書きなさい。□□□□□

問三　傍線部①の表現技法を解答欄に合うように漢字二字で書きなさい。□□法

問四　傍線部②について、『論語』が由来の四十歳の異称を、次のア～カから一つ選んで、その符号を書きなさい。（　　）
ア　志学　イ　而立　ウ　不惑
エ　知命　オ　耳順　カ　従心

問五　傍線部③はどのような涙か、最も適切なものを、次のア～エから一つ選んで、その符号を書きなさい。（　　）
ア　つらくて悲しいことばかりの現実から逃れたいという私の涙。
イ　あらゆるものを犠牲にして生きてきたことに改めて気づいた私の涙。
ウ　何事にも無関心で孤立している世界に居心地の悪さを感じる私の涙。
エ　成長していく姿を父にみてもらうことのできない悔しさの私の涙。

3　次の【会話文】は金子《かね こ》みすゞ（ず）の詩についてグループで話し合っている場面である。【詩Ⅰ】・【詩Ⅱ】、【会話文】を読んで、あとの問いに答えなさい。

（兵庫県）

【詩Ⅰ】

御本

さびしいときは、父さんの、
お留守の部屋で、本棚の、
御本の背《せな》の金文字を、
ぢつと眺めて立つてるの。

ときにや、こつそり背のびして、
重たい御本をぬき出して、
人形のやうに、抱つこして、
明るいお縁へ出てゆくの。

なかは横文字ばかしなの、
カナはひとつもないけれど、
もやうみたいで、きれいなの。
それに、［X］。

しろい、頁《ペイジ》をくりながら、
そこにかかれたお噺《はなし》を、
つぎからつぎへとこさへるの。

若葉のかげの文字にさす、
［Y］のお縁で父さんの、
大きな御本よむことが、
私ほんとに好きなのよ。

【詩Ⅱ】

独楽《こま》の実

赤くて小《ち》さい独楽の実よ
あまくて渋いこまの実よ。

お掌《てて》の上でこまの実を
ひとつ廻《まは》しちやひとつ食べ
みんななくなりやまた探す。

［Z］、草山に
赤いその実はかず知れず
茨のかげにのぞいてて、

［Z］、草山で
独楽を廻せば日も闌《た》ける。

【会話文】

生徒A　【詩Ⅰ】は、読書の楽しさを表現した詩ではないかな。ただ本を読むだけでなく、視覚や嗅覚など身体で本を感じているところもおもしろいね。語り手である「私」の、本が好きだという気持ちが強く伝わってくる詩だね。

生徒B　「ほんとに好きなのよ」とあるように、語り手は本が好きなんだね。でも、この詩の語り手は、「［①］」のことを「ややうみたい」と言っているくらいだから、〝読書〟はしていないと思うよ。

生徒C　そうか。「お噺」を「こさへる」とあるので、〝本を見て想像の世界を作り上げている〟という感じだね。

生徒D　私は【詩Ⅰ】を読んで、幼い頃一人で留守番をしたときの寂しさを思い出したよ。詩の冒頭に「さびしいときは」とあるように、寂しさを紛らわせるために、読めない本で遊んでいたんじゃないかな。

生徒B　【詩Ⅰ】では、「父さん」の「お留守の部屋で」、「父さん」の「大きな御本」とあるように、本なら何でもいいのではなく、語り手にとって「父さん」の「部屋」で、「父さん」の「御本」を手に取ることに意味があったのかもしれないね。

生徒A　なるほど。「［②］」扱っているから、本を大切なものだと捉えていることがわかるけど、これも「父さん」の「御本」だからなんだね。本で寂しさを癒やしていたということか。

生徒C　「明るいお縁」とあるように、光が差し込む情景がよまれているということは、語り手は寂しさから解放されたんだよ。

生徒D　そうかな。〔【詩Ⅱ】を示しながら〕この詩を見てよ。これは、同じ作者の「独楽の実」という詩なんだ。時間がたつのを忘れて「独楽の実」に夢中になる様子からは、一人遊びの楽しさが伝わってくるけど、同時に寂しさを感じる詩でもあると思う。寂しいということばは一つもないのに語り手の寂しさが伝わってくるのが不思議だね。

生徒B　きっと、「［③］」の繰り返しが何とも言えない寂しさを感じさせているんだね。

生徒C　そうか、使われていることばが、そのままの意味を表しているとは限らないんだね。そう考えると、Bさんが指摘した繰り返しの部分が、逆接表現であることも効果を生んでいるのかもしれないね。

生徒A　つまり、【詩Ⅱ】からは、「独楽の実」に夢中になって遊ぶ楽しさの中に一人遊びの寂しさが、それと同じように、【詩Ⅰ】からは、本にふれる楽しさの中に「父さん」と遊べない寂しさが、それぞれ感じられるということだ。この二つの詩の共通点は〈心の奥に隠された寂しさを表現している〉ということだね。

生徒D　なるほど。それともう一つ共通点があるよ。二つの詩は、ともに七音と五音のことばの繰り返しが印象的だよね。声に出して読んでみたらわかるけど、軽快なリズムで詩の世界にすんなり入っていけると思うよ。

生徒C　そうか。だから、金子みすゞさんの詩は童謡になっているものが多いんだね。

問一　【詩Ⅰ】の空欄Yに入ることばとして適切なものを、次のア〜エから一つ選んで、その符号を書きなさい。（　　）

ア　二月　　イ　五月

ウ　九月　　エ　十二月

問二　【詩Ⅰ】・【詩Ⅱ】それぞれの特徴として適切なものを、次のア～オから一つずつ選んで、その符号を書きなさい。

詩Ⅰ（　　）　詩Ⅱ（　　）

ア　興味の対象を指すことばを最初の部分で反復し、読者にその対象を印象づける。
イ　詩の後半で対句を効果的に用いて、語り手の心情の高まりを読者に印象づける。
ウ　詩の前半部分に隠喩を用いることで、読者に豊かなイメージを思い描かせる。
エ　語調をやわらげる終助詞を全ての連で用いて、やさしい響きを読者に感じさせる。
オ　連ごとに視点を切り替えることで、読者に奥行きのある情景を思い描かせる。

問三　【会話文】の空欄①、②に入ることばを、それぞれ【詩Ⅰ】から抜き出して書きなさい。ただし、①は二字、②は六字のことばとする。

①□□　②□□□□□□

問四　【会話文】の最初の生徒Aの発言を踏まえると、【詩Ⅰ】の空欄Xにはどのようなことばが入るか。そのことばとして適切なものを、次のア～エから一つ選んで、その符号を書きなさい。（　　）

ア　すべすべしてゐるの　　イ　お歌がきこえるの
ウ　ふしぎな香がするの　　エ　とつてもかはいいの

問五　【詩Ⅱ】の空欄Zと【会話文】の空欄③にはいずれも同じことばが入る。そのことばとして適切なものを、次のア～エから一つ選んで、その符号を書きなさい。（　　）

ア　さびしいけれど　　イ　ひとりぼつちで
ウ　さびしくなんかないから　　エ　ひとりだけれど

問六　【会話文】の内容として最も適切なものを、次のア～エから一つ選んで、その符号を書きなさい。（　　）

ア　生徒Aは、【詩Ⅰ】について、読書を含め本にふれる楽しさを表現した詩であると捉えていたが、生徒Bの意見を聞いて、元の解釈を修正し、最初の発言を撤回した。
イ　【詩Ⅰ】についての生徒Bの発言が、生徒Cや生徒Aに気づきをもたらし、その後の話し合いを通じてグループの【詩Ⅰ】に対する理解が一層深まることとなった。
ウ　生徒Dが、【詩Ⅱ】の語り手は一人遊びで寂しさを紛らわせている、という解釈を示したことにより、生徒Bと生徒Cは【詩Ⅱ】の新しい解釈の可能性に気づいた。
エ　【詩Ⅱ】の表現効果に生徒Cが気づいたことをきっかけに、生徒Dが二つの詩に共通するリズムの特徴に言及したことで、詩を音読する楽しさが話題の中心となった。

4　次の和歌を読んで、後の問いに答えなさい。問題作成に当たって、旧字体や送り仮名等、一部表記を変更しています。（大阪緑涼高）

A　aいにしへの　奈良の都の　八重桜《やへざくら》　けふ九重《ここのへ》に　①匂ひぬるかな　　伊勢大輔

B　秋bちかう　野はなりにけり　白露の　置ける草葉も　色かはりゆく　　紀友則

C　ちはやぶる　神代《かみよ》も聞かず　竜田川《たつたがわ》　からcくれなゐに　②水くくるとは　　在原業平

D　見わたせば　花も紅葉も　なかりけり　浦の苫屋《とまや》の　（X）の夕暮れ　藤原定家

E　田子の浦ゆ　うち出でてみれば　真白《ましろ》にそ　不尽《ふじ》の高嶺に　雪は降りける　山部赤人

【注釈】
神代…神が治めていたという時代。　苫屋…粗末な小屋。
田子の浦…現在の静岡市にある海岸。
不尽…富士山。

問1　傍線部a・b・cの読みを現代仮名遣いで答えなさい。
a（　　）b（　　）c（　　）
a　いにしへ　　b　ちかう　　c　くれなゐ

問2　A〜Eの和歌の中で枕詞が一つ使われている。その枕詞を抜き出しなさい。（　　）

問3　A〜Eの和歌の中で体言止めが用いられている和歌はどれか。最も適当なものを選び、記号で答えなさい。（　　）

問4　Eの和歌は現存する日本最古の和歌集に収められている。その和歌集の名前を漢字で答えなさい。（　　）

問5　傍線部①「匂ひぬるかな」の意味として最も適当なものを次の中から選び、記号で答えなさい。（　　）
ア　よい香りがしているなあ　　イ　色づいてきたことだなあ
ウ　花びらを増やしているなあ　　エ　咲き誇っていることだなあ

問6　傍線部②「水くくる」は「(竜田川の) 水を染めているようだ」という意味だが、何が水の色を染めていると考えられるか。最も適当なものを次の中から選び、記号で答えなさい。（　　）
ア　さくら　　イ　草葉　　ウ　もみじ　　エ　雪

問7　空欄Xに当てはまる最も適当な季節を漢字一字で答えなさい。（　　）

問8　A〜Eの和歌の説明文として最も適当なものはどれか。それぞれ選び、記号で答えなさい。
A（　　）B（　　）C（　　）D（　　）E（　　）
ア　雄大な景色に感動している。
イ　季節の移り変わりを感じている。
ウ　寂しげな景色を詠んでいる。
エ　鮮やかな色彩が感じられる。
オ　桜の美しさを愛でている。

5　次の【和歌】と【会話文Ⅰ】を読んで、後の設問に答えなさい。なお、【会話文Ⅰ】は、生徒A〜Dが、授業の一環で、日本文学史上の有名な人物を演じて会話しています。（須磨学園高）

【和歌】
ア　瀬をはやみ岩にせかるる滝川の　われても末にあはむとぞ思ふ
イ　このたびはぬさもとりあへず手向山　紅葉の錦
ウ　あしひきの山鳥の尾のしだり尾の　ながながし夜をひとりかも寝む
エ　滝の音は絶えて久しくなりぬれど　名こそ流れてなほ聞こえ

【会話文Ⅰ】
A　アの和歌は一見すると普通の風景のようじゃが、恋の情熱が隠されている良い歌じゃな。

B　ほうほう。どうしてでしょうか。

A　[X] じゃよ。

C　なるほど。よくよく考えないと気づけない歌ですね。

D　あら。Cがそういうから他の歌を眺めていると、イの和歌は一部足りてないんじゃないかしら。

B　あ、写す時に間違えました。最後に [Y] を書き足しておきます。あと、よく見るとエの和歌も文字が足りていないので、[Z] を加えておきますね。

D　確かあなたは『ホトトギス』という雑誌を出していたわよね。和歌を写し間違えるなんて不注意にもほどがあるわよ。

B　すみません。体調が悪いもので。

D　体調が悪いなら無理をしないで。そういえば私の本も宮中でよく写されていたらしいけど、きっと違いもあったんでしょうね。

A　Dの作品は日本文学でも最高峰の作品じゃからのう。元皇族で和歌も一流な美男子による恋愛話。確か作品名は、枕……

D　違います。その作品名は聞きたくもありません。

B　相変わらず仲が悪いですね。日記でも悪口を書いていたと聞きました。

D　さあね。そもそも私は道長様の娘の彰子様にお仕えする立場だから、彼女のことはよく存じ上げません。

A　いけませんな。所詮《しょせん》世の中は無常なもの。一時の感情に支配されるようではよろしくない。

C　Aさんは達観していますね。なかなかその境地には至れません。

D　そういえば『徒然草』でもそんな境地のことを書いていたわ。

A　お詳しいですね。とはいえ私としては当然のことを書いているだけだと思っているのですが。

D　作品といえば、Cは私の作品の注釈書を書いたらしいじゃない。

C　気づいていましたか。「もののあはれ」を感じられる良い作品でしたよ。

D　自分の作品が褒められているのは気分が良いものね。

C　話は変わりますが、ウの和歌はどうでしょう。響きが良いですね。

B　同感です。例えが使われており、内容も分かりやすいので良いですね。

A　偶然でしょうか、この和歌とBさんの詠んだ俳句にはつながりがありますね。

B　本当ですね。考えれば意外とあるものです。

D　私たちも本来出会うはずのないつながりができている。なんだか不思議ね。

C　全くです。

問一　【会話文Ⅰ】の [X] に入る発言として最も適当なものを次の中から一つ選び、番号で答えなさい。（　　）

1　川の流れが速く、急流にせかされて流された岩が割れても最後に合流するように、あなたへの愛情が不滅だという意志が読み取れるから

2　川の流れが速く、急流によって割れた岩が砂に形を変えて再びひとつになるように、形が変わってもあなたと一緒にいたいという意志が読み取れるから

3　川の流れが速く、急流が岩を割った後にその破片とともに流れていくように、身分をこえた対象を愛するという意志が読み取れ

るから

4　川の流れが速く、急流が岩によって分かれた後にもう一度合流するように、恋しいあの人と再び会おうという意志が読み取れるから

問二　【会話文Ⅰ】の［Y］に入る発言として最も適当なものを次の中から一つ選び、番号で答えなさい。（　　）

1　逢坂《あふさか》の関　　2　神のまにまに

3　雪は降りつつ　　4　われならなくに

問三　【会話文Ⅰ】の［Z］に入る発言として最も適当なものを次の中から一つ選び、番号で答えなさい。（　　）

1　けら　　2　けり

3　ける　　4　けれ

問四　「つながり」（――線部）とあるが、ウの和歌とBが演じる人物の詠んだ「柿くへば鐘が鳴るなり法隆寺」との共通点として最も適当なものを、次の中から一つ選び、番号で答えなさい。（　　）

1　時代　　2　場所　　3　季節　　4　風景

問五　【会話文Ⅰ】の中で、俗世間から離れて、出家をしている人物を演じている生徒を、次の中から一つ選び、番号で答えなさい。（　　）

1　A　　2　B　　3　C　　4　D

問六　【会話文Ⅰ】の中で、夏目漱石《なつめそうせき》と同時代で親交があった人物を演じている生徒を、次の中から一つ選び、番号で答えなさい。（　　）

1　A　　2　B　　3　C　　4　D

問七　次の【会話文Ⅱ】で、【会話文Ⅰ】で演じている人物について正しい推測をしている生徒を、次の中から一つ選び、番号で答えなさい。（　　）

【会話文Ⅱ】

E　ここまで聞いたけど、一体誰を演じていたんだろうね。

F　わかりやすいのはA。作品名もあるから、鴨長明《かものちょうめい》だよ。

E　本当にそうかなあ。

G　同じように作品名から考えたら、Bは宮沢賢治じゃないかなあ。

H　うーん、難しいなあ。Dが紫式部だということはわかるんだけど。

F　そうかなあ。なんとなくわかりそうなんだけど。

E　わかった。Cが紀貫之《きのつらゆき》。これは間違いなくそうだよ。

G　なんだかみんな違う気がしてきたなあ。

1　E　　2　F　　3　G　　4　H

6　次の俳句の季語を答えなさい。（　　）　（東大阪大柏原高）

「朝顔に　つるべとられて　もらい水」（加賀千代女）

7　次の季語はどの季節のものか、春・夏・秋・冬の中から一つ選んでそれぞれ答えなさい。　（京都廣学館高）

①　氷柱《つらら》（　　）　　②　水温む（　　）

③　馬肥ゆる（　　）　　④　蚊帳《かや》（　　）

8　次の①～⑩の俳句について、――部の季語が表す季節（春・夏・秋・冬）を答えなさい。　（箕面学園高）

①　やがて死ぬ　けしきは見えず　蝉の声（　　）

②　御仏の　御鼻の先へ　つららかな（　　）

③　運命は　笑ひ待ちをり　卒業す（　　）

④　赤とんぼ　筑波《つくば》に雲も　なかりけり（　　）

⑤ 手袋は　心定めず　指にはめ（　　）
⑥ 風鈴や　雨となりたる　風の冷え（　　）
⑦ 筍《たけのこ》や　目黒の美人　ありやなし（　　）
⑧ 初雪や　水仙の葉の　たわむまで（　　）
⑨ どんぐりを　隠した場所で　待ち合わせ（　　）
⑩ つぶしたる　苺《いちご》流るる　乳の中（　　）

(2) 総合問題

1 次の和歌と、その鑑賞文を読み、後の問いに答えなさい。字数制限のある問題について、解答となる部分に句読点が含まれている時は、指示がある場合を除き、句読点を字数に含めて答えなさい。（神港学園高）

春立つと　いふばかりにや　み吉野《よしの》の　山もかすみて　けさは見ゆらむ
＊壬生忠岑《みぶのただみね》（『拾遺《しゅうい》和歌集』春・一）

〔訳〕春になったと口にするだけで、雪深い吉野山も、今朝は霞《かす》んで見えるのだろうか。

「春立つ」は、立春《りっしゅん》のことで、暦《こよみ》の上で春になった日。現在の暦では二月のはじめごろに当たります。まだまだ寒い、というより一年でも一番冷え込むころで、しかも場所は奈良県南部の吉野郡の山岳地帯、雪深いことで知られるところです。春らしい様子などどこにもない。でも、そこに①春の証拠が発見できた、とするのがこの歌なのです。

では、普通、春が来たことは何によって発見できるのでしょうか。歌の世界では、霞《かすみ》こそが春の到来を表すものの代表とされました。霞は霧とは違うので注意してください。和歌では、霧は秋の季節のもの、霞は春のものです。それだけでなく、現象としても異なります。春、日光によって地表面が温められるようになりますと、上昇気流が発生します。これによって、地上の水分や細かな塵《ちり》などが舞い上がり、地表近くの空気を濁《にご》らせる。冬の間は収まっていたのですね。そして遠くのものをぼやっとさせます。遠くのものといっても、高いビルやタワーがあるわけではありませんし、奈良や京都は盆地ですから、見えるのは山か空です。それらがぼんやりと見えにくくなる現象が霞なのです。冬の澄みきった空気と対照的で、たしかに春を実感するのにふさわしいですね。

かといって、自然現象としては、立春の日になったからといって、すぐに霞がかかるわけではない。あるいはそれ以前から霞んでいることだってある。つまり春の到来を表す霞は、春らしい風景を待ち望む、期待感の表れなのですね。早く春めいてほしいという願いが込められているのです。その基本をまず押さえておきましょう。和歌は現実をそのまま再現するものではありません。むしろ、現実には簡単に得られないような、（②）な状態を追い求めるものなのです。

でもいくら理想を求めるといったって、現実をまったく無視してよいだろうか、それでは現実感がなくなってしまうのでは、と疑問に思うでしょうか。そのとおりなのです。昔の人だって、現実感は大事にしていました。理想や期待感・願望にだって、③リアリティは必要です。そこで作者壬生忠岑は、こう詠むことを思いつきました。立春になったと皆が言っている。たしかに暦の上では春だ。その証拠に、昨日まで雪が降り積もっていた吉野の山々にも、霞がかかっているのが見える。こんな山奥にも、ちゃんと春はやってきたのだ。いや待て、あれは本当に霞がかかっているのか？　春らしさを求める私たちの期待感が、そういう幻《まぼろし》を見させているのではないか？　でも、間違いなく霞がたなびいているのが見えるのだ……。

実際に霞はかかっているのか、そう見えているだけなのか、よく考えるとわからなくなります。真相はぼんやりと謎めいてきます。それこそ春の霞にふさわしいでしょう。こういうのを「余情」といいます。「よじょう」と読んでもいいのですが、昔の人はこれを「よせい」と呼んで、和歌の優れた表現のあり方として重視しました。読み込むほどに歌の内容が深くなっていくような、そして心に染み込んでいくような表現の働きのことです。この場合では、期待感と現実の境目が消えてゆき、その間《あわい》に溶け込んでいくような読後感を指します。

ついでにいうと、「吉野」という土地柄も、この歌の余情を倍加しています。＊応神《おうじん》天皇・＊雄略《ゆうりゃく》天皇といった神話的な時代から天皇の＊行幸《ぎょうこう》があり、＊離宮《りきゅう》が置かれていたといわれ、『万葉集』にも盛んにその美しさが歌われています。そういう遥《はる》かな天皇の歴史の昔に思いを馳《は》せるのにふさわしい場所なのです。霞の向こうには、（④）が霞んでいるのです。

（渡部泰明《わたなべやすあき》「古典和歌入門」より。＊本文の一部を改めた箇所がある）

（＊）・壬生忠岑……平安時代の歌人。
・応神天皇……三世紀から四世紀にかけて在位した天皇。
・雄略天皇……五世紀に在位した天皇。
・行幸……天皇がお出かけになること。
・離宮……皇居以外に設けられた宮殿。

問1　傍線部①「春の証拠」について、和歌の中で「証拠」となる部分として適切なものを次より一つ選び、ア～エの記号で答えなさい。（　　）

ア　春立つと　　イ　いふばかりにや
ウ　山もかすみて　　エ　けさは見ゆらむ

問2　空欄（②）を補う言葉として適切なものを次より一つ選び、ア～エの記号で答えなさい。（　　）

ア　理想的　　イ　叙景的　　ウ　日常的　　エ　創造的

問3　傍線部③「リアリティ」と同じ意味の言葉を、本文中より漢字三字で抜き出して答えなさい。□□□

問4　空欄（④）を補う言葉を、本文中より漢字二字で抜き出して答えなさい。□□

問5　鑑賞文の内容として適切なものを次より一つ選び、ア～エの記号で答えなさい。（　　）

ア　霧は、地上の水分や細かな塵が舞い上がって地表の空気を濁らせ、遠くのものをぼやっとさせる。
イ　春らしい風景を人々が待ち望んでいる中で、和歌では目の前の風景をそのまま再現するのがよい。
ウ　余情とは、幻のように見える景色をより深め、読者の心に染み込ませていくような表現手法である。
エ　和歌が詠まれた場所の土地柄が、期待感と現実の間に溶けこんでいくような感覚を引き立てている。

2　次の文章を読んで、あとの問いに答えなさい。答えの字数が指定されている問題は、**句読点や「　」などの符号も一字に数えなさい。**

（大阪府―一般）

『万葉集』の歌が感動をそのまま表そうとするのに対して、『古今集』の歌は感動を一ひねりして言い表そうとする。すなわち、感動を、ある理屈の枠組みにはめこんで再構成するのである。ここで、題材のほぼ似通った二集の歌を比べてみよう。

梅の花咲ける岡辺に家居《を》れば乏《とも》しくもあらず鶯《うぐひす》の声

（万葉・巻10・一八二〇　作者不明）

春たてば花とや見らむ白雪のかかれる枝に鶯の鳴く――Ⓧ

（古今・春上　素性《そせい》）

右の二首は、同じく早春の梅と鶯を組み合わせて詠《よ》んでいながらも、その詠みぶりは根本的に異なっている。前者の『万葉』の歌は、梅の花の咲いている岡のあたりに住んでいるので、鶯の声の聞こえることが少なくない、の意。［①］といってよいだろう。

これに対して後者の『古今』の歌は、春になったので鶯が雪を梅の花と見まちがえているのだろうか、白雪の降りかかっている梅の枝で鶯が鳴くのだ、の意。実際には春まだ浅く、梅の白い花が咲く以前にその枝に雪が降りかかっているが、そこに早くも鶯がやってきて鳴いている、というのが実際のところである。それを理屈っぽく一ひねりしたのが、この『古今』の歌である。この時代よく用いられる見立てや擬人法を用いて、鶯は白雪を白梅と見まちがえたのだろうか、としている。

鶯が春まだ浅いのに雪の降りかかる梅の枝で鳴いているという事実を、「……なので……なのだろうか」という理屈の枠組みのなかにあてはめて表現していることになる。事実が事実そのままとしてではなく、再構成されているのである。この歌ではそうした工夫を通して、待ちわびた春がもうそこまでやってきたという感動を表している。雪の底から春が芽生えている、というように季節の微妙な移り変わりに気づいて、それを感動的に歌いあげるのも、この時代の季節の歌の特徴の一つである。

従来、『古今集』の歌の表現について、理屈っぽいという意味で理知的といわれたり、また感動の間接的な表現とか、あるいは観念的な表現とかいわれてきた。しかし、そうであるからとて、そのような表現には感動がこもっていないということには、けっしてならない。右の「春たてば」の歌にも、②生命よみがえる季節を待ち望む気持ちがあふれている。『万葉集』と『古今集』とでは、歌における感動のしかたが異なっているにすぎない。

花の香を風のたよりにたぐへてぞ鶯さそふしるべにはやる――Ⓨ

（春上　紀友則《きのとものり》）

これは、梅の花の香を、風を使者としてそれに添えてやり、まだ姿を現さない鶯を誘い出す案内役にしよう、ぐらいの意。ここでも、梅花の香ぐわしさや鶯を待つ気持ちをそのまま言うのではなく、擬人法の技法によって本来無関係な人事と物象を結びつけ、人を誘うのに便りをもってする人間社会の慣習に照応させながら表現している。そして、梅と鶯の取り合わせがいかに抜きがたく重要であるか、その事柄の原因理由について理屈をもって述べているところから、あらためて自然界の道理を思うことになる。

『古今』的表現の眼目ともみられる事実の再構成は、事柄がつねに、変化の動機や由因などの必然関係によって成り立っているという認識、あるいは事実をその生起死滅の一齣《ひとこま》として動態的、歴史的にとらえようという思考を喚起するように仕組まれている。ともかく、事柄の再構成という思考性が媒介的に作用して、生動する万物の道理、千変万化を促すところの規矩《きく》を見定めようとする。そのような思考の生み出す表現は、当然ながらきわめて観念的である。次のよく知られた歌、

ひさかたの光のどけき春の日に静心《しづごころ》なく花の散るらむ――Ⓩ

（春下　紀友則）

も、再構成による観念的な表現という特徴をよく示していよう。「のどけき」と「静心なく」の[③]なひびき、そして「静心なく花の……」という擬人法的な表現があいまって、ひとり静心なく散らねばならぬ不可思議さを思わざるをえない。作者の内面にはかすかながら、静中の動、静止のなかの変化という、運命にも似た不可知の事象が発見されている趣である。不安な憂愁を正面からいうのではなく、爛漫《らんまん》の春を味わう悠々たる自然観照のかなたに、人間世界の深遠な理《ことわり》がかすかな翳《かげ》りとして見つめられている。

（鈴木日出男「古代和歌の世界」より）

（注）素性＝平安時代の歌人。
紀友則＝平安時代の歌人。
規矩＝規準。

1 次のうち、本文中の[①]に入れるのに最も適していることばはどれか。一つ選び、記号を○で囲みなさい。（ア イ ウ エ）

ア 似通った題材で詠まれた二首の差を端的に示している
イ 春の情景に対して感動した理由が歌われている
ウ 梅と鶯の組み合わせの良さを暗に示している
エ 春の情景の実際がそのまま歌われている

2 ②生命よみがえる季節を待ち望む気持ちとあるが、本文中のⓍで示した歌では、この気持ちを具体的にどのようにして表現しているかということについて、本文中で筆者が述べている内容を次のようにまとめた。[　]に入る内容を、本文中のことばを使って**七十字以上、八十字以内**で書きなさい。

Ⓧで示した歌では、[　　　　]ことにより再構成し、生命よみがえる季節を待ち望む気持ちを表現している。

3 次のうち、本文中の[③]に入れるのに最も適していることばはどれか。一つ選び、記号を○で囲みなさい。（ア イ ウ エ）

ア 重複的　イ 対照的　ウ 比喩的　エ 超越的

4 次のうち、本文中で述べられていることがらと内容の合うものはどれか。最も適しているものを一つ選び、記号を○で囲みなさい。

（ア イ ウ エ）

ア 本文中のⓎで示した歌に自然界の道理を思うことになるのは、梅の花は鶯を誘い出すために香ぐわしくなるという理屈によって、梅と鶯の取り合わせがいかに重要であるかということが感じられるためである。

イ 本文中のⓏで示した歌は、その表現がきわめて観念的であり、爛漫の春を味わう悠々たる自然観照のかなたに、不安な憂愁だけではなく、人間世界の深遠な理がかすかな翳りとして見つめられている。

ウ 理知的といわれたり、感動の間接的な表現、あるいは観念的な表現と評されたりする『古今集』の歌の表現も、感動がこもっていないのではなく、歌における感動のしかたが『万葉集』とは異なっているにすぎない。

エ 『古今』的表現の眼目でもある事実の再構成は、事柄がつねに、変化の動機や由因などの必然関係によって成り立つという認識や、事実を動態的、歴史的にとらえようという思考から喚起されることによってなされる。

七　古典の読解

(1)　古　文

☆☆ 標準問題 ☆☆

1　次の【古文】・【現代語訳】を読んで後の問いに答えなさい。（比叡山高）

【古文】

ある山寺の坊主、慳貪《けんどん》なりけるが、飴《あめ》を治《ぢ》してただ一人食ひけり。よくしたためて、棚に置き置きしけるを、一人ありける小児《こちご》に食はせずして、「①これは人の食ひつれば死ぬるものぞ。」と言ひけるを、この児、あはれ食はばや食はばやと思ひけるに、坊主他行《たぎやう》の隙《ひま》に、棚より取り下ろしけるほどに、打ちこぼして、小袖《こそで》にも髪にも付けたりけり。日ごろ欲しと思ひければ、二、三杯よくよく食ひて、②坊主が秘蔵《ひさう》の水瓶《すいびやう》を、雨垂《あまだ》りの石に打ち当てて、打ち割りておきつ。坊主帰りたりければ、この児さめほろと泣く。「何事に泣くぞ。」と問へば、「大事の御水瓶を、あやまちに打ち割りて候《さうら》ふ時に、いかなる御勘当《かんだう》かあらむずらむと口惜《くちを》しくおぼえて、命生きてもよしなしと思ひて、人の食へば死ぬと仰《おほ》せられ候ふものを、一杯食へども死なず、二、三杯まで食べて候へども大方《おほかた》死なず。はては小袖に付け、髪に付けてはべれども、いまだ死に候はず。」③とぞ言ひける。飴は食はれて、水瓶は割られぬ。慳貪の坊主得《う》るところなし。児の知恵ゆゆしくこそ。学問の器量も、むげにはあらじかし。

（「沙石集」より）

【現代語訳】

ある山寺の坊主で、欲の深い者がいたが、（その坊主が）水飴を作って自分一人で食べていた。よく食べては、棚に置いていたが、一人使っていた幼い稚児《ちご》（下働きの少年）には食べさせず、「これは、人が食べると死ぬものだぞ。」と言っていたが、この稚児は、ああ食べたい食べたい、と思っていた。（あるとき）坊主が外出しているすきに、（水飴を）棚から取って下ろしているうち、ちょっとこぼして小袖にも髪にもつけてしまった。日頃から（水飴を）欲しいと思っていたので、二、三杯十分に食べて、坊主の大切にしている水瓶を、雨垂りの石にぶつけて、割っておいた。坊主が帰ってみるとこの稚児がさめざめと泣いている。「何を泣いているのか。」と尋ねると、「大切な御水瓶を、あやまって割ってしまいましたので、どんなおとがめがあるだろうかと、情けなく思われて、生きていても仕方が無いと思って、人が食べれば死ぬとおっしゃったものを、一杯食べたが死なず、二、三杯まで食べましたが、いっこうに死にません。しまいには、小袖につけ、髪にもつけましたが、まだ死にません。」と言った。水飴は食べられ水瓶は割られてしまった。□坊主は何も得ることがなかった。稚児の知恵はかなりのものであった。仏教を学ぶ学問の才能も、なかなかのものであっただろうよ。

問一　――①について、

(1)　誰が誰に言った言葉か。【古文】の語で答えなさい。

（　　　が　　　に）

(2)　なぜそのようなことを言ったのか。最も適当なものを次から選び、記号で答えなさい。（　　）

ア　稚児が間違って食べてしまわないように。

イ　坊主が稚児を驚かせようとしたため。

ウ　坊主が水飴を独り占めして食べるため。
エ　坊主が毒を作っていることを隠すため。
オ　稚児が毒を食べて死なないように。

問二　――②について、何のために稚児はこのような行動を取ったと考えられるか。最も適当なものを次から選び、記号で答えなさい。（　　）
ア　日頃こき使う坊主に復讐《ふくしゅう》をしようとしたため。
イ　水飴をくれない坊主に仕返しをしようとしたため。
ウ　水瓶を割れば坊主が帰ってくると思ったため。
エ　一人で留守番をさせられた腹いせをするため。
オ　自分が水飴を食べたことの言い訳をするため。

問三　――③に含まれる表現技法は何か。最も適当なものを次から選び、記号で答えなさい。（　　）
ア　枕詞　　イ　掛詞　　ウ　体言止め
エ　係り結び　　オ　句切れ

問四　［　　］を補うのに最も適当なものを次から選び、記号で答えなさい。（　　）
ア　欲張りな　　イ　愛想のない　　ウ　ずる賢い
エ　思いやりのない　　オ　愚かな

2　次の文章を読んで後の問に答えなさい。　（初芝橋本高）

これも今は昔、田舎の児《ちご》の比叡《ひえ》の山へ登りたりけるが、桜のめでたく咲きたるけるに、風のはげしく吹きけるを見て、①この児さめざめと泣きけるを見て、僧のａやはら寄りて、「など[注1]かうは泣かせ給ふぞ。この花の散るを惜しう覚えさせ給ふか。桜ははかなきものにて、かく程[注2]なく②うつろひ候《さぶら》ふなり。されどもさ[注3]のみぞ候ふ」と慰めければ、「［③］はあながちにいかがせん、苦[注4]しからず。我が父の作りたる麦の花の散りて実の入らざらん思ふがわびしき」とｂいひて、さくりあげて、よよと泣きければ、④うた[注5]てしやな。
（「宇治拾遺物語」より）

注1　など…どうして　　注2　程なく…まもなく
注3　さのみぞ候…それだけのことです
注4　苦しからず…いっこうにかまいません
注5　うたてしやな…がっかりさせられることだ

問一　＝＝ａ・ｂをそれぞれ現代仮名づかいに直しなさい。
ａ（　　）　ｂ（　　）

問二　――①「この児さめざめと泣きける」で、児が泣いていた理由を僧はどうしてだと思ったのか、その説明として最も適当なものを次から選び、記号で答えなさい。（　　）
ア　桜の花がはかなく散るのを惜しんだのだろうと思った。
イ　桜の花が散っては実がつかないのではないかと心配したのだろうと思った。
ウ　風があまりに激しく吹くので、寒がっているのだろうと思った。
エ　比叡の山があまりにも高くて登るのをつらいと思っているのだろうと思った。

問三　――②「うつろひ候ふなり。」の現代語訳として最も適当なものを次から選び、記号で答えなさい。（　　）
ア　花びらが舞うのです。　　イ　色あせてしまうのです。
ウ　ゆらゆらとゆれるのです。　　エ　散ってゆくのです。

問四　［③］にあてはまる語句として最も適当なものを次から選び、記号で答えなさい。（　　）

ア　風の吹かん　イ　桜の散らん
ウ　麦の散らん　エ　児の泣かん

問五　――④「うたてしやな」と僧ががっかりした理由として最も適当なものを次から選び、記号で答えなさい。（　）

ア　児が泣いた理由が、仏に一心にすがろうとしてのことではなく、桜の花を惜しんでいるだけで、信仰心が足りないと思ったから。
イ　児が泣いた理由が、桜の花を惜しむのではなく実家の麦の収穫量が減るのを惜しんでのことで、風流心に欠けると思ったから。
ウ　児が泣いた理由が、実家の麦が実らないからではなく、桜の花が散るのを悲しんでのことで、親孝行ではないと思ったから。
エ　児が泣いた理由が、風に散る無力な桜に同情してではなく、桜の実がつかないのを惜しんでのことで、現実的すぎると思ったから。

3　次の古文と通釈を読んで、後の問いに答えなさい。（**東大阪大敬愛高**）

（古文）

仁和寺《にんなじ》にＡある法師、年よるまで、石清水《いはしみづ》を拝《をが》まざりければ、(Ⅰ)心うく覚《おぼ》えて、ある時思ひ立ちて、ただひとりかちより、ア詣《まう》でけり。極楽寺《ごくらくじ》・高良《かうら》などを拝みて、(Ⅱ)かばかりと心得て帰りにけり。[①]、かたへの人にあひて、「年比《としごろ》思ひつること、果《はた》し侍《はべ》りぬ。聞きしにも過ぎて、イ尊《たふと》くこそおはしけれ。そも、ウ参《まゐ》りたる人ごとに山へのぼりしは、何事かありけん、ゆかしかりしかど、(Ⅲ)神へ参るこそ本意《ほい》なれと思ひて、山まではＢ見ず」とぞ(Ⅳ)言ひける。

少しのことにも、先達《せんだち》はあらまほしき事なり。


（通釈）

仁和寺《にんなじ》にいる僧が、年をとるまで石清水八幡宮《いわしみずはちまんぐう》にお参りしたことがなかったので、[(Ⅰ)]と思って、ある時、思いたって、たった一人、徒歩で参拝したのだった。麓《ふもと》の極楽寺《ごくらくじ》や高良大明神《こうらだいみょうじん》などを拝んで、これだけのものと思いこんで、帰ってしまった。[①]、傍輩《ほうばい》の人に向って、「長年の間、思っていたことを、しとげました。聞いていたにもまさって、まことに尊くあられました。それにしても、参拝している人々が、誰もかれもみな山へ登ったのは、何事があったのでしょうか。いぶかしく知りたかったのですが、八幡宮へ参拝するのこそが目的であると思って、山の上までは見ませんでした」と言った。

ちょっとしたことにも、その道の先導役は、あってほしいものである。

（「新編日本古典文学全集　徒然草」より）

問1　===部ア『まうで』、イ『たふとく』、ウ『まゐり』を現代仮名遣い（ひらがな）に直して答えなさい。
ア（　）　イ（　）　ウ（　）

問2　――部(Ⅰ)とあるが、通釈部分[(Ⅰ)]に入る現代語訳を次のア～エから選び、記号で答えなさい。（　）
ア、ありがたく　イ、楽しく　ウ、情けなく　エ、悲しく

問3　――部(Ⅱ)とあるが、ここではどういうことか。次のア～エから適当な表現を選び、記号で答えなさい。（　）
ア、極楽寺・高良を石清水だと思っていた。
イ、極楽寺・高良以外の場所も参拝するべきだとおもった。
ウ、極楽寺・高良は石清水ではないと思った。
エ、石清水は極楽寺・高良から離れていると思った。

問4　――部(Ⅲ)『神へ参るこそ本意なれ』のように『こそ』があるため、文末が変化している。この法則を何というか答えなさい。
[　　　]の法則

問5 〰〰部(Ⅳ)『言ひける』とあるが、誰が誰に言ったのか。古文からそれぞれ抜き出して答えなさい。(　　)が(　　)に

問6 古文と通釈［①］に共通して入る接続表現を次のア～エから選び、記号で答えなさい。(　　)

ア、たとえば　イ、さて　ウ、しかし　エ、そして

問7 ----部A『ある』、B『見』それぞれの活用形を次のア～エから選び、記号で答えなさい。A(　　)B(　　)

ア、未然形　イ、連用形　ウ、終止形　エ、連体形

問8 この古文は『徒然草』の五十二段を抜き出したものである。成立した年代と作者名をそれぞれ記号で答えなさい。

年代(　　)作者(　　)

年代　ア、平安時代　イ、奈良時代
　　　ウ、室町時代　エ、鎌倉時代

作者　ア、兼好法師　イ、清少納言
　　　ウ、紫式部　エ、鴨長明

問9 『徒然草』と同じ随筆集であるものを次のア～エから選び、記号で答えなさい。(　　)

ア、竹取物語　イ、奥の細道　ウ、枕草子　エ、源氏物語

4 次の文章を読んで、あとの問いに答えなさい。（洛南高）

今は昔、木こり、山守《やまもり》注一に斧《よき》注二をとられて、「わびし、心うし」と思ひて、頰杖《つらづえ》うちつきてをり。山守見て、

「①さるべき事を申せ。とらせむ。」

と②いひければ、

あしきだになきはわりなき世の中によきをとられて我いかにせん

と③詠《よ》みたりければ、山守、「返しせむ」と思ひて、

「うう、うう。」

とうめきけれど、④えせざりけり。さて、斧返しとらせてければ、うれしと⑤思ひけりとぞ。

人はただ歌をかまへて注三よむべし、と見えたり。（「古本説話集」より）

注一　山守……山の番人
注二　斧《おの》……小形の斧、手斧
注三　かまへて……常日頃心がけて

問一 ――線②「いひ」・③「詠み」・⑤「思ひ」の主語を、文章中からそれぞれ抜き出して答えなさい。

②(　　)③(　　)⑤(　　)

問二 ――線①「さるべき事を申せ」とはどういうことを表していますか。次のア～オの中から最も適当なものを選び、記号で答えなさい。(　　)

ア　立ち去るべき理由がわかる和歌を詠め
イ　斧をとられた弁明を述べた和歌を詠め
ウ　今の心情を表す気のきいた和歌を詠め
エ　山守への謝罪の意をこめた和歌を詠め
オ　罰を与えられた訳を伝える和歌を詠め

問三 次の一文は、文章中の和歌の現代語訳です。［X］・［Y］にあてはまることばを、漢字を用いて答えなさい。ただし、この和歌には一つのことばに二つの意味をもたせる「掛詞《かけことば》」が用いられており、［X］・［Y］にはその二つの意味があてはまります。

X(　　)Y(　　)

悪い物でさえ無いと困ってしまう世の中で、まして［X］物、す

なわち［Y］を取り上げられて、私は今後どうやって生きればよいのでしょうか。

問四　――線④「えせざりけり」とは、何をすることができなかったのですか。それを説明した次の一文の［　］にあてはまることばを、五字以内で考えて答えなさい。［　　　　］

［　］ことができなかった。

5　次の【本文】と、その内容についてのAさんとBさんとの【会話】を読んで、あとの問いに答えなさい。　（大阪府―特別）

【本文】

孔子の、弟子どもを具して、道をおはしけるに、垣より、馬、かしらをさしいでてありけるを見て、「牛よ」とのたまひければ、弟子ども、あやしと思ひて、あるやうあらむ《あるだろう》と思ひて、道すがら、心を見む《見よう》と思ひけるに、顔回《がんくわい》と①いひける第一の弟子の、一里を行きて、心得たりけるやう、「日よみの午《うま》といへる文字の、かしらさしいだして書きたるをば、牛といふ文字になれば、人の心を見むとて、のたまふなりけり」と思ひて、問ひ申しければ、「しか、さなり《そう、その通りだ》」とぞ、答へ給《たま》ひける。

（注）顔回＝孔子の弟子。
日よみ＝ここでは、十二支のこと。

【会話】

Aさん　孔子が、馬を見て「牛よ」と言ったことに対して、弟子たちは［②］と思い、何か理由があるだろうと、歩きながら、孔子の真意を見ようとしていたよ。

Bさん　そして、第一の弟子の顔回が、その真意に気づいたよね。

Aさん　そうそう。顔回は、孔子が馬を見て「牛よ」と言ったのは、馬が十二支では午という文字で表されることが関係していると考えていたよ。

Bさん　つまり、孔子は、［③］が垣から頭をつき出している様子から、［④］という文字も上の部分がつき出るように書くと［⑤］という文字になるということをふまえて、「牛よ」と言ったということだね。

Aさん　孔子は、そのことを弟子たちが理解できるかをためそうとし、顔回がその真意を言い当てたわけだね。

1　①いひけるを現代かなづかいになおして、すべてひらがなで書きなさい。（　　　）

2　次のうち、【会話】中の［②］に入れるのに最も適していることばはどれか。一つ選び、記号を○で囲みなさい。（ア　イ　ウ）

ア　もの知りだ　イ　当然だ　ウ　不思議だ

3　次のうち、【会話】中の［③］、［④］、［⑤］に入れることばの組み合わせとして最も適しているものはどれか。一つ選び、記号を○で囲みなさい。（ア　イ　ウ　エ）

ア　③午　④馬　⑤牛
イ　③馬　④午　⑤牛
ウ　③馬　④牛　⑤午
エ　③午　④牛　⑤馬

6 次の古文を読み、後の問いに答えなさい。　　（好文学園女高）

最上川《もがみがわ》乗らんと、大石田※といふ所に①日和を待つ《晴天》。ここに古き俳諧《はいかい》※の種こぼれて、忘れぬ花の昔を慕ひ《種がまかれ、それが花開いた昔を懐かしみ》、芦角一声《ろかくいっせい》※の心をアやはらげ、②この道にさぐり足して《手探りで》、新古《しんこ》二道《ふたみち》に踏み③迷ふとイいへども、④道しるべする人しなければと、わりなき一巻残しぬ《俳句を連ねた一巻を作って残した》。このたびの風流ここに至れり。

⑤最上川は陸奥《みちのく》※より出でて、山形を水上とす。碁点《ごてん》・隼《はやぶさ》などいふ⑥恐ろしき難所あり。板敷山※の北を流れて、果ては酒田※の海に入る。左右山覆《おほ》ひ、茂みの中に船を下す《下流に流す》。これに稲積みたるをや、稲船といふならし《呼ぶらしい》。白糸《しらいと》の滝は青葉の隙々《ひまひま》に落ちて、仙人堂※、岸に臨みて立つ。水みなぎつて舟危ふし。

⑦五月雨《さみだれ》をあつめて早し最上川

（「奥の細道」より）

※大石田…現在の山形県大石田町。
※俳諧…現在の俳句にあたる。
※芦角一声の…（葦笛が聞こえてくるような）田舎の。
※陸奥…現在の東北地方。
※板敷山…現在の山形県最上郡にある山。
※酒田…現在の山形県酒田市。
※仙人堂…現在の山形県最上郡にある外川神社。

問一　――線部ア「やはらげ」・イ「いへども」を現代仮名遣いに直しなさい。ア（　　）　イ（　　）

問二　――線部①「日和を待つ」の理由を古文から六字で抜き出しなさい。□□□□□□

問三　――線部②「この道」とはどのような道か。古文から漢字二字で抜き出しなさい。□□

問四　――線部③「迷ふ」の内容として適当なものを次から選び、記号で答えなさい。（　　）

ア　新しい品種の花を咲かせるべきか、古くからの品種を残し続けるか迷っている。

イ　新しい船に乗るべきか、古い船を大切にするべきか迷っている。

ウ　新しい土地に移り住むべきか、古い土地に暮らし続けるべきか迷っている。

エ　新しい俳諧の道に進むべきか、古い俳諧の道を守るべきか迷っている。

問五　――線部④「道しるべする人」とはどのような人のことか、説明しなさい。（　　）

問六　――線部⑤「最上川は陸奥より出でて」とあるが最後はどこへ行きつくのか。古文から四字で抜き出しなさい。□□□□

問七　――線部⑥「恐ろしき難所」とはどういう所か、説明しなさい。
（　　）

問八　――線部⑦「五月雨をあつめて早し最上川」について、次の問いに答えなさい。

(1)　この句が詠まれた季節として適当なものを次から選び、記号で答えなさい。（　　）

ア　春　　イ　夏　　ウ　秋　　エ　冬

(2)　この句で用いられている表現技法を次から選び、記号で答えな

さい。（　　）

ア　倒置法　　イ　対句　　ウ　体言止め　　エ　比喩

(3)　「五月雨をあつめて早し最上川」という句はもともと「五月雨をあつめて涼し最上川」という優雅で風流な句であったが、作者が川下りをしたことによって句の内容を変更した。古文を参考にして、その理由を次から選び、記号で答えなさい。（　　）

ア　実際の最上川の川下りを体験して、その流れが激しいことを知ったから。

イ　実際の最上川の川下りを想像して、思ったよりも寒いところであると感じたから。

ウ　実際の最上川の川下りを想像して、船酔いをしてしまい風流を感じる暇がなかったから。

エ　実際の最上川の川下りを体験して、ごつごつした岩がたくさんあるとわかったから。

（四天王寺高）

7　次の文章は、筆者が土佐（現在の高知県）から都に帰るまでの道中で、阿倍仲麻呂《あべのなかまろ》のエピソードを思い出して書いたものである。これを読んで、後の問いに答えなさい。字数制限のあるものは句読点も一字として数えなさい。出題の都合で、作品の一部を改変しています。

二十日の夜の月出でにけり。山の端《は》もなくて、海の中よりぞ出で来る。かうやうなるを見てや（このような状態を見て）、①昔、阿倍仲麻呂といひける人は、唐土《もろこし》に渡りて、帰り来ける時に、船に乗るべき所にて、かの国人《くにひと》、馬のはなむけし（送別の宴会をし）、別れ惜しみて、かしこの漢詩作りなどしける。A』②飽かずやありけむ、③二十日の夜の月出づるまでぞありける。その月は海よりぞ出でける。B』これを見てぞ、仲麻呂のぬし（仲麻呂さんは）、「わが国にかかる歌をなむ、神代よりも詠《よ》ん給《た》び（このような歌を大昔の神の時代から詠みなさり）、今は④上中下の人も、⑤かうやうに別れ惜しみ、喜びもあり、悲しびもある時には詠む。」とて、詠めりける歌、

X　青海原ふりさけ見れば春日なる三笠の山に出でし月かも

とぞ⑥詠めりける。C』かの国人、聞き知るまじく思ほえたれども（理解できないだろうと思われたが）、言《こと》の⑦心を男文字（漢字で）にさまを書き出だして、ここの言葉伝へたる人（通訳の人）に言ひ知らせければ、心をや聞き得たりけむ、⑧いと思ひのほかになむ賞《め》でける。D』唐土とこの国とは、言異なるものなれど、月の影（月の姿は）は同じことなるべければ、人の心も同じことにやあらむ。さて、今、そのかみを思ひやりて（その当時を想像して）、ある人の詠める歌、

Y　都にて山の端に見し月なれど波より出でて波にこそ入れ

（「土佐日記」より）

問一　――線①「昔、阿倍仲麻呂といひける人は」から始まる、阿倍仲麻呂についての話が終わる箇所として最も適当なものを文中のA～Dから選び、記号で答えなさい。（　　）

問二　――線②「飽かずやありけむ」、④「上中下」、⑦「心」のここで

の意味として最も適当なものをそれぞれ次から選び、記号で答えなさい。

② 「飽かずやありけむ」（　　）

ア　楽しめなかったからだろうか
イ　満足できなかったのだろうか
ウ　きっと嫌になったに違いない
エ　あきれてしまったに違いない

④ 「上中下」（　　）

ア　身分が高い人から低い人まですべての人
イ　年をとった人から若い人まですべての人
ウ　教養の豊かな人から乏しい人まですべての人
エ　山に住む人から海辺に住む人まですべての人

⑦ 「心」（　　）

ア　背景　　イ　願望　　ウ　想像　　エ　意味

問三　――線③「二十日の夜の月出づるまでぞありける」とありますが、この表現はどのようなことを伝えようとしているのですか。最も適当なものを次から選び、記号で答えなさい。（　　）

ア　宴会は月が満月になるまで待ったということ。
イ　宴会は日が沈んですぐに始まったということ。
ウ　宴会は夜遅くまでひたすら続いたということ。
エ　宴会は明け方にようやく終わったということ。

問四　――線⑤「かうやう」を現代仮名遣いに書き直しなさい。（　　）

問五　X「青海原～」の和歌の解釈として最も適当なものを次から選び、記号で答えなさい。（　　）

ア　青海原のはるか遠くを見渡すと、春の日に三笠山から月が出てくればいいのにと思うなあ。
イ　青海原のはるか遠くを見渡すと、あの月は春日にある三笠山でかつて見た月と同じだなあ。
ウ　青海原のはるか遠くを見渡すと、三笠山から出た月を思い出させる春の太陽が見えるなあ。
エ　青海原のはるか遠くを見渡すと、今頃は春日の三笠山に月が昇っているかもしれないなあ。

問六　――線⑥「詠めりける」の主語は誰ですか。最も適当なものを次から選び、記号で答えなさい。（　　）

ア　阿倍仲麻呂　　イ　かの国人　　ウ　上中下の人　　エ　筆者

問七　――線⑧「いと思ひのほかになむ賞でける」とありますが、それはなぜですか。その理由として最も適当なものを次から選び、記号で答えなさい。（　　）

ア　歌の作者が詠み込んだ月の美しさに共感したから。
イ　歌の作者が和歌しか詠めないことに同情したから。
ウ　歌の作者の故郷を懐かしむ気持ちを想像できたから。
エ　歌の作者の深い教養がにじみ出る歌に感動したから。

問八　Y「都にて～」の和歌は、月のどのような様子に感動して詠んだのですか。それがわかる部分を文中から十字で抜き出しなさい。

□□□□□□□□□□

8　次の文章を読んで、後の問いに答えなさい。句読点や「　」などの記号は全て字数に含みます。　（育英西高）

【A】

(注1)博雅《はくが》の三位《さんみ》の家に盗人入《い》りたりけり。(注2)三品《さんぼん》、板敷《いたじき》のしたに逃げかくれに

けり。盗人帰り、さて後、はひ出《い》でて家中をA 見る に、のこりたる物なく、みなとりてけり。篳篥《ひちりき》(注3)一つを置物厨子《おきもののづし》(注4)にB のこしたりける を、三位とりてふかれたりけるを、出でてさりぬる盗人①はるかにこれを聞きて、感情おさへがたくして①帰りきたりて云ふやう、「只今の御篳篥の音《ね》を②うけたまはるに、【あはれにたふとく候《さぶら》ひて】、悪心みなC あらたまりぬ 。②とる所の物どもことごとくに返したてまつるべし」といひて、みな置きて出でにけり。むかしの盗人は、またかく優なる心もありけり。

(「古今著聞集」巻第十二より。本文の中で一部表記を改めたところがある。)

【B】

また篳篥師用光《もちてる》(注5)、南海道(注6)に発向のとき、海賊にあひにけり。用光をすでに殺さんとする時、海賊に向ひていはく、「我久しく篳篥をもて朝《てう》(注7)につかへ、③世にゆるされたり。今③いふかひなく賊徒《ぞくと》のために害されんとす。これ宿業《しゅくごふ》(注8)のしからしむるなり。④しばらくの命を得させよ。一曲の雅声《がせい》をふかん」といへば、海賊ぬける太刀《たち》をおさへてふかせけり。その時、用光、最後のつとめと思ひて、泣く泣く臨調子《あがでう》(注9)を吹きにけり。その時、⑤なさけなき群賊も感涙をたれて用光をゆるしてけり。あまさへ淡路の南浦(注10)までおくりておろし置きけり。諸道《しょだう》に長《た》けぬるは、⑥かくのごとくの徳をかならずあらはす事なり。末代なほしかある事(注11)ども多かり。

(「古今著聞集」巻第十二より。本文の中で一部表記を改めたところがある。)

(注1)　博雅の三位…醍醐天皇の孫、兵部卿《ひゃうぶきゃう》克明親王の長子、源博雅《ひろまさ》(九一八～九八〇)。
(注2)　三品…親王の位。ここは、三位と同じ意味である。
(注3)　篳篥…雅楽用の竪笛《たてぶえ》。歌うように旋律を奏することができる。
(注4)　置物厨子…ものを載せ置くための戸棚。
(注5)　用光…和爾部《わにべの》用光。
(注6)　南海道…大宝令で制定された七道の一つ。
(注7)　朝…天皇が政治を行う所。朝廷。
(注8)　宿業…前世において定められている業《ごう》因。
(注9)　臨調子…篳篥の秘曲。
(注10)　南浦…淡路の南にある浦で、現在の南淡をいうか。
(注11)　しかある事…そのようなこと。

(1)　══線①「はるかに」・②「うけたまはる」・③「いふかひなく」の本文における意味として最も適当なものを次の㋐～㋓から選び、それぞれ記号で答えなさい。

①「はるかに」（　　）
㋐ 何度もくりかえして　㋑ ずっと遠くで
㋒ 長い間　㋓ 気が進まない様子で

②「うけたまはる」（　　）
㋐ 差し上げる　㋑ お聞きになる
㋒ 承知する　㋓ お聞きする

③「いふかひなく」（　　）
㋐ どうしようもなく　㋑ なんでもなく
㋒ 言わなくても　㋓ 言う方法がなく

(2)　□A「見る」・B「のこしたりける」・C「あらたまりぬ」の主語を次の㋐～㋔から選び、それぞれ記号で答えなさい。

A（　　）B（　　）C（　　）

㋐ 博雅　㋑ 盗人　㋒ 篳篥　㋓ 悪心　㋔ 置物厨子

(3)　──線①「帰りきたりて」とあるが、だれがどこに「帰りき」たのかを答えなさい。

（　　　）

(4)　――線②「とる所の物どもことごとくに返したてまつるべし」とあるが、なぜこのように発言したのか。その理由を三十字以内で説明しなさい。

(5)　――線③「世にゆるされたり」・④「しばらくの命を得させよ」の現代語訳としてふさわしいものを次のㇵ～㊓から選び、それぞれ記号で答えなさい。

③「世にゆるされたり」（　　　）

㋐　世の中に説いた　　㋑　世の中に許しを得た

㋒　世の中に広まった　　㋓　世の中に認められた

④「しばらくの命を得させよ」（　　　）

㋐　静かに命を授けなさい

㋑　少しの間命をください

㋒　しばらくたってから命を絶ちなさい

㋓　長い間命を保ちなさい

(6)　――線⑤「なさけなき群賊」とあるが、これは「群賊」のどのような行為をふまえて述べられたことか。「群賊」の行為を端的に述べた箇所を本文から十五字以内で抜き出して答えなさい。

(7)　――線⑥「かくのごとくの徳」とあるが、ここではどのようなことを言うのか。最も適当なものを次の㋐～㋔から選び、記号で答えなさい。

（　　　）

㋐　自分の運命にあらがわずに誠実に生きることが仏のご加護をもたらすこと。

㋑　命の危険が差し迫っても笛を吹くことにこだわるほど用光が強い精神の持ち主であること。

㋒　用光が奏《かな》でるすばらしい笛の音が、海賊の気持ちを変えさせたこと。

㋓　音楽は、どのような悪人の心も変える優れた力を持っているということ。

㋔　命を奪われそうになっても笛を吹く楽人としてのプライドを失わなかったということ。

(8)　次にあげるのは、【A】・【B】の二つの文章を読み比べた生徒たちの感想である。これを読んで、（　　）X・Y・Zに入るものとしてふさわしいものを後の選択肢㋐～㋓から選び、それぞれ記号で答えなさい。

X（　　　）　Y（　　　）　Z（　　　）

Aさん：【A】・【B】の話には共通点があるね。どちらも（　X　）の力で、悪人の心を変えたという話だったね。

Bさん：そうだね。二つとも語られたエピソードの後に、語り手の感想が書かれているけれど、語り手の感想は少し違うようだよ。

Cさん：確かに、言われてみたらそうだね。【A】の方は、「盗人」に焦点を当てているけれど、【B】は違う。「諸道に長けぬる」ことについて書いている。

Bさん：【A】では、「盗人」には「優なる心」があると言っているね。これは、盗人が（　Y　）を持っていたということを言ってるだろうね。

Cさん：それに対して、【B】では、（　　Z　　）と言っている。同じようなエピソードが書かれていても、とらえる視点が違うのは面白いね。

X
㋐ 高い教養を持った楽人
㋑ 神も賞賛する美しい音色
㋒ すばらしい笛の音色
㋓ 人々の心を癒す楽人

Y
㋐ 音楽を聴いて心根を変えるほど、本当は穏やかな気質
㋑ 音楽を聴いて心根を変えるほど、音楽を理解する優美な心
㋒ 音楽を聴いて心根を変えるほど、共感性が高い性質
㋓ 音楽を聴いて心根を変えるほど、音楽への深い知識・理解力

Z
㋐ 音楽に限らずさまざまな分野で秀でていることは、技芸の力で財産を蓄えて安定した人生につながっている
㋑ 音楽に限らずさまざまな分野で秀でていることは、その人の人格をも高めて安泰な人生を送ることにつながる
㋒ 音楽に限らずさまざまな分野で秀でていることは、神からよい報いを受ける善行を積むことにつながっている
㋓ 音楽に限らずさまざまな分野で秀でていることは、人生の危機をも救うほどの恩恵を得ることにつながっている

(9) 【あはれにたふとく候ひて】を現代かなづかいに改め、すべてひらがなに書き直しなさい。（　　　）

9 次の文章を読んで、後の問いに答えなさい。字数制限のある問いについては、句読点なども1字として数えなさい。　（白陵高）

今は昔、池のほとりに蛙のあまた集りていふやう、「あはれ生きとし生けるものの中に、①人ほど羨《うらや》ましきものはなし。われら、いかなればかかる生をうけて、②手足をばそなへながら、水を泳ぐを能として、陸にあがりてはつくばひ居り、行く時も心のままに走り行くことかなはず、ただひょくひょくと跳ぶばかりにて早為《はやわざ》もならず。いかにもして人のごとく立ちて行くならば良かるべし。いざや観音に願をかけて、立つことをいのらん」とて、観音堂にまゐりて、「願はくはわれらをあはれみ給ひ、せめて蛙の身なりとも、人のごとくに立ちて行くやうに守らせ給へ」と祈りける。aまことの心ざしをあはれとおぼしめしけん、そのまま後ろの足にて立ちあがりけり。「所願成就したり」と、喜びて池に帰り、「bさらば連れ立ちて歩きて見ん」とて、陸に立ち並び、後ろ足にて立ちて行けば、目が後ろになりて一足も向かふへ行かれず。先も見えねば危さ言ふばかりなし。「これにては何の用にも立たず。③ただ元のごとく這《は》はせて給はれ」と祈りなほし侍りといへり。浮世房聞きて、「世間の人これらのたぐひに似たる事多し。とかく身のほどを知らざる故に、君を恨み世をかこつ者みなかくのごとし。蛙は、おのれ鳥獣にだにもあらず、虫のたぐひにして、人を羨み、立ちて行かんとすれども、生れつき人に似ず、④目のつき所のあしければ、立ちて行くべきものにあらずと、身のほどを知らざる故なり。」

（「浮世物語」より）

問一　══線部a・bの本文における意味として最も適切なものを、次の中からそれぞれ一つ選び、記号で答えなさい。

a（　　）b（　　）

a
ア　蛙たちは、心を込めて祈りさえすれば、観音は願いを聞き入れてくれるとでも思ったのだろうか
イ　観音は、ひたすら祈る蛙たちの態度に疑問を抱き、心の内を試してみようとでも思ったのだろうか
ウ　蛙たちは、不自由な生から逃れ、正当な権利を得ることができるはずだとでも思ったのだろうか
エ　観音は、あまりに切実な蛙たちの願いに心打たれ、ぜひ叶

えてやりたいとでも思ったのだろうか

オ　蛙たちは、自分たちの生き方をただ嘆くだけでは、何の変化も得られないとでも思ったのだろうか

b　ア　思い思いのところを歩こう

イ　泳ぐのをやめて一緒に歩こう

ウ　さあ、並んで歩いてみよう

エ　それなら歩くのはやめよう

オ　一緒に歩いてから別れよう

問二　――線部①とありますが、蛙たちが「羨まし」と言う、「人」の特徴を本文中から五字以内で抜き出して答えなさい。

問三　――線部②についての説明として最も適切なものを、次の中から一つ選び、記号で答えなさい。（　　）

ア　「手足を持っているおかげで」という意味で、「水中をうまく泳ぐことができる」に続いている。

イ　「手足を持っているのに」という意味で、「水中を泳がなければならない」に続いている。

ウ　「手足を持っているからこそ」という意味で、「水中でも陸でも過ごすことができる」という内容に続いている。

エ　「手足を持っているのならば」という意味で、直接的には「陸の上では這いつくばっている必要はない」に係っている。

オ　「手足を持っているにもかかわらず」という意味で、直接的には「陸の上では這いつくばっている」に係っている。

問四　――線部③とありますが、「元のごとく」とは蛙たちがどのようであったことを言っているのですか、答えなさい。

（　　　　　　　　）

問五　――線部④とありますが、これはどのようなことを指して言っているのですか、五十字以内で説明しなさい。

問六　浮世房は、蛙と人にどのような共通点があると指摘しているのですか、その説明として最も適切なものを、次の中から一つ選び、記号で答えなさい。（　　）

ア　自分の理想像を定めながらも、その実現に向けた手段を誤ってしまう点。

イ　自分の身の程を知らずに不幸な境遇にあると嘆いて、大それた望みを抱く点。

ウ　自分の願望を他者にも押し付けることで、周囲に不利益をもたらしてしまう点。

エ　自分に備わっている性質に満足できず、常に変化を求めて失敗を繰り返す点。

オ　自分に対する評価を気にするあまり、内面と行動との間に矛盾を生み出す点。

★★ 発展問題 ★★

1　次の文章を読んで、後の問いに答えなさい。［解答に字数制限がある場合は、句読点や記号も一字に数える。］

（京都市立西京高）

昔、注①楚《そ》の荘王と申す人、群臣を集めて夜もすがら注②遊び給《たま》ひけり。その御側《おんかたは》らに注③浅からず思ひきこえさせ給ひつる后《きさき》候《さぶら》ひ給ふを、人知れず

「いかでか。」[注④]と思ひたてまつれる臣下ありけり。ともし火の風に消えたりけるひまに[注⑤]1后の御袖を取りて引きたりけるを、限りなくいきどほり深くやおぼしけん、御手をさしやりてこの男のかうぶり[注⑥]のえい[注⑦]を取りて、「かかる事なん侍《はべ》り[注⑧]。はやく火をともしてえい無からん人をそれと知らせ給へ。」と申し給ふを、主《あるじ》もとより人をあはれみ情け深くおはしければ、「2ともし火消えたる程に、これに侍《はべ》る人々、各々えいを取りてたてまつるべし。その後火はともすべし。」とのたまはする[注⑨]に、この男涙もこぼれてうれしくおぼえけり[注⑩]。かくて[注⑪]ともし火明らかなれど、誰もみなえい無かりければ、その人と見えざりけり。かかれども[注⑫]、この人「いかにして[注⑬]か主の情けをむくひたてまつらん。」と心のうちに思へりけるに、3主、敵《かたき》の国に攻められて、あやうきほどにおはしけるを、この人ひとり身を捨てて戦ひければ、主、勝たせ給ひにけり。この事を思はずにあやしく[注⑭]おぼして、その故《ゆゑ》を尋ね問はせ給ふに、この人申していはく、「昔、后にえいを取られたてまつりて、思ひやるかたなく[注⑮]おぼえし時、誰となくまぎらはし給ひし事、我いまに忘れ侍らず。」と泣く泣く申しけり。

4情けなきことの葉ならば今日までも
5露の命のかからましやは

6主これを聞かせ給ふにも、「なを人として情けあるべき事にこそ。」とおぼしけり。（『唐物語』より。ただし設問の都合上、一部改めた。）

注
① 楚……古代中国、春秋戦国時代に成立していた国。
② 夜もすがら……一晩中。
③ 浅からず思ひきこえさせ給ひつる后候ひ給ふ…深く大切に愛しなさっていた后が控えていらっしゃった。
④ 「いかでか。」と思ひたてまつれる……「何とかして思いを伝えたい。」と慕い申し上げる。
⑤ ひま……時間的なすき間。間。　⑥ かうぶり……冠。
⑦ えい……冠の後ろに垂らす装飾品の細長い布。
⑧ かかる事なん侍り……こういうことがございます。
⑨ のたまはする……おっしゃった。
⑩ おぼえけり……思った。
⑪ かくて……こうして。
⑫ かかれども……しかしながら。
⑬ いかにしてか……何とかして。
⑭ あやしくおぼして……不思議にお思いになって。
⑮ 思ひやるかたなくおぼえし時……どうしようもなく困っておりました時。

問一　次の文は、傍線部1「后の御袖を取りて引きたりけるを、限りなくいきどほり深くやおぼしけん」を現代語訳したものである。空欄［A］・［B］に入る主語として最も適当なものを後のア～エからそれぞれ一つずつ選び、答の欄の記号に○をつけなさい。

A（ア　イ　ウ　エ）　B（ア　イ　ウ　エ）

［A］が后の御袖をつかんで引いたのに対し、［B］はこの上なく強いいきどおりをお感じになったのであろうか

ア　荘王　イ　后　ウ　臣下の男　エ　敵

問二　傍線部2「ともし火消えたる程に、これに侍る人々、各々えいを取りてたてまつるべし」について、この発言は、誰が何を意図して言ったものか。五十字程度で説明しなさい。ただし、「火」「袖」という語を必ず用いること。

問三　傍線部3「主、敵の国に攻められて、あやうきほどにおはしけるを」とあるが、何が「あやう」いのか。その説明として最も適当なものを次のア～オから一つ選び、答の欄の記号に○をつけなさい。

（ア　イ　ウ　エ　オ）

ア　他国との攻防における楚の国の存亡
イ　他国の策略による荘王と后の信頼関係
ウ　他国にそそのかされた男の忠誠心
エ　他国にはかりごとを見破られた荘王の王位
オ　他国への出兵による楚の国の民の暮らし

問四　傍線部4「情けなきことの葉ならば」とは「（あのときのあなたのことばが）温情のないことばだったならば」という意味であるが、「情けなきことの葉」とは具体的にどのような内容のことばだと考えられるか。最も適当なものを次のア～オから一つ選び、答の欄の記号に○をつけなさい。（ア　イ　ウ　エ　オ）

ア　后の申し出に反して、「早くともし火をつけるべきだ」と説くことば
イ　后の申し出を受けて、「早くえいを付けなさい」と促すことば
ウ　后の申し出に従わずに、「すぐにえいを取り外せ」と命令することば
エ　后の申し出を無視して、「ともし火が消えているぞ」と知らせることば
オ　后の申し出に従って、「えいがない人を探せ」と追及することば

問五　傍線部5「露の命のかからましやは」は「露のような私の命は、こうではなかったでしょう」という意味であるが、この部分をわかりやすく解釈したものとして最も適当なものを次のア～オから一つ選び、答の欄の記号に○をつけなさい。（ア　イ　ウ　エ　オ）

ア　露のように取るに足りない命は、戦うまでもなく負けの決まった運命だったでしょう。
イ　露のようにはかない命は、罪を問われて、生きながらえることはなかったでしょう。
ウ　露のようにわずかしか光らない命は、誰からもうらやまれることはなかったでしょう。
エ　露のようにつまらない命は、恋をすることも知らぬまま、一生を終えたことでしょう。
オ　露のように消えるはずの命は、報われることのないまま、見捨てておかれたでしょう。

問六　傍線部6「主これを聞かせ給ふにも、『なを人として情けあるべき事にこそ。』とおぼしけり」とあるが、「主」が「なを人として情けあるべき事にこそ」と思ったのはなぜか。「主」が「后」の申し出にどう対応したかをふまえて、六十字程度で説明しなさい。

問七　本文は大きく二つの段落に分けることができる。前半の段落の終わりの五字を抜き出して答えなさい。句読点や記号も一字に数える。

2　次の文章は、光源氏を愛する六条御息所が物の怪となり、光源氏の愛する夕顔（女君）を取り殺す場面である。これを読んで、あとの問いに答えよ。各問題とも特に指定のない限り、句読点、記号なども一

字に数えること。

（西大和学園高）

宵過ぐるほど、すこし寝入りたまへるに、御枕上にいとをかしげなる女1ゐて、「2おのがいとめでたしと見たてまつるをば尋ね思ほさで、かくことなることなき人を率ておはして時めかしたまふこそ、いとめざましくつらけれ」とて、この御かたはらの人をかき起こさむとすと見た《光源氏は》まふ《夢の中でごらんになる》。

物に襲はるる心地して、3おどろきたまへれば、灯も消えにけり。うたて思さるれば、太刀を引き抜きてうち置きたまひて、（夕顔の侍女である）右近を起こしたまふ。これも恐ろしと思ひたるさまにてa参り寄れり。「《源氏》渡殿なる宿直人起こして、紙燭さして参れと言へ」とのたまへば、「《右近》4いかでかまからん、暗うて」と言へば、「《源氏》あな若々し」とうち笑ひたまひて、手を叩きたまへば、山彦の答ふる声いと疎まし。

人え聞きつけで参らぬに、この女君いみじくわななきまどひて、いかさまにせむと思へり。汗もしとどになりて、5我かの気色なり。「iもの怖ぢをなんわりなくせさせたまふ本性にて、いかに思さるるにか」と右近も聞こゆ。いとか弱くて、昼も空をのみ見つるものを、いとほしと思して、「《源氏》我人を起こさむ。手叩けば山彦の答ふる、いとうるさし。ここに、しばし、近く」とて、右近を引き寄せたまひて、西の妻戸に出でて、戸を押し開けたまへれば、渡殿の灯も消えにけり。

（中略）

帰り入りて探りたまへば、女君はさながら臥して、右近はかたはらにうつ伏し臥したり。「6こはなぞ、あなもの狂ほしのもの怖ぢや。荒れたる所は、狐などやうのものの人おびやかさんとて、け恐ろしう思はするならん。まろあれば、さやうのものにはおどされじ」とて引き起こしたまふ。「《右近》iiいとうたて乱り心地のあしうはべれば、うつ伏し臥してはべるや。御前にこそわりなく思さるらめ」と言へば、「そよ、などかうは」とてbかい探りたまふに息もせず。引き動かしたまへど、なよなよとして、我にもあらぬさまなれば、iiiいといたく若びたる人にて、物にけどられぬるなめりと、せむ方なき心地したまふ。

紙燭持て参れり。右近も動くべきさまにもあらねば、近き御几帳を引き寄せて、「《源氏》なほ持て参れ」とのたまふ。「《源氏》なほ持て来や。所に従ひてこそ」とて、召し寄せて見たまへば、ただこの枕上に夢に見えつる容貌したる女、面影に見えてふと c 消え失せぬ。iv 昔物語などにこそかかることは聞け、といとめづらかにむくつけけれど、まづ、この人いかになりぬるぞと思ほす心騒ぎに、身の上も知られたまはず添ひ臥して、「やや」とおどろかしたまへど、ただ冷えに冷え入りて、息はとく絶えはてにけり。言はむ方なし。頼もしくいかにと言ひふれたまふべき人もなし。v 法師などをこそはかかる方の頼もしきものには思すべけれど。さこそ強がりたまへど、若き御心にて、7 言ふかひなくなりぬるを見たまふに、やる方なくて、つと抱きて、「あが君、生き出でたまへ、8 いといみじき目な見せたまひそ」とのたまへど、冷え入りにたれば、d けはひもの疎くなりゆく。

（『源氏物語』より）

問一　傍線部1「ゐる」は、ワ行の動詞「ゐる（居る）」の「連用形」であるが、古文での五十音図の「ワ行」を、例のように解答欄に答えよ。

例　サ行（さ・し・す・せ・そ）

ワ行（　・　・　・　・　）

問二　傍線部2「おのがいとめでたしと見たてまつるをば尋ね思ほさで、かくことなることなき人を率ておはして時めかしたまふこそ、いとめざましくつらけれ」とあるが、どういうことか。次の中から一つ選び、記号で答えよ。（　　）

ア　慕っている光源氏が夕顔のもとを訪ねようとも思わず、夕顔と比べ物にならぬ私を連れてかわいがってくれることについて、六条御息所がうれしく思っているということ。

イ　慕っている光源氏が私のもとを訪ねようとも思わず、別段のこともない夕顔を連れてかわいがっていることについて、心外だと六条御息所が恨めしく思っているということ。

ウ　慕っている光源氏が他の女のもとを訪ねようとも思わないのに、夕顔をかわいがってくれることについて、六条御息所が恨めしく思う反面、うれしく思っているということ。

エ　慕っている光源氏が私のもとを訪ねようと、私が大切にしている右近を連れていらっしゃることについて、夕顔がとてもありがたく、うれしいことだと思っているということ。

オ　慕っている光源氏が他の女のもとを訪ねようとも思ったのに、私のことを思い出し私のところに来ようとしたことについて、夕顔は動揺し、恨めしく思っているということ。

問三　傍線部3「おどろきたまへれば」、4「いかでかまからん」、5「我かの気色なり」について、訳として最適なものを次の中からそれぞれ一つずつ選び、記号で答えよ。

3「おどろきたまへれば」（　　）

ア　驚きになるならば　　イ　お目覚めになると

ウ　起こしになるなら　　エ　驚かせなさるので

オ　起きなさるならば

4「いかでかまからん」（　　）

ア　とても行くことはできない　　イ　とても行きたいと思うのだ

ウ　どうしても行こうとするか　　エ　どうしても行くのであれば

オ　どうして行こうとするのか

5「我かの気色なり」（　　　）

ア　行雲流水の様子である　イ　傍若無人の様子である
ウ　茫然自失の様子である　エ　以心伝心の様子である
オ　臥薪嘗胆の様子である

問四　二重傍線部a「参り寄れり」、b「かい探りたまふ」、c「消え失せぬ」、d「けはひもの疎くなりゆく」について、誰の行動であるか。次の中からそれぞれ一つずつ選び、記号で答えよ。

a（　）b（　）c（　）d（　）

ア　光源氏　イ　夕顔（女君）　ウ　六条御息所
エ　右近　オ　渡殿なる宿直人

問五　傍線部6「こはなぞ、あなもの狂ほしのもの怖ぢや。荒れたる所は、狐などやうのものの人おびやかさんとて、け恐ろしう思はするならん。まろあれば、さやうのものにはおどされじ」とあるが、光源氏はどういうことを伝えようとしているか、三十字以内で説明せよ。

問六　傍線部7「言ふかひなくなりぬる」とあるが、誰がどうなったということか、解答欄に合うように答えよ。

（　　　）が（　　　）ということ。

問七　傍線部8「いといみじき目な見せたまひそ」を口語訳せよ。

（　　　）

問八　波線部i～vについて、正しくない解釈がある。次の中から一つ選び、記号で答えよ。（　　）

ア　i「むやみに臆病でいらっしゃるご性分ですから、夕顔さまはどんなに恐ろしくていらっしゃるか」
イ　ii「ひどく気分が悪くて六条御息所さまはうつ伏しています。それにしても恐ろしくございます」
ウ　iii「とても子供子供している人だから物の怪に気を奪われてしまったのであるようだ」
エ　iv「昔物語などにこうしたことも聞いているが、とまったく異様なことで気味が悪い」
オ　v「法師などがいたら、こんな場面は寄りすがることもできるのだろうが」

3　次の文章を読んで、後の問いに答えよ。（灘高）

中ごろの事にや、山城国《やましろのくに》に男有りけり。あひ思ひたりける女なん侍《はべ》りける。

何とか侍りけん、Aうとうとしきさまにのみぞなりゆきける。この女うちくどき、「かくのみなりゆけば、*世の中も浮き立ちておぼゆるに、誰《たれ》も年のいたう言ふかひなくならぬ時、おのが*世々《よよ》になりなんも、ひとつの情《なさけ》なるべし。」といひけり。この男1驚きて、「Bえ去らず思ふこと、昔につゆちりも違はず。ただしひとつの事ありて、うとうとしきやうにおぼゆることぞある。過ぎにしころ、ものへ行くとて、野原のありしに休みしに、死にたる人の頭《かしら》の骨のありしを、つくづくと見しほどに、*世の中あぢきなくはかなくて、「誰も死なん後は2かやうに侍るべきぞかし。この人もいかなる人にか、Cかしづき仰がれけん。ただいまは、いとけうとく*いぶせき髑髏《どくろ》にて侍るめり。今よりわが妻《め》の顔のやうをさぐりて、このさまに同じきかと見んよ。」と思ひて、かへりてさぐり合はするに、さらなり、3などてかは異ならん。それより何となく心も*空におぼえて、かくおぼし咎《とが》むるまでになりにけるにこそあなれ。」と言ひけり。

かくて、月ごろ過ぎて妻にいふやう、「*出家の功徳《くどく》によりて仏の国に生《む》まれば、必ず帰り来て、友を*誘《いざな》はん時、4心ざしのほどは見え申さんずるぞ。」とて、かき消《け》つやうに失《う》せぬとなん。5ありがたく侍りける心にこそありけれ。

（「閑居友」より）

注 *世の中……一か所目は「あなたと私の関係」の意。二か所目は「人の一生」の意。

*おのが世々になりなんも……それぞれ別々の生活をするならばそれも。

*けうとくいぶせき……恐ろしく気味の悪い。

*心も空におぼえて……ぼんやりと上の空になって。

*出家の功徳によりて仏の国に生まれば……仏門に入るという善行によって極楽往生したら。

*友……生前深い縁のあった人。ここでは妻を指す。

問一 二重傍線部A～Cの語句の、本文における意味として最も適当なものをそれぞれア～オから選び、記号で答えよ。

A 「うとうとしき」（　　）

ア うっとりするような　イ きらっている　ウ 眠そうな

エ よく知らない　オ よそよそしい

B 「え去らず」（　　）

ア あなたと別れることにはならないと

イ あなたに立ち去ってほしくないと

ウ あなたのもとから離れられないと

エ 決してあなたのもとから去るまいと

オ この家から立ち去りたくないと

C 「かしづき仰がれけん」（　　）

ア 祈られ崇拝されたのだろう

イ 貸しを作って恐れられたのだろう

ウ 最期《さいご》を看取《みと》られほうむられたのだろう

エ 大切にされ愛されたのだろう

オ つかず離れず暮らしていたのだろう

問二 傍線部1「驚きて」とあるが、男が驚いたのはなぜか。理由を答えよ。

（　　）

問三 傍線部2「かやうに侍る」とあるが、どういうことか、答えよ。

（　　）

問四 傍線部3「などてかは異ならん」は「全く同じだ」という意味であるが、何と何が同じであるというのか、答えよ。

（　　）

問五 傍線部4「心ざしのほどは見え申さんずるぞ」の説明として最も適当なものを次のア～オから選び、記号で答えよ。（　　）

ア 自分が妻を極楽へ導かなければ、妻と自分との間の愛情の深さは決して分からないということ。

イ 自分が妻を極楽へ導くかどうかで、自分に対する妻の愛情が深かったかどうか分かるということ。

ウ 自分が妻を極楽へ導くことによって、妻に対する自分の愛情が深かったことが分かるということ。

エ 自分が妻を極楽へ導けたなら、自分が強い意志で仏道修行に取り組んだことが分かるということ。

オ 自分が妻を極楽へ導けるかどうかで、仏道修行に妻が真剣に取り組んだかどうか分かるということ。

問六 傍線部5「ありがたく侍りける心にこそありけれ」とあるが、男の心のどのような点を「ありがたく」と評価しているのか、答えよ。

（　　　　　　　　）

(2) 漢文

1 次の文章は、『論語』の一節を書き下し文にしたものです。これを読んで、あとの(1)、(2)に答えなさい。（和歌山県）

子《先生》曰《いは》く、三人行けば《同じ道を行けば》、必ず我が師有り。A其《そ》の善なる者を択《えら》びて《選んで》之《これ》に従《したが》ひ、B其の不善なる者にして之を改む。（『論語』より）

(1) 文中、A其の善なる者を択びてとありますが、この書き下し文の読み方になるように、「択《ビテ》 其《ノ》 善《ナル》 者《ヲ》」に返り点を付けなさい。

択《ビテ》 其《ノ》 善《ナル》 者《ヲ》

(2) 文中、B其の不善なる者にして之を改むとありますが、これに近い意味の故事成語として最も適切なものを、次のア～エの中から選び、その記号を書きなさい。（　　）

ア 漁夫の利　イ 推敲《すいこう》　ウ 他山の石　エ 蛇足

2 次の書き下し文と漢文を読んで、あとの問いに答えなさい。（兵庫県）

〔書き下し文〕

郢人《えいひと》に燕《えん》の相国《しやうこく》に書を（手紙を）遺《おく》る者有り。夜書して（その人は夜に手紙を書いていて）、火明らかならず。因《よ》りて燭《しょく》（ろうそくを）を持つ者に謂《い》ひて曰《い》はく、「燭を挙げよ。」と云《い》ふ。而《しか》して過《あやま》つて燭を挙げよと書く。燭を挙げよとは書の意に非《あら》ざるなり。燕の相、書を受けて之《これ》を説きて曰はく、「燭を挙ぐとは、明を尚《たか》くするなり、明を尚くせよとは、賢を（賢者を）挙げて之に任ずるなり（ふさわしい職に任命する）。」と。燕の相、王に白《まう》す。大いに説《よろこ》び、国以《もっ》て治まる。

〔漢文〕

郢人《ニ》有《リ》下遺《ル》二燕《ノ》相国《ニ》書《ヲ》一者《上》。夜書《シテ》、火不《ず》レ明《ラカナラ》。因《リテ》①謂《ヒテ》持《ツ》燭《ヲ》者《ニ》曰《ハク》、「挙《ゲヨト》レ燭《ヲ》。」a云《フ》。而《シテ》過《ツテ》書《ク》レ挙《ゲヨト》レ燭《ヲ》。挙《ゲヨトハ》レ燭《ヲ》非《ザル》二書《ノ》意《ニ》一也《なり》。燕《ノ》相、受《ケテ》レ書《ヲ》而説《キテ》レ之《ヲ》曰《ハク》、「挙《グト》レ燭《ヲ》者《は》、尚《クスル》レ明《ヲ》也、尚《クセヨト》レ明《ヲ》也者、挙《ゲテ》レ賢《ヲ》而任《ズルナリト》レ之《ニ》。」燕《ノ》相、②白《ス》レ王《ニ》。大《イニ》b説《ビ》、国以《テ》治《マル》。

（韓非《かんぴ》「韓非子《かんぴし》」より）

（注）郢――古代中国の楚の国の都。
燕――古代中国の国の名。
相国・相――総理大臣にあたる重臣。

問一 傍線部②の「白」と同じ意味の「白」を用いた熟語を、次のア～エから一つ選んで、その符号を書きなさい。（　　）

ア 敬白　イ 白紙　ウ 白昼　エ 空白

問二 書き下し文の読み方になるように、傍線部①に返り点をつけなさい。

謂《ヒテ》持《ツ》燭《ヲ》者《ニ》曰《ハク》、

問三　二重傍線部ａ・ｂの主語として適切なものを、次のア～エからそれぞれ一つ選んで、その符号を書きなさい。

ａ（　　）ｂ（　　）

ア　書を遺る者　　イ　燕の相国　　ウ　燭を持つ者　　エ　燕の王

問四　本文の内容として最も適切なものを、次のア～エから一つ選んで、その符号を書きなさい。（　　）

ア　郢人は、わざと誤った内容の手紙を送って燕国を混乱させようとしたが、燕の相国がその意図を見破り、国を危機から救った。

イ　燕の相国は、手紙の記述が誤りだと気づかず、文字通りに実行するよう燕王に進言してしまったが、偶然にも国は治まった。

ウ　燕の相国は、手紙の中に間違って書き込まれた記述を深読みしたにすぎないが、結果的に国の安定をもたらすこととなった。

エ　郢人は、燕王に送る手紙の重要な言葉を書き間違えたが、燕の相国の機転により、国を治める心構えが燕王に正しく伝わった。

3　次の文章を読んで、後の問いに答えなさい。（設問の都合上、訓点を省略したところがあります。）字数制限のある問いについては、句読点なども1字として数えなさい。

（白陵高）

龐*《ほう》葱《そう》与《ともニ》二太子《ト》一質*《ち タラントス》二於邯*《かん》鄲《たんニ》一。謂《い ヒテ》二魏王《ニ》一

曰《ハク》、「①今一人言市有虎、王信《ズル》レ之《ヲ》乎《か ト》。」王

曰《ハク》、「否《ト》。」「二人言市有虎、王信《ズル》レ之《ヲ》乎《ト》。」王

曰《ハク》、「寡*《くわ》人《じん》疑《ハント》レ之《ヲ》矣。」「三人言市有虎、王

信《ズル》レ之《ヲ》乎《ト》。」王曰《ハク》、「寡人信《ゼント》レ之《ヲ》矣。」龐葱曰《ハク》、

「②夫《そレ》市之無《キコト》レ虎明《ラカナリ》矣。然《しかレドモ》而三人言《ヒテ》而

成《ス》レ虎《ヲ》。今邯鄲《ノ》去《ル》二大*《たい》梁《りやうヲ》一也《や》遠《ク》二於市《ヨリ》一、而《しかモ》

議*《スル》レ臣《ヲ》者《ハ》過《グ》二於三人《ニ》一矣。③願《ハクハ》王察《セヨト》レ之《ヲ》矣。」

王曰《ハク》、「④寡人自《ラ》為《なサント》レ知《ルヲ》。」於《おイテ》レ是《ここニ》ａ辞《シテ》行《ク》。而《しかルニ》讒*《ざん》

言《げん》先《まヅ》至《ル》。後、太子罷《やム》レ質《ヲ》。ｂ果《タシテ》不レ得レ見《まみユルヲ》。

（「戦国策」より）

＊注　龐葱＝魏の臣下の名。

質＝人質となること。

邯鄲＝趙の都。

寡人＝わたくし。諸侯や君主の自称。

大梁＝魏の都。

議臣＝私（＝龐葱）のことを批判する。

讒言＝他人を陥れるための、事実を曲げた告げ口。

問一　二重線部ａ「辞」・ｂ「果」の漢字の意味として最も適切なものを、次の中からそれぞれ一つ選び、記号で答えなさい。

ａ（　　）ｂ（　　）

ａ　ア　同行するのをやめて

イ　王に別れの挨拶をして

ウ　安堵の表情を浮かべて

エ　王の臣下の地位から退いて
オ　王に不信の念を抱いて

b　ア　思った通りに　イ　どうにもできず
ウ　意外なことに　エ　様々な段階を経て
オ　不都合なことに

問二　――線部①は「一人市に虎有りと言はば」と読みます。これに従って返り点をつけなさい。（送り仮名は不要）

一　人　言　市　有　虎

問三　――線部②はどういうことを言っているのですか、六十字以内で説明しなさい。

問四　――線部③の説明として最も適切なものを、次の中から一つ選び、記号で答えなさい。（　　）

ア　皇太子とともに邯鄲に行くことを妬む者が現れるのではないかと危惧した龐葱は、皇太子を守ることができるのは自分をおいて他にないということを、魏王に信じ込ませようとしている。
イ　邯鄲に行った後、自分に関してつまらないことを言う者が現れるに違いないと思った龐葱は、そのような言葉に惑わされることなく、自分のことを信じてほしいと魏王に訴えている。
ウ　龐葱は、人が最も大切にするのは自分自身であり、そのためには王をも平気で騙《だま》す場合があると諭しながら、自分が邯鄲に赴いた後は自分に代わる信頼できる臣下を得るべきだと魏王に進言している。
エ　龐葱は、皇太子を守ることが務めであるとは言え、遠く離れた邯鄲の地に行かねばならない自分のつらさを語りながら、任務終了後はすみやかに大梁に戻すよう働きかけてほしいと魏王に懇願している。
オ　自分が邯鄲に行くことで、魏の行く末に不安を抱いた龐葱は、君主に対しても臆することなく批判的な意見を述べるような者こそが真の忠臣であるということを魏王に伝えている。

問五　――線部④について、以下の問いに答えなさい。

(1)　この部分の説明として最も適切なものを、次の中から一つ選び、記号で答えなさい。（　　）

ア　龐葱の言葉を聞き入れ、自身で真実を見極めようと返答している。
イ　龐葱の言葉が理解できず、より丁寧に説明するよう求めている。
ウ　龐葱の言葉に疑念を抱き、自分で事の真偽を確かめようと述べている。
エ　龐葱の言葉をもっともだと判断し、彼を守ってやろうと答えている。
オ　龐葱の言葉に心を動かされ、王としての務めを果たそうと伝えている。

(2)　このような発言をした王は、結局どのようになりましたか、三十字程度で答えなさい。

A book for You
赤本バックナンバーのご案内

赤本バックナンバーを1年単位で印刷製本しお届けします！

弊社発行の「**高校別入試対策シリーズ(赤本)**」の収録から外れた古い年度の過去問を1年単位でご購入いただくことができます。

「**赤本バックナンバー**」はamazon(アマゾン)の***プリント・オン・デマンドサービス**によりご提供いたします。

定評のあるくわしい解答解説はもちろん赤本そのまま，解答用紙も付けてあります。

志望校の受験対策をさらに万全なものにするために，「**赤本バックナンバー**」をぜひご活用ください。

⚠ *プリント・オン・デマンドサービスとは，ご注文に応じて1冊から印刷製本し，お客様にお届けするサービスです。

ご購入の流れ

① 英俊社のウェブサイト https://book.eisyun.jp/ にアクセス

② トップページの「高校受験」 赤本バックナンバー をクリック

③ ご希望の学校・年度をクリックすると，amazon(アマゾン)のウェブサイトの該当書籍のページにジャンプ

④ amazon(アマゾン)のウェブサイトでご購入

⚠ 納期や配送，お支払い等，購入に関するお問い合わせは，amazon(アマゾン)のウェブサイトにてご確認ください。

⚠ 書籍の内容についてのお問い合わせは英俊社(06−7712−4373)まで。

国私立高校・高専 バックナンバー

⚠ 表中の×印の学校・年度は，著作権上の事情等により発刊いたしません。あしからずご了承ください。

(アイウエオ順)

※価格はすべて税込表示

学校名	2019年実施問題	2018年実施問題	2017年実施問題	2016年実施問題	2015年実施問題	2014年実施問題	2013年実施問題	2012年実施問題	2011年実施問題	2010年実施問題	2009年実施問題	2008年実施問題	2007年実施問題	2006年実施問題	2005年実施問題	2004年実施問題	2003年実施問題
大阪教育大附高池田校舎	1,540円 66頁	1,430円 60頁	1,430円 62頁	1,430円 60頁	1,430円 60頁	1,430円 58頁	1,430円 58頁	1,430円 60頁	1,430円 58頁	1,430円 56頁	1,430円 54頁	1,320円 50頁	1,320円 52頁	1,320円 52頁	1,320円 48頁	1,320円 48頁	
大阪星光学院高	1,320円 48頁	1,320円 44頁	1,210円 42頁	1,210円 34頁	×	1,210円 36頁	1,210円 30頁	1,210円 32頁	1,650円 88頁	1,650円 84頁	1,650円 84頁	1,650円 80頁	1,650円 86頁	1,650円 80頁	1,650円 82頁	1,320円 52頁	1,430円 54頁
大阪桐蔭高	1,540円 74頁	1,540円 66頁	1,540円 68頁	1,540円 66頁	1,540円 66頁	1,430円 64頁	1,540円 68頁	1,430円 62頁	1,430円 62頁	1,540円 68頁	1,430円 62頁	1,430円 62頁	1,430円 60頁	1,430円 62頁	1,430円 58頁		
関西大学高	1,430円 56頁	1,430円 56頁	1,430円 58頁	1,430円 54頁	1,320円 52頁	1,320円 52頁	1,430円 54頁	1,320円 50頁	1,320円 52頁	1,320円 50頁							
関西大学第一高	1,540円 66頁	1,430円 64頁	1,430円 64頁	1,430円 56頁	1,430円 62頁	1,430円 54頁	1,320円 48頁	1,430円 56頁	1,430円 56頁	1,430円 56頁	1,430円 56頁	1,320円 52頁	1,320円 52頁	1,320円 50頁	1,320円 46頁	1,320円 52頁	
関西大学北陽高	1,540円 68頁	1,540円 72頁	1,540円 70頁	1,430円 64頁	1,430円 62頁	1,430円 60頁	1,430円 60頁	1,430円 58頁	1,430円 58頁	1,430円 58頁	1,430円 56頁	1,430円 54頁					
関西学院高	1,210円 36頁	1,210円 36頁	1,210円 34頁	1,210円 34頁	1,210円 32頁	1,210円 32頁	1,210円 32頁	1,210円 32頁	1,210円 28頁	1,210円 30頁	1,210円 28頁	1,210円 30頁	×	1,210円 30頁	1,210円 28頁	×	1,210円 26頁
京都女子高	1,540円 66頁	1,430円 62頁	1,430円 60頁	1,430円 60頁	1,430円 60頁	1,430円 54頁	1,430円 56頁	1,430円 56頁	1,430円 56頁	1,430円 56頁	1,430円 56頁	1,430円 54頁	1,430円 54頁	1,320円 50頁	1,320円 50頁	1,320円 48頁	
近畿大学附属高	1,540円 72頁	1,540円 68頁	1,540円 68頁	1,540円 66頁	1,430円 64頁	1,430円 62頁	1,430円 58頁	1,430円 60頁	1,430円 58頁	1,430円 60頁	1,430円 54頁	1,430円 58頁	1,430円 56頁	1,430円 54頁	1,430円 56頁	1,320円 52頁	
久留米大学附設高	1,430円 64頁	1,430円 62頁	1,430円 58頁	1,430円 60頁	1,430円 58頁	1,430円 58頁	1,430円 58頁	1,430円 58頁	1,430円 56頁	1,430円 58頁	1,430円 54頁	×	1,430円 54頁	1,430円 54頁			
四天王寺高	1,540円 74頁	1,430円 62頁	1,430円 64頁	1,540円 66頁	1,210円 40頁	1,210円 40頁	1,430円 64頁	1,430円 64頁	1,430円 58頁	1,430円 62頁	1,430円 60頁	1,430円 60頁	1,430円 64頁	1,430円 58頁	1,430円 62頁	1,430円 58頁	
須磨学園高	1,210円 40頁	1,210円 40頁	1,210円 36頁	1,210円 42頁	1,210円 40頁	1,210円 40頁	1,210円 38頁	1,210円 38頁	1,320円 44頁	1,320円 48頁	1,320円 46頁	1,320円 48頁	1,320円 46頁	1,320円 44頁	1,210円 42頁		
清教学園高	1,540円 66頁	1,540円 66頁	1,430円 64頁	1,430円 56頁	1,320円 52頁	1,320円 50頁	1,320円 52頁	1,320円 48頁	1,320円 52頁	1,320円 50頁	1,320円 50頁	1,320円 46頁					
西南学院高	1,870円 102頁	1,760円 98頁	1,650円 82頁	1,980円 116頁	1,980円 112頁	1,980円 112頁	1,870円 110頁	1,870円 112頁	1,870円 106頁	1,540円 76頁	1,540円 76頁	1,540円 72頁	1,540円 72頁	1,540円 70頁			
清風高	1,430円 58頁	1,430円 54頁	1,430円 60頁	1,430円 60頁	1,430円 60頁	1,430円 60頁	1,430円 60頁	1,430円 60頁	1,430円 56頁	1,430円 58頁	×	1,430円 56頁	1,430円 58頁	1,430円 54頁	1,430円 54頁		

※価格はすべて税込表示

学校名	2019年実施問題	2018年実施問題	2017年実施問題	2016年実施問題	2015年実施問題	2014年実施問題	2013年実施問題	2012年実施問題	2011年実施問題	2010年実施問題	2009年実施問題	2008年実施問題	2007年実施問題	2006年実施問題	2005年実施問題	2004年実施問題	2003年実施問題
清風南海高	1,430円 64頁	1,430円 64頁	1,430円 62頁	1,430円 60頁	1,430円 60頁	1,430円 58頁	1,430円 58頁	1,430円 60頁	1,430円 56頁	1,430円 56頁	1,430円 56頁	1,430円 56頁	1,430円 58頁	1,430円 58頁	1,320円 52頁	1,430円 54頁	
智辯学園和歌山高	1,320円 44頁	1,210円 42頁	1,210円 40頁	1,210円 40頁	1,210円 38頁	1,210円 38頁	1,210円 40頁	1,210円 38頁	1,210円 38頁	1,210円 40頁	1,210円 40頁	1,210円 38頁	1,210円 38頁	1,210円 38頁	1,210円 38頁	1,210円 38頁	
同志社高	1,430円 56頁	1,430円 56頁	1,430円 54頁	1,430円 54頁	1,430円 56頁	1,430円 54頁	1,320円 52頁	1,320円 52頁	1,320円 50頁	1,320円 48頁	1,320円 50頁	1,320円 50頁	1,320円 46頁	1,320円 48頁	1,320円 44頁	1,320円 48頁	1,320円 46頁
灘高	1,320円 52頁	1,320円 46頁	1,320円 48頁	1,320円 46頁	1,320円 46頁	1,320円 48頁	1,210円 42頁	1,320円 44頁	1,320円 50頁	1,320円 48頁	1,320円 46頁	1,320円 48頁	1,320円 48頁	1,320円 46頁	1,320円 44頁	1,320円 46頁	1,320円 46頁
西大和学園高	1,760円 98頁	1,760円 96頁	1,760円 90頁	1,540円 68頁	1,540円 66頁	1,430円 62頁	1,430円 62頁	1,430円 62頁	1,430円 64頁	1,430円 64頁	1,430円 62頁	1,430円 64頁	1,430円 64頁	1,430円 62頁	1,430円 60頁	1,430円 56頁	1,430円 58頁
福岡大学附属大濠高	2,310円 152頁	2,310円 148頁	2,200円 142頁	2,200円 144頁	2,090円 134頁	2,090円 132頁	2,090円 128頁	1,760円 96頁	1,760円 94頁	1,650円 88頁	1,650円 84頁	1,760円 88頁	1,760円 90頁	1,760円 92頁			
明星高	1,540円 76頁	1,540円 74頁	1,540円 68頁	1,430円 62頁	1,430円 62頁	1,430円 64頁	1,430円 64頁	1,430円 60頁	1,430円 58頁	1,430円 56頁	1,430円 56頁	1,430円 54頁	1,430円 54頁	1,430円 54頁	1,320円 52頁	1,320円 52頁	
桃山学院高	1,430円 64頁	1,430円 64頁	1,430円 62頁	1,430円 60頁	1,430円 58頁	1,430円 54頁	1,430円 56頁	1,430円 54頁	1,430円 58頁	1,430円 58頁	1,430円 56頁	1,320円 52頁	1,320円 52頁	1,320円 48頁	1,320円 46頁	1,320円 50頁	1,320円 50頁
洛南高	1,540円 66頁	1,430円 64頁	1,540円 66頁	1,540円 66頁	1,430円 62頁	1,430円 64頁	1,430円 62頁	1,430円 62頁	1,430円 62頁	1,430円 60頁	1,430円 58頁	1,430円 64頁	1,430円 60頁	1,430円 62頁	1,430円 58頁	1,430円 58頁	1,430円 60頁
ラ・サール高	1,540円 70頁	1,540円 66頁	1,430円 60頁	1,430円 62頁	1,430円 60頁	1,430円 58頁	1,430円 60頁	1,430円 60頁	1,430円 58頁	1,430円 54頁	1,430円 60頁	1,430円 54頁	1,430円 56頁	1,320円 50頁			
立命館高	1,760円 96頁	1,760円 94頁	1,870円 100頁	1,760円 96頁	1,870円 104頁	1,870円 102頁	1,870円 100頁	1,760円 92頁	1,650円 88頁	1,760円 94頁	1,650円 88頁	1,650円 86頁	1,320円 48頁	1,650円 80頁	1,430円 54頁		
立命館宇治高	1,430円 62頁	1,430円 60頁	1,430円 58頁	1,430円 58頁	1,430円 56頁	1,430円 54頁	1,430円 54頁	1,320円 52頁	1,320円 52頁	1,430円 54頁	1,430円 56頁	1,320円 52頁					
国立高専	1,650円 78頁	1,540円 74頁	1,540円 66頁	1,430円 64頁	1,430円 62頁	1,430円 62頁	1,430円 62頁	1,540円 68頁	1,540円 70頁	1,430円 64頁	1,430円 62頁	1,430円 62頁	1,430円 60頁	1,430円 58頁	1,430円 60頁	1,430円 56頁	1,430円 60頁

公立高校 バックナンバー

※価格はすべて税込表示

府県名・学校名	2019年実施問題	2018年実施問題	2017年実施問題	2016年実施問題	2015年実施問題	2014年実施問題	2013年実施問題	2012年実施問題	2011年実施問題	2010年実施問題	2009年実施問題	2008年実施問題	2007年実施問題	2006年実施問題	2005年実施問題	2004年実施問題	2003年実施問題
岐阜県公立高	990円 64頁	990円 60頁	990円 60頁	990円 60頁	990円 58頁	990円 56頁	990円 58頁	990円 52頁	990円 54頁	990円 52頁	990円 52頁	990円 48頁	990円 50頁	990円 52頁			
静岡県公立高	990円 62頁	990円 58頁	990円 58頁	990円 60頁	990円 60頁	990円 56頁	990円 58頁	990円 58頁	990円 56頁	990円 54頁	990円 52頁	990円 54頁	990円 52頁	990円 52頁			
愛知県公立高	990円 126頁	990円 120頁	990円 114頁	990円 114頁	990円 114頁	990円 110頁	990円 112頁	990円 108頁	990円 108頁	990円 110頁	990円 102頁	990円 102頁	990円 102頁	990円 100頁	990円 100頁	990円 96頁	990円 96頁
三重県公立高	990円 72頁	990円 66頁	990円 66頁	990円 64頁	990円 66頁	990円 64頁	990円 66頁	990円 64頁	990円 62頁	990円 62頁	990円 58頁	990円 58頁	990円 52頁	990円 54頁			
滋賀県公立高	990円 66頁	990円 62頁	990円 60頁	990円 62頁	990円 62頁	990円 46頁	990円 48頁	990円 46頁	990円 48頁	990円 44頁	990円 44頁	990円 44頁	990円 46頁	990円 44頁	990円 44頁	990円 40頁	990円 42頁
京都府公立高(中期)	990円 60頁	990円 56頁	990円 54頁	990円 54頁	990円 56頁	990円 54頁	990円 56頁	990円 54頁	990円 56頁	990円 54頁	990円 52頁	990円 50頁	990円 50頁	990円 50頁	990円 46頁	990円 46頁	990円 48頁
京都府公立高(前期)	990円 40頁	990円 38頁	990円 40頁	990円 38頁	990円 38頁	990円 36頁											
京都市立堀川高 探究学科群	1,430円 64頁	1,540円 68頁	1,430円 60頁	1,430円 62頁	1,430円 64頁	1,430円 60頁	1,430円 60頁	1,430円 58頁	1,430円 58頁	1,430円 64頁	1,430円 54頁	1,320円 48頁	1,210円 42頁	1,210円 38頁	1,210円 36頁	1,210円 40頁	
京都市立西京高 エンタープライジング科	1,650円 82頁	1,540円 76頁	1,650円 80頁	1,540円 72頁	1,540円 72頁	1,540円 70頁	1,320円 46頁	1,320円 50頁	1,320円 46頁	1,320円 44頁	1,210円 42頁	1,210円 42頁	1,210円 38頁	1,210円 38頁	1,210円 40頁	1,210円 34頁	
京都府立嵯峨野高 京都こすもす科	1,540円 68頁	1,540円 66頁	1,540円 68頁	1,430円 64頁	1,430円 64頁	1,430円 62頁	1,210円 42頁	1,210円 42頁	1,320円 46頁	1,320円 44頁	1,210円 42頁	1,210円 40頁	1,210円 40頁	1,210円 36頁	1,210円 36頁	1,210円 34頁	
京都府立桃山高 自然科学科	1,320円 46頁	1,320円 46頁	1,210円 42頁	1,320円 44頁	1,320円 46頁	1,320円 44頁	1,210円 42頁	1,210円 38頁	1,210円 42頁	1,210円 40頁	1,210円 40頁	1,210円 38頁	1,210円 34頁	1,210円 34頁			

※価格はすべて税込表示

府県名・学校名	2019年 実施問題	2018年 実施問題	2017年 実施問題	2016年 実施問題	2015年 実施問題	2014年 実施問題	2013年 実施問題	2012年 実施問題	2011年 実施問題	2010年 実施問題	2009年 実施問題	2008年 実施問題	2007年 実施問題	2006年 実施問題	2005年 実施問題	2004年 実施問題	2003年 実施問題
大阪府公立高(一般)	990円 148頁	990円 140頁	990円 140頁	990円 122頁													
大阪府公立高(特別)	990円 78頁	990円 78頁	990円 74頁	990円 72頁													
大阪府公立高(前期)					990円 70頁	990円 68頁	990円 66頁	990円 72頁	990円 70頁	990円 60頁	990円 58頁	990円 56頁	990円 56頁	990円 54頁	990円 52頁	990円 52頁	990円 48頁
大阪府公立高(後期)					990円 82頁	990円 76頁	990円 72頁	990円 64頁	990円 64頁	990円 64頁	990円 62頁	990円 62頁	990円 62頁	990円 58頁	990円 56頁	990円 58頁	990円 56頁
兵庫県公立高	990円 74頁	990円 78頁	990円 74頁	990円 74頁	990円 74頁	990円 68頁	990円 66頁	990円 64頁	990円 60頁	990円 56頁	990円 58頁	990円 56頁	990円 58頁	990円 56頁	990円 56頁	990円 54頁	990円 52頁
奈良県公立高(一般)	990円 62頁	990円 50頁	990円 50頁	990円 52頁	990円 50頁	990円 52頁	990円 50頁	990円 48頁	990円 48頁	990円 48頁	990円 48頁	990円 48頁	×	990円 44頁	990円 46頁	990円 42頁	990円 44頁
奈良県公立高(特色)	990円 30頁	990円 38頁	990円 44頁	990円 46頁	990円 46頁	990円 44頁	990円 40頁	990円 40頁	990円 32頁	990円 32頁	990円 32頁	990円 32頁	990円 28頁	990円 28頁			
和歌山県公立高	990円 76頁	990円 70頁	990円 68頁	990円 64頁	990円 66頁	990円 64頁	990円 64頁	990円 62頁	990円 66頁	990円 62頁	990円 60頁	990円 60頁	990円 58頁	990円 56頁	990円 56頁	990円 56頁	990円 52頁
岡山県公立高(一般)	990円 66頁	990円 60頁	990円 58頁	990円 56頁	990円 58頁	990円 56頁	990円 58頁	990円 60頁	990円 56頁	990円 56頁	990円 52頁	990円 52頁	990円 50頁				
岡山県公立高(特別)	990円 38頁	990円 36頁	990円 34頁	990円 34頁	990円 34頁	990円 32頁											
広島県公立高	990円 68頁	990円 70頁	990円 74頁	990円 68頁	990円 60頁	990円 58頁	990円 54頁	990円 46頁	990円 48頁	990円 46頁	990円 46頁	990円 46頁	990円 44頁	990円 46頁	990円 44頁	990円 44頁	990円 44頁
山口県公立高	990円 86頁	990円 80頁	990円 82頁	990円 84頁	990円 76頁	990円 78頁	990円 76頁	990円 64頁	990円 62頁	990円 58頁	990円 58頁	990円 60頁	990円 56頁				
徳島県公立高	990円 88頁	990円 78頁	990円 86頁	990円 74頁	990円 76頁	990円 80頁	990円 64頁	990円 62頁	990円 60頁	990円 58頁	990円 60頁	990円 54頁	990円 52頁				
香川県公立高	990円 76頁	990円 74頁	990円 72頁	990円 74頁	990円 72頁	990円 68頁	990円 68頁	990円 66頁	990円 66頁	990円 62頁	990円 62頁	990円 60頁	990円 62頁				
愛媛県公立高	990円 72頁	990円 68頁	990円 66頁	990円 64頁	990円 68頁	990円 64頁	990円 62頁	990円 60頁	990円 62頁	990円 56頁	990円 58頁	990円 56頁	990円 54頁				
福岡県公立高	990円 66頁	990円 68頁	990円 68頁	990円 66頁	990円 60頁	990円 56頁	990円 56頁	990円 54頁	990円 56頁	990円 58頁	990円 52頁	990円 54頁	990円 52頁	990円 48頁			
長崎県公立高	990円 90頁	990円 86頁	990円 84頁	990円 84頁	990円 82頁	990円 80頁	990円 80頁	990円 82頁	990円 80頁	990円 80頁	990円 80頁	990円 78頁	990円 76頁				
熊本県公立高	990円 98頁	990円 92頁	990円 92頁	990円 92頁	990円 94頁	990円 74頁	990円 72頁	990円 70頁	990円 70頁	990円 68頁	990円 68頁	990円 64頁	990円 68頁				
大分県公立高	990円 84頁	990円 78頁	990円 80頁	990円 76頁	990円 80頁	990円 66頁	990円 62頁	990円 62頁	990円 62頁	990円 58頁	990円 58頁	990円 56頁	990円 58頁				
鹿児島県公立高	990円 66頁	990円 62頁	990円 60頁	990円 60頁	990円 60頁	990円 60頁	990円 60頁	990円 60頁	990円 60頁	990円 58頁	990円 58頁	990円 54頁	990円 58頁				

英語リスニング音声データのご案内

英語リスニング問題の音声データについて

（赤本収録年度の音声データ）　弊社発行の**「高校別入試対策シリーズ（赤本）」に収録している年度**の音声データは，以下の一覧の学校分を提供しています。希望の音声データをダウンロードし，赤本に掲載されている問題に取り組んでください。

（赤本収録年度より古い年度の音声データ）　**「高校別入試対策シリーズ（赤本）」に収録している年度よりも古い年度**の音声データは，6ページの国私立高と公立高を提供しています。赤本バックナンバー（1～3ページに掲載）と音声データの両方をご購入いただき，問題に取り組んでください。

ご購入の流れ

① 英俊社のウェブサイト https://book.eisyun.jp/ にアクセス
② トップページの「高校受験」 リスニング音声データ をクリック
③ ご希望の学校・年度をクリックすると，オーディオブック（audiobook.jp）のウェブサイトの該当ページにジャンプ
④ オーディオブック（audiobook.jp）のウェブサイトでご購入。※初回のみ会員登録（無料）が必要です。

⚠ ダウンロード方法やお支払い等，購入に関するお問い合わせは，オーディオブック（audiobook.jp）のウェブサイトにてご確認ください。

音声データを入手できる学校と年度

赤本収録年度の音声データ

ご希望の年度を1年分ずつ，もしくは赤本に収録している年度をすべてまとめてセットでご購入いただくことができます。セットでご購入いただくと，1年分の単価がお得になります。

⚠ ×印の年度は音声データをご提供しておりません。あしからずご了承ください。

国私立高（アイウエオ順）

※価格は税込表示

学校名	税込価格 2020年	2021年	2022年	2023年	2024年
アサンプション国際高	¥550	¥550	¥550	¥550	¥550
5か年セット	¥2,200				
育英西高	¥550	¥550	¥550	¥550	¥550
5か年セット	¥2,200				
大阪教育大附高池田校	¥550	¥550	¥550	¥550	¥550
5か年セット	¥2,200				
大阪薫英女学院高	¥550	¥550	¥550	¥550	×
4か年セット	¥1,760				
大阪国際高	¥550	¥550	¥550	¥550	¥550
5か年セット	¥2,200				
大阪信愛学院高	¥550	¥550	¥550	¥550	¥550
5か年セット	¥2,200				
大阪星光学院高	¥550	¥550	¥550	¥550	¥550
5か年セット	¥2,200				
大阪桐蔭高	¥550	¥550	¥550	¥550	¥550
5か年セット	¥2,200				
大谷高	×	×	×	¥550	¥550
2か年セット	¥880				
関西創価高	¥550	¥550	¥550	¥550	¥550
5か年セット	¥2,200				
京都先端科学大附高（特進・進学）	¥550	¥550	¥550	¥550	¥550
5か年セット	¥2,200				

※価格は税込表示

学校名	税込価格 2020年	2021年	2022年	2023年	2024年
京都先端科学大附高（国際）	¥550	¥550	¥550	¥550	¥550
5か年セット	¥2,200				
京都橘高	¥550	×	¥550	¥550	¥550
4か年セット	¥1,760				
京都両洋高	¥550	¥550	¥550	¥550	¥550
5か年セット	¥2,200				
久留米大附設高	×	¥550	¥550	¥550	¥550
4か年セット	¥1,760				
神戸星城高	¥550	¥550	¥550	¥550	¥550
5か年セット	¥2,200				
神戸山手グローバル高	×	×	×	¥550	¥550
2か年セット	¥880				
神戸龍谷高	¥550	¥550	¥550	¥550	¥550
5か年セット	¥2,200				
香里ヌヴェール学院高	¥550	¥550	¥550	¥550	¥550
5か年セット	¥2,200				
三田学園高	¥550	¥550	¥550	¥550	¥550
5か年セット	¥2,200				
滋賀学園高	¥550	¥550	¥550	¥550	¥550
5か年セット	¥2,200				
滋賀短期大学附高	¥550	¥550	¥550	¥550	¥550
5か年セット	¥2,200				

国私立高（アイウエオ順）

※価格は税込表示

学校名	税込価格				
	2020年	2021年	2022年	2023年	2024年
樟蔭高	¥550	¥550	¥550	¥550	¥550
5か年セット	¥2,200				
常翔学園高	¥550	¥550	¥550	¥550	¥550
5か年セット	¥2,200				
清教学園高	¥550	¥550	¥550	¥550	¥550
5か年セット	¥2,200				
西南学院高（専願）	¥550	¥550	¥550	¥550	¥550
5か年セット	¥2,200				
西南学院高（前期）	¥550	¥550	¥550	¥550	¥550
5か年セット	¥2,200				
園田学園高	¥550	¥550	¥550	¥550	¥550
5か年セット	¥2,200				
筑陽学園高（専願）	¥550	¥550	¥550	¥550	¥550
5か年セット	¥2,200				
筑陽学園高（前期）	¥550	¥550	¥550	¥550	¥550
5か年セット	¥2,200				
智辯学園高	¥550	¥550	¥550	¥550	¥550
5か年セット	¥2,200				
帝塚山高	¥550	¥550	¥550	¥550	¥550
5か年セット	¥2,200				
東海大付大阪仰星高	¥550	¥550	¥550	¥550	¥550
5か年セット	¥2,200				
同志社高	¥550	¥550	¥550	¥550	¥550
5か年セット	¥2,200				
中村学園女子高（前期）	×	¥550	¥550	¥550	¥550
4か年セット	¥1,760				
灘高	¥550	¥550	¥550	¥550	¥550
5か年セット	¥2,200				
奈良育英高	¥550	¥550	¥550	¥550	¥550
5か年セット	¥2,200				
奈良学園高	¥550	¥550	¥550	¥550	¥550
5か年セット	¥2,200				
奈良大附高	¥550	¥550	¥550	¥550	¥550
5か年セット	¥2,200				

※価格は税込表示

学校名	税込価格				
	2020年	2021年	2022年	2023年	2024年
西大和学園高	¥550	¥550	¥550	¥550	¥550
5か年セット	¥2,200				
梅花高	¥550	¥550	¥550	¥550	¥550
5か年セット	¥2,200				
白陵高	¥550	¥550	¥550	¥550	¥550
5か年セット	¥2,200				
初芝立命館高	×	×	×	×	¥550
東大谷高	×	×	¥550	¥550	¥550
3か年セット	¥1,320				
東山高	×	×	×	×	¥550
雲雀丘学園高	¥550	¥550	¥550	¥550	¥550
5か年セット	¥2,200				
福岡大附大濠高（専願）	¥550	¥550	¥550	¥550	¥550
5か年セット	¥2,200				
福岡大附大濠高（前期）	¥550	¥550	¥550	¥550	¥550
5か年セット	¥2,200				
福岡大附大濠高（後期）	¥550	¥550	¥550	¥550	¥550
5か年セット	¥2,200				
武庫川女子大附高	×	×	¥550	¥550	¥550
3か年セット	¥1,320				
明星高	¥550	¥550	¥550	¥550	¥550
5か年セット	¥2,200				
和歌山信愛高	¥550	¥550	¥550	¥550	¥550
5か年セット	¥2,200				

公立高

※価格は税込表示

学校名	税込価格				
	2020年	2021年	2022年	2023年	2024年
京都市立西京高（エンタープライジング科）	¥550	¥550	¥550	¥550	¥550
5か年セット	¥2,200				
京都市立堀川高（探究学科群）	¥550	¥550	¥550	¥550	¥550
5か年セット	¥2,200				
京都府立嵯峨野高（京都こすもす科）	¥550	¥550	¥550	¥550	¥550
5か年セット	¥2,200				

赤本収録年度より古い年度の音声データ

以下の音声データは,赤本に収録以前の年度ですので,赤本バックナンバー(P.1～3に掲載)と合わせてご購入ください。

赤本バックナンバーは1年分が1冊の本になっていますので,音声データも1年分ずつの販売となります。

※価格は税込表示

国私立高（アイウエオ順）

学校名	税込価格																
	2003年	2004年	2005年	2006年	2007年	2008年	2009年	2010年	2011年	2012年	2013年	2014年	2015年	2016年	2017年	2018年	2019年
大阪教育大附高池田校		¥550	¥550	¥550	¥550	¥550	¥550	¥550	¥550	¥550	¥550	¥550	¥550	¥550	¥550	¥550	¥550
大阪星光学院高(1次)	¥550	¥550	¥550	¥550	¥550	¥550	¥550	¥550	¥550	¥550	×	¥550	×	¥550	¥550	¥550	¥550
大阪星光学院高(1.5次)			¥550	¥550	¥550	¥550	¥550	¥550	×	×	×	×	×	×	×	×	×
大阪桐蔭高						¥550	¥550	¥550	¥550	¥550	¥550	¥550	¥550	¥550	¥550	¥550	¥550
久留米大附設高				¥550	¥550	×	¥550	¥550	¥550	¥550	¥550	¥550	¥550	¥550	¥550	¥550	¥550
清教学園高														¥550	¥550	¥550	¥550
同志社高						¥550	¥550	¥550	¥550	¥550	¥550	¥550	¥550	¥550	¥550	¥550	¥550
灘高																¥550	¥550
西大和学園高				¥550	¥550	¥550	¥550	¥550	¥550	¥550	¥550	¥550	¥550	¥550	¥550	¥550	¥550
福岡大附大濠高(専願)											¥550	¥550	¥550	¥550	¥550	¥550	¥550
福岡大附大濠高(前期)				¥550	¥550	¥550	¥550	¥550	¥550	¥550	¥550	¥550	¥550	¥550	¥550	¥550	¥550
福岡大附大濠高(後期)				¥550	¥550	¥550	¥550	¥550	¥550	¥550	¥550	¥550	¥550	¥550	¥550	¥550	¥550
明星高															¥550	¥550	¥550
立命館高(前期)						¥550	¥550	¥550	¥550	¥550	¥550	¥550	¥550	×	×	×	×
立命館高(後期)						¥550	¥550	¥550	¥550	¥550	¥550	¥550	¥550	×	×	×	×
立命館宇治高										¥550	¥550	¥550	¥550	¥550	¥550	¥550	×

※価格は税込表示

公立高（府県順）

府県名・学校名	税込価格																
	2003年	2004年	2005年	2006年	2007年	2008年	2009年	2010年	2011年	2012年	2013年	2014年	2015年	2016年	2017年	2018年	2019年
岐阜県公立高				¥550	¥550	¥550	¥550	¥550	¥550	¥550	¥550	¥550	¥550	¥550	¥550	¥550	¥550
静岡県公立高				¥550	¥550	¥550	¥550	¥550	¥550	¥550	¥550	¥550	¥550	¥550	¥550	¥550	¥550
愛知県公立高(Aグループ)	¥550	¥550	¥550	¥550	¥550	¥550	¥550	¥550	¥550	¥550	¥550	¥550	¥550	¥550	¥550	¥550	¥550
愛知県公立高(Bグループ)	¥550	¥550	¥550	¥550	¥550	¥550	¥550	¥550	¥550	¥550	¥550	¥550	¥550	¥550	¥550	¥550	¥550
三重県公立高				¥550	¥550	¥550	¥550	¥550	¥550	¥550	¥550	¥550	¥550	¥550	¥550	¥550	¥550
滋賀県公立高	¥550	¥550	¥550	¥550	¥550	¥550	¥550	¥550	¥550	¥550	¥550	¥550	¥550	¥550	¥550	¥550	¥550
京都府公立高(中期選抜)	¥550	¥550	¥550	¥550	¥550	¥550	¥550	¥550	¥550	¥550	¥550	¥550	¥550	¥550	¥550	¥550	¥550
京都府公立高(前期選抜 共通学力検査)												¥550	¥550	¥550	¥550	¥550	¥550
京都市立西京高 (エンタープライジング科)		¥550	¥550	¥550	¥550	¥550	¥550	¥550	¥550	¥550	¥550	¥550	¥550	¥550	¥550	¥550	¥550
京都市立堀川高 (探究学科群)												¥550	¥550	¥550	¥550	¥550	¥550
京都府立嵯峨野高(京都こすもす科)		¥550	¥550	¥550	¥550	¥550	¥550	¥550	¥550	¥550	¥550	¥550	¥550	¥550	¥550	¥550	¥550
大阪府公立高(一般選抜)														¥550	¥550	¥550	¥550
大阪府公立高(特別選抜)														¥550	¥550	¥550	¥550
大阪府公立高(後期選抜)	¥550	¥550	¥550	¥550	¥550	¥550	¥550	¥550	¥550	¥550	¥550	¥550	¥550	×	×	×	×
大阪府公立高(前期選抜)	¥550	¥550	¥550	¥550	¥550	¥550	¥550	¥550	¥550	¥550	¥550	¥550	¥550	×	×	×	×
兵庫県公立高	¥550	¥550	¥550	¥550	¥550	¥550	¥550	¥550	¥550	¥550	¥550	¥550	¥550	¥550	¥550	¥550	¥550
奈良県公立高(一般選抜)	¥550	¥550	¥550	¥550	×	¥550	¥550	¥550	¥550	¥550	¥550	¥550	¥550	¥550	¥550	¥550	¥550
奈良県公立高(特色選抜)				¥550	¥550	¥550	¥550	¥550	¥550	¥550	¥550	¥550	¥550	¥550	¥550	¥550	¥550
和歌山県公立高	¥550	¥550	¥550	¥550	¥550	¥550	¥550	¥550	¥550	¥550	¥550	¥550	¥550	¥550	¥550	¥550	¥550
岡山県公立高(一般選抜)					¥550	¥550	¥550	¥550	¥550	¥550	¥550	¥550	¥550	¥550	¥550	¥550	¥550
岡山県公立高(特別選抜)												¥550	¥550	¥550	¥550	¥550	¥550
広島県公立高	¥550	¥550	¥550	¥550	¥550	¥550	¥550	¥550	¥550	¥550	¥550	¥550	¥550	¥550	¥550	¥550	¥550
山口県公立高					¥550	¥550	¥550	¥550	¥550	¥550	¥550	¥550	¥550	¥550	¥550	¥550	¥550
香川県公立高					¥550	¥550	¥550	¥550	¥550	¥550	¥550	¥550	¥550	¥550	¥550	¥550	¥550
愛媛県公立高					¥550	¥550	¥550	¥550	¥550	¥550	¥550	¥550	¥550	¥550	¥550	¥550	¥550
福岡県公立高				¥550	¥550	¥550	¥550	¥550	¥550	¥550	¥550	¥550	¥550	¥550	¥550	¥550	¥550
長崎県公立高					¥550	¥550	¥550	¥550	¥550	¥550	¥550	¥550	¥550	¥550	¥550	¥550	¥550
熊本県公立高(選択問題A)													¥550	¥550	¥550	¥550	¥550
熊本県公立高(選択問題B)													¥550	¥550	¥550	¥550	¥550
熊本県公立高(共通)					¥550	¥550	¥550	¥550	¥550	¥550	¥550	¥550	×	×	×	×	×
大分県公立高					¥550	¥550	¥550	¥550	¥550	¥550	¥550	¥550	¥550	¥550	¥550	¥550	¥550
鹿児島県公立高					¥550	¥550	¥550	¥550	¥550	¥550	¥550	¥550	¥550	¥550	¥550	¥550	¥550

受験生のみなさんへ

英俊社の高校入試対策問題集

各書籍のくわしい内容はこちら→

近畿の高校入試シリーズ

最新の近畿の入試問題から良問を精選。
私立・公立どちらにも対応できる定評ある問題集です。

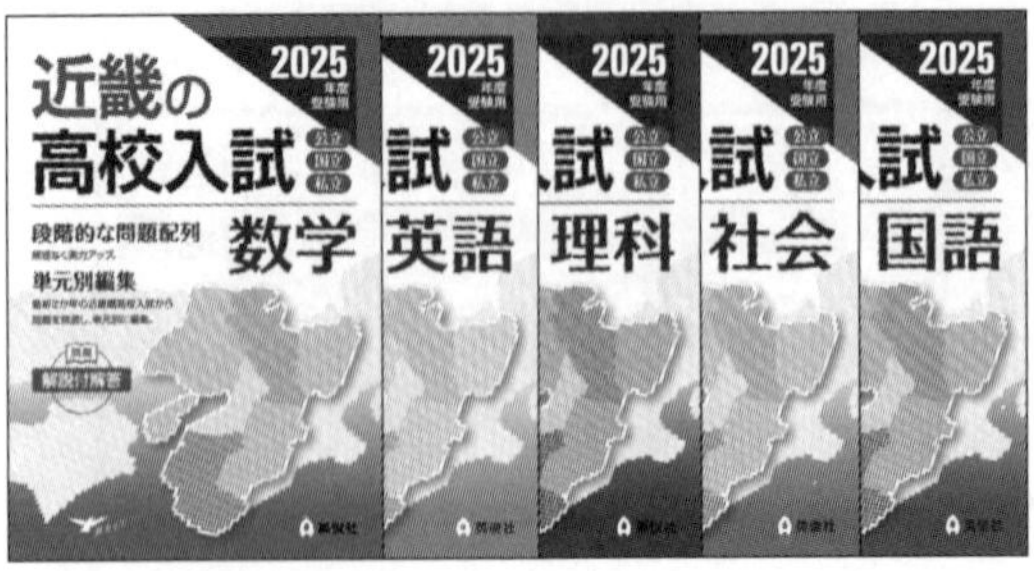

近畿の高校入試シリーズ

中1･2の復習

近畿の入試問題から1・2年生までの範囲で解ける良問を精選。
高校入試の基礎固めに最適な問題集です。

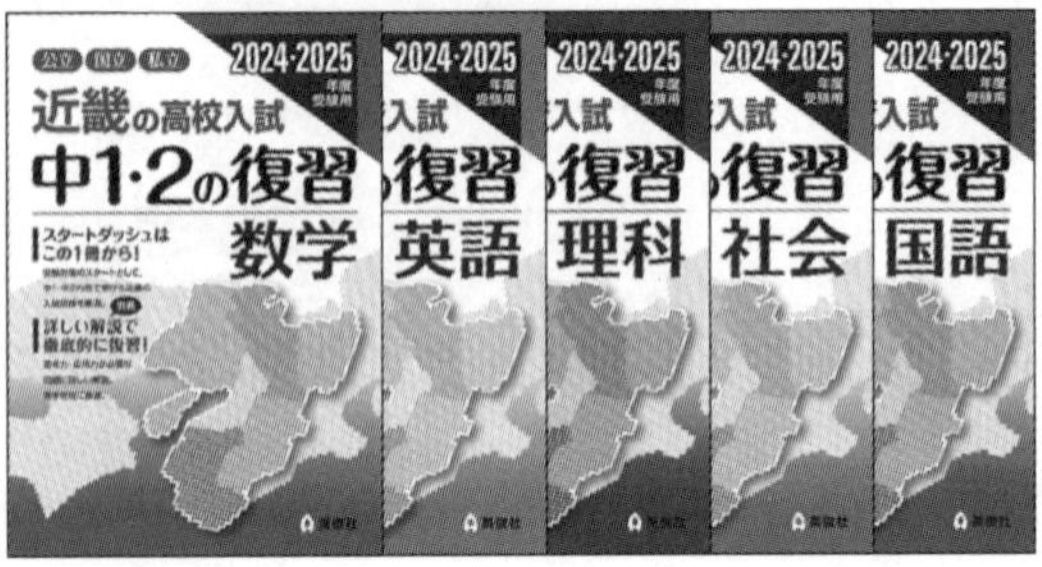

最難関高校シリーズ

最難関高校を志望する受験生諸君におすすめのハイレベル問題集。

灘、洛南、西大和学園、久留米大学附設、ラ・サールの最新７か年入試問題を単元別に分類して収録しています。

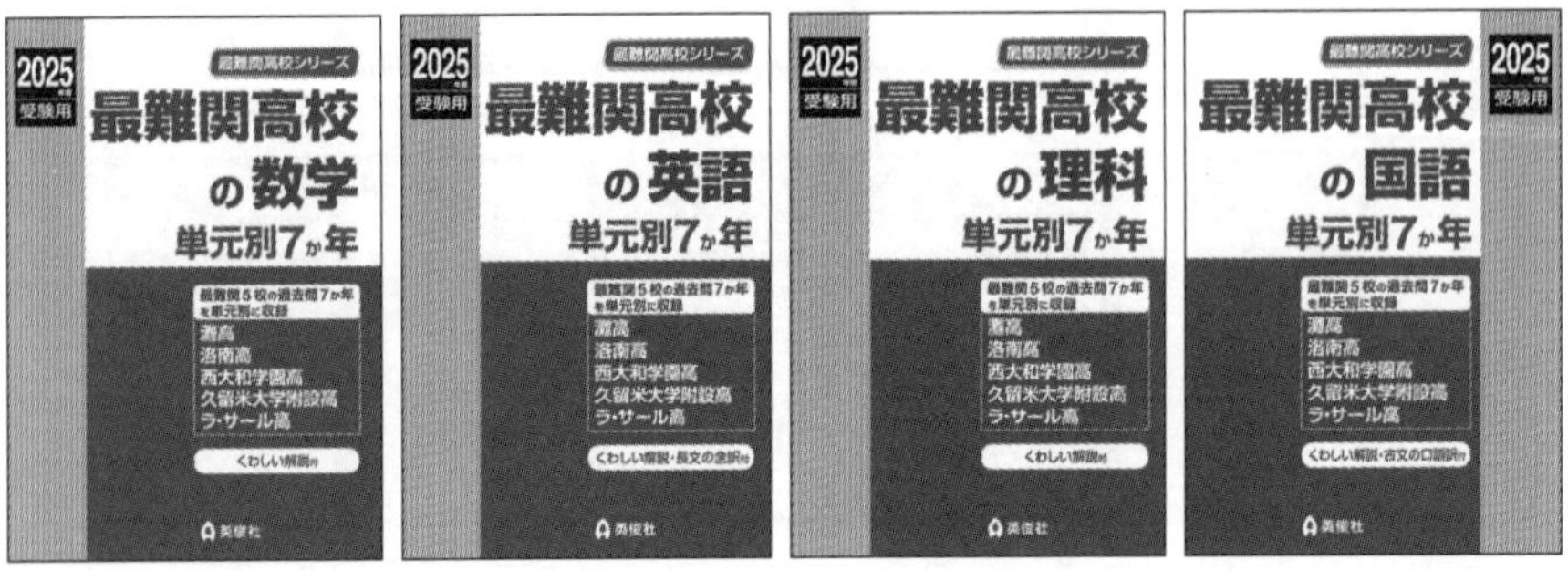

ニューウイングシリーズ　出題率

入試での出題率を徹底分析。出題率の高い単元、問題に集中して効率よく学習できます。

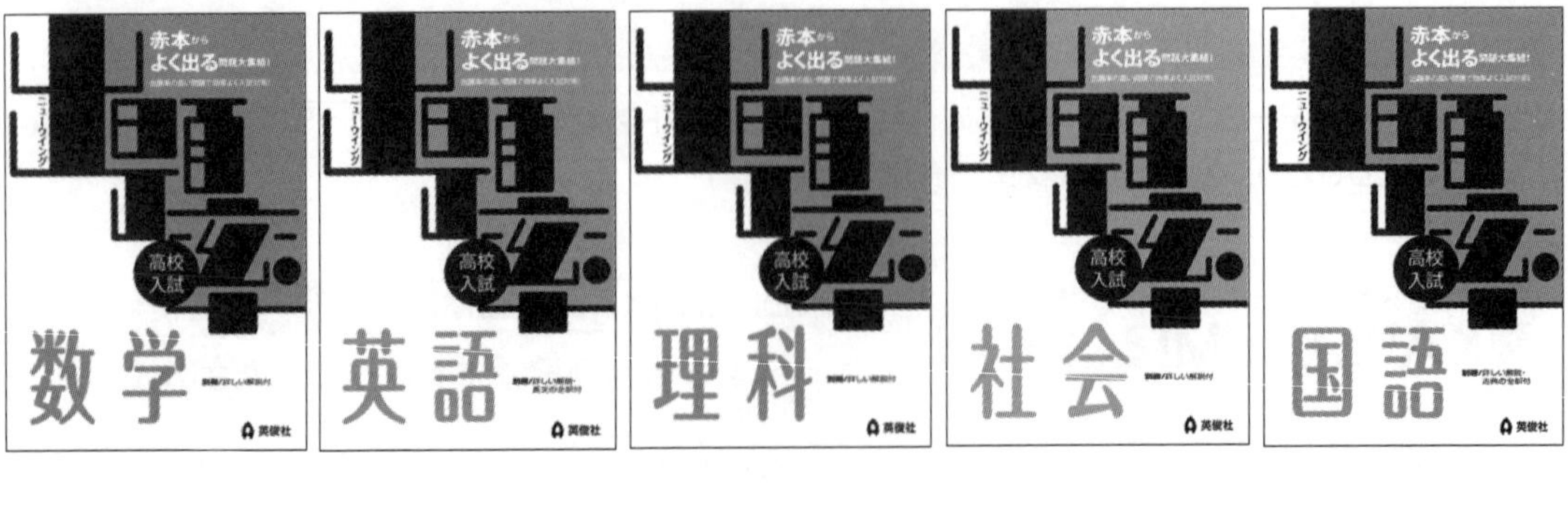

近道問題シリーズ

重要ポイントに絞ったコンパクトな問題集。苦手分野の集中トレーニングに最適です!

数学5分冊

01 式と計算
02 方程式・確率・資料の活用
03 関数とグラフ
04 図形〈1・2年分野〉
05 図形〈3年分野〉

英語6分冊

06 単語・連語・会話表現
07 英文法
08 文の書きかえ・英作文
09 長文基礎
10 長文実践
11 リスニング

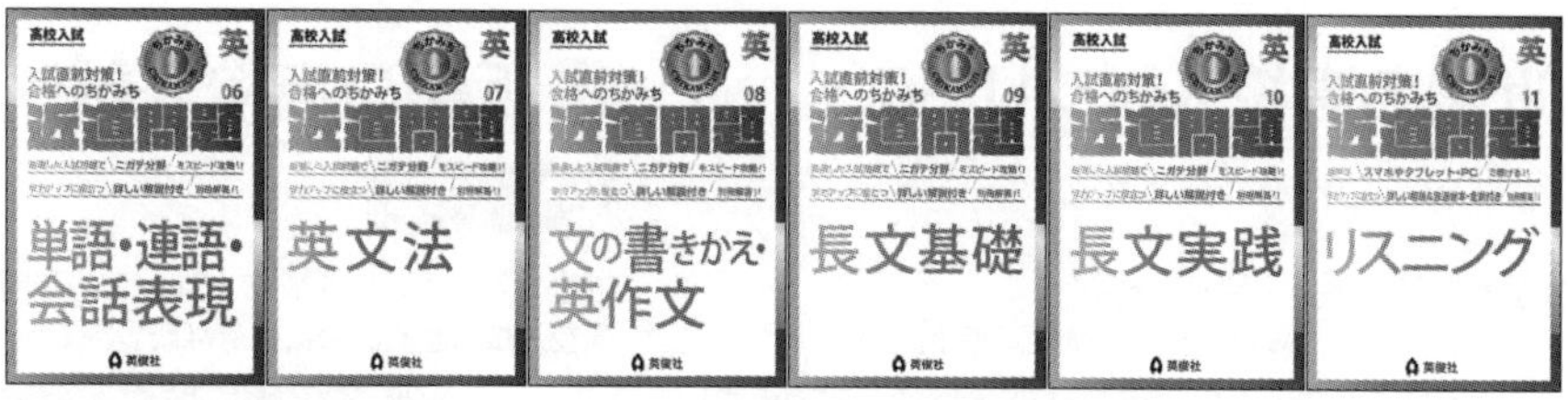

理科6分冊

12 物理
13 化学
14 生物・地学
15 理科計算
16 理科記述
17 理科知識

社会4分冊

18 地理
19 歴史
20 公民
21 社会の応用問題 ー資料読解・記述ー

国語5分冊

22 漢字・ことばの知識
23 文法
24 長文読解 ー攻略法の基本ー
25 長文読解 ー攻略法の実践ー
26 古典

学校・塾の指導者の先生方へ

赤本収録の**入試問題データベース**を利用して、**オリジナルプリント教材**を作成していただけるサービスが登場!!　生徒**ひとりひとりに合わせた**教材作りが可能です。

プリント教材作成システム
KAWASEMI Lite

くわしくは KAWASEMI Lite 検索 で検索!
まずは**無料体験版**をぜひお試しください。

※指導者の先生方向けの専用サービスです。受験生など個人の方はご利用いただけませんので、ご注意ください。

【マ行】

233	姫路女学院高（姫路市）	8
169	兵庫大附須磨ノ浦高（神戸市須磨区）	
117	プール学院高（大阪市生野区）	
195	平安女学院高（京都市上京区）	
145	報徳学園高（西宮市）	
255	箕面学園高（箕面市）	128，135
237	箕面自由学園高（豊中市）	
122	武庫川女子大附高（西宮市）	
101	明浄学院高（大阪市阿倍野区）	64
115	明星高（大阪市天王寺区）	3
118	桃山学院高（大阪市阿倍野区）	

【ラ～ワ行】

173	洛南高（京都市南区）	80，143
216	洛陽総合高（京都市中京区）	19
108	利晶学園大阪立命館高（堺市東区）	
165	履正社高（豊中市）	
143	立命館高（長岡京市）	
253	立命館宇治高（宇治市）	48
279	立命館守山高（守山市）	
140	龍谷大付平安高（京都市下京区）	
242	和歌山信愛高（和歌山市）	
212	早稲田大阪高（茨木市）	4

▼府県別　公立高等学校

3025	滋賀県公立高	
3026-1	京都府公立高 中期選抜	
3026-2	京都府公立高 前期選抜	
3027-1	大阪府公立高 一般入学者選抜	4，20，29，137
3027-2	大阪府公立高 特別入学者選抜	5，116，144
3028	兵庫県公立高	130，158
3029-1	奈良県公立高 一般選抜	21
3029-2	奈良県公立高 特色選抜	
3030	和歌山県公立高	158

▼公立高等学校　学校別独自入試

2001	滋賀県立石山高 特色選抜（大津市）	
2002	滋賀県立八日市高 特色選抜（東近江市）	
2003	滋賀県立草津東高 特色選抜（草津市）	
2004	滋賀県立膳所高 特色選抜（大津市）	
2005	滋賀県立東大津高 特色選抜（大津市）	
2006	滋賀県立彦根東高 特色選抜（彦根市）	
2007	滋賀県立守山高 特色選抜（守山市）	
2008	滋賀県立虎姫高 特色選抜（長浜市）	
2009	京都市立堀川高 探究学科群（京都市中京区）	
2010	京都市立西京高 エンタープライジング科（京都市中京区）	151
2011	京都府立嵯峨野高 京都こすもす科（京都市右京区）	
2012	京都府立桃山高 自然科学科（京都市伏見区）	57
2020	滋賀県立大津高 特色選抜（大津市）	

近畿の高校入試

2025
年度
受験用

解答編

国語

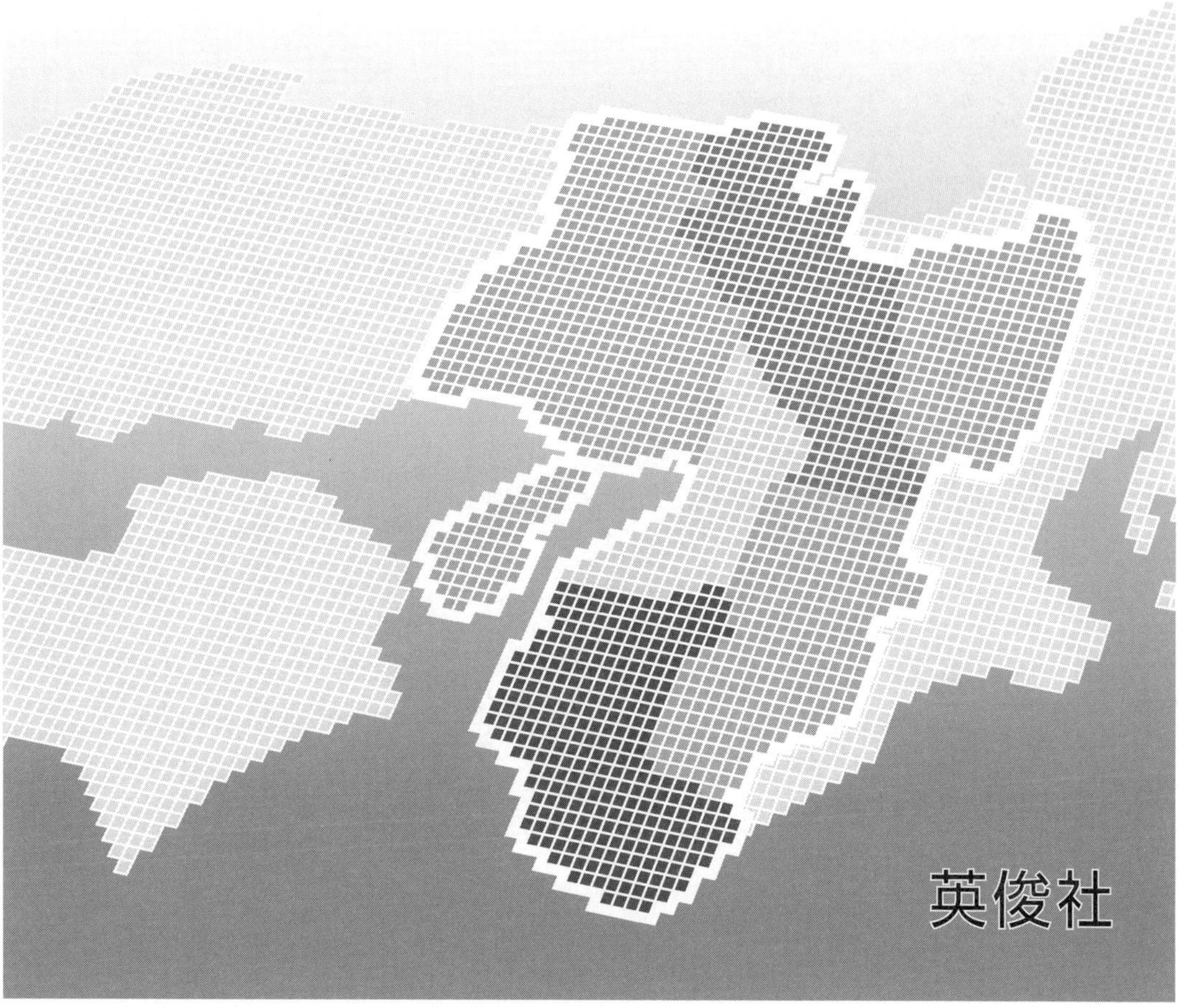

英俊社

一　漢字と国語の知識

(1) 漢字の知識（3ページ）

1　①克服　②貢献　③融和　④酪農　⑤憧

2　①搭載　②妨(げる)　③畏敬　④閲覧　⑤漂(う)

3　①脚光　②一笑　③怪奇　④耳目　⑤口角　⑥催す　⑦慰める　⑧平らげる　⑨募る　⑩潤う

4　①きびん　②じしん　③こづつみ　④たいきけん　⑤きしょう

5　①とら(える)　②こうばい　③ひよく　④せんす　⑤ひぶた

6　①のうむ　②とうみん　③どんか　④よくよう　⑤かわせ　⑥しんく　⑦よか　⑧いまし(める)　⑨しょもう　⑩ばんゆう

7　(1)こうかい　(2)あいさつ　(3)こころ(み)　(4)あつか(う)　(5)弓　(6)重(い)　(7)資格　(8)背景

8　①復帰　②対策　③製造　④そうご　⑤めんえき

9　①慨嘆　②羽織　③慈善　④令嬢　⑤盗賊　⑥彫(る)　⑦粘(って)　⑧かんぱん　⑨ほんい　⑩おろ(した)

10　①イ　②ア　③イ　④ウ

11　(1)a、ア　b、エ　c、ウ　(2)a、イ　b、ア　c、エ

12　①ア、自転　イ、時点　ウ、辞典　②ア、交渉　イ、考証　ウ、高尚

13　①帯→滞　②微→徴　③忙→亡　④染→織　⑤久→朽

14　①カ　②イ　③エ　④ク　⑤キ

15　イ

16　①退　②楽　③良　④被

17　1、今　2、私　3、害　4、短　5、始

18　①ウ　②キ　③オ　④ク　⑤ア　⑥カ

19　①オ　②イ　③エ　④ア　⑤ウ

20　A、③　B、②　C、④　D、④　E、①

21　1、雨　2、和　3、立　4、過　5、首

(2) ことばの知識（7ページ）

1　①転　②応　③得

2　①発　②疑　③尾　④夢　⑤入

3　(ひらがな・意味の順に)　(1)がでんいんすい・イ　(2)ばじとうふう・オ　(3)しんしょうぼうだい・エ　(4)しょうまっせつ・ウ　(5)じがじさん・ア

4　(漢数字・意味の順に)　(1)一・オ　(2)百・エ　(3)五・イ　(4)千・ア

5　(漢字・記号の順に)　1、有・イ　2、生・オ　3、若・ア　4、捨・ウ　5、髪・エ

6　(漢字・意味の順に)　①イ・ク　②ア・カ　③ウ・キ　④エ・コ　⑤オ・ケ

7　(問1)　①いっすん　②しゃか　③にぎわい　④きねづか　⑤ぬれて　(問2)　①オ　②ケ　③イ　④ク　⑤ア

8　1、目　2、虫　3、肩　4、水

9　1、オ　2、カ　3、ク　4、キ　5、ウ

10　①腹　②首　③口　④目　⑤尻

11　①カ　②ウ　③エ　④イ　⑤ア　⑥オ

12　①オ　②イ

13　①オ　②カ　③ウ

14　①イ　②エ　③ア　④オ　⑤ウ

(3) 文学史（10ページ）

1　イ

2　(1)1　(2)3　(3)1

3　ア・エ・キ・ケ・コ

4　①キ　②カ　③ウ　④ク　⑤ケ　⑥イ　⑦ア　⑧エ　⑨オ　⑩コ

5 答 ①C　②A　③B　④E　⑤D

6 答 ①ウ　②エ　③イ　④ア

7 答 ①オ　②エ

8 2、平安時代の人物で、「蜻蛉日記」の作者。②は「十六夜日記」の説明である。
3、作者不詳であり、②は「源氏物語」の説明である。
4、①は正岡子規の俳句なので誤り。
答 1、ア　2、ウ　3、ウ　4、イ　5、ア

9 答 ①ア　②カ　③コ　④シ　⑤ウ　⑥キ

10 A、江戸時代前期の俳人、松尾芭蕉の紀行文『奥の細道』に含まれる。
B、平安時代前期の歌人、紀貫之の和歌。小倉百人一首に選ばれている。
C、明治時代の歌人、与謝野晶子が日露戦争中に発表した長詩の冒頭部分。
D、鎌倉時代初期の天皇、順徳院の和歌。小倉百人一首に選ばれている。
E、奈良時代の歌人、山上憶良の和歌。『万葉集』に収められている。
答 A、④　B、②　C、⑤　D、③　E、①

(4) 複合問題 (12ページ)

1 (問2)「万葉集」は奈良時代、「古今和歌集」は平安時代、「新古今和歌集」は鎌倉時代の作品。
(問5)「働けど働けど」と、繰り返されているので反復法。「家」で終わるので体言止め。
答 (問1)エ　(問2)ウ　(問3)イ　(問4)ウ　(問5)オ

二 文　法 (14ページ)

1 ① 文末の「飛んだ」が述語なので、主語にあたるものを考える。
② 文末の「好きだった」が述語にあたるが、誰が祖母の手料理を好きだったのかは書かれていない。
③ 倒置法が使われていることをふまえる。文頭の「鳴っているよ」が述語で、主語にあたるものを考える。
答 (主語・述語の順に) ①ウ・カ　②なし・オ　③オ・ア

2 答 ①ウ　②イ

3 答 (1)生物が　(2)あきにくい

4 答 1、オ　2、ク　3、イ　4、カ　5、ウ

5 答 1、イ　2、ウ　3、コ　4、キ　5、ア

6 答 ①名詞　②形容詞　③名詞　④形容詞　⑤助詞　⑥助動詞

7 (1)「ない」をつけると、直前の音が「イ段」の音になる。体言である「本」に続いていることに注目。
(2) カ行の音をもとにして、変則的な変化をする。助詞「たら」に続いていることに注目。
(3)「ない」をつけると、直前の音が「エ段」の音になる。助動詞「ない」に続いていることに注目。
答 (A・Bの順に) (1)イ・ケ　(2)エ・キ　(3)ウ・カ

8 ① 一つのものに限定する意味。イとウは、あることをしてから間もないことを表している。
② 複数の動作を同時に行っていることを表している。アは、同じ状態が続いていることを表している。ウは、前で述べたことと後で述べたことが矛盾していることを表している。
③ 格助詞。アは、形容動詞「きれいだ」の連用形、「きれいに」の一部。イは、接続助詞「のに」の一部。
④ 定かでないことを推し量っている表現。アは、はっきりと特定できない

ことを表している。ウは、複数のものごとを並べ挙げ、その中から選ぶことを表している。

9

答 ①ア　②イ　③ウ　④イ

(1)　アは「あどけない」という形容詞の一部。イ・エは、「ず」「ぬ」に置き換えられるので助動詞。ウは「ず」「ぬ」に置き換えられないので形容詞。

(2)　アは、副助詞「でも」の一部。イは、形容動詞「元気だ」の一部。ウ・エは格助詞。

(3)　アは、助動詞「られる」の一部。イ・エは、助動詞「れる」。ウは、可能動詞「走れる」の一部。

10

答 (1)イ・エ　(2)ウ・エ　(3)イ・エ

問三、「～される」という受け身の意味。１は可能、２は自発、３は尊敬。

問五、動詞は、活用のある自立語で、言い切りの形が「ウ段」の音で終わる語。活用形は、助動詞「ます」の連用形「まし」に続いていることから考える。

11

答 問一、①２　③１　⑦３　問二、２　問三、４　問四、２　問五、(動詞)１　(活用形)３

(問２)　(活用の種類)「ない」をつけると、直前の音が「イ段」の音になる。(活用形)「味」という体言に接続する。

(問４)　可能の意味である。アは自発、イは尊敬、ウは受身。

(問５)　「こと」で言い換えられるので、名詞の代用の働きをする格助詞「の」。イは、部分的な主語の働きをする格助詞「の」。ウは、接続助詞「のに」の一部。エは、連体修飾の働きをする格助詞「の」。

(問６)　「ず」「ぬ」に言い換えられないので、形容詞「ない」。アは、「た」は存続ではなく過去の助動詞。イは、「ので」で一語の接続助詞。ウは、「食べ／た／とき／の」と分けられ、四つの単語で構成されている。

答 (問１)A、名詞　B、動詞　C、副詞　D、形容詞　E、助詞
(問２)(活用の種類)イ　(活用形)ケ　(問３)ウ　(問４)エ　(問５)ア
(問６)エ

三　国語表現

(1)　敬　　語 (18ページ)

1

①　「私」について言い表していることから考える。

③・④　「御社」に行ったり、「説明」したりする主体は、「私ども」であることをおさえる。

⑤　出張で不在になっている主体が、「社長」であることから考える。

⑥　社長によろしく「伝え」る主体が、電話の相手であることから考える。

2

答 ①Ｂ　②Ｃ　③Ｂ　④Ｂ　⑤Ａ　⑥Ａ

①　活用のある自立語で、言い切りの形が「ウ段」の音で終わる語。

②　活用のある付属語。

③　活用のない付属語。

④　「ます」は、「話全体を丁寧にしたり…聞き手に対する敬意を表す」敬語。

⑤　「いらっしゃる」は、「いる」という動作の主体である先生への敬意を示す敬語。

3

答 ①動(詞)　②助動(詞)　③助(詞)　④丁寧(語)　⑤尊敬(語)

アは、父に対する敬意を示すために「おっしゃる」などの尊敬語を使う。エは、日向守様に対する敬意を示すために「いらっしゃいました」「お越しになりました」などの尊敬語を使う。オは、相手の動作に「伺う」という謙譲語を使っているので誤り。

答 イ・ウ・カ

4

①　「先生」に敬意を示すために、自分の動作をへりくだって言う謙譲語を用いる。

②　「先生」に敬意を示すために、身内である「母」の動作をへりくだって言う謙譲語を用いる。

③　「先生」の動作なので尊敬語を用いる。ウは二重敬語で不適。

答 ①イ　②イ　③ア

5

① 主体は「先生」なので、尊敬語を用いる。ア・ウは謙譲語、エは「仰る」と尊敬の助動詞「られる」の二重敬語となり正しくない。

② 主体は「私」なので、謙譲語を用いる。他は、尊敬語が入っている。

③ 作品を見たのは話しかけている相手なので、「見る」の尊敬語を用いる。エは「ご覧になる」と尊敬の助動詞「られる」の二重敬語であり誤り。

答 ①ウ　②エ　③イ

6

㈠ 相手に「食べる」ようにすすめているので、動作主への敬意を示す尊敬語を用いる。

㈡ お客様の動作なので、「言う」の尊敬語を用いる。

㈢ 相手のもとに行く「担当の者」は身内なので、謙譲語を用いる。

㈣ 自分の動作なので、「見る」の謙譲語を用いる。

㈤ 相手の会社を敬って呼ぶ際には、「御社」または「貴社」を用いる。

答 ㈠召し上がって　㈡おっしゃる　㈢参ります　㈣拝見し　㈤御社(または、貴社)

(2) 作文・小論文 (19ページ)

1

答 (例)

私は将来、通訳の仕事に就きたいと考えている。理由は、海外で仕事をしている父が体調を崩して病院に行ったとき、頼んでいた通訳の方のおかげで医師とコミュニケーションが取れ、安心して治療を受けることができたという話を聞いたからだ。その話を聞いて、人と人とを結ぶことのできる通訳という仕事に魅力を感じるようになった。

通訳の仕事に就くためには、高校生活で、英語でのコミュニケーション能力を高めることが大切だと思っている。英語の授業で習ったことをただ覚えるだけでなく、積極的に発言をし、発音やアクセントも身につけていきたい。そして、海外の人と交流できる機会には積極的に参加し、実際に英語でコミュニケーションを取る経験も積みたいと思う。また、海外の文化を知ることも大切だと感じる。海外の映画やテレビ番組を見たり、実際に海外の人と交流したりする中で、海外の文化についても学んでいきたい。

2

答 (例)

学んだことを実生活で活かせたときに喜びを感じる。先日、外国人観光客から英語で道を聞かれたとき、教科書の例文などを参考にして英語で案内をすることができた。自分の英語が通じたことが自信になり、さらに英語を身に付けたいと思うきっかけになった。

3

答（例）

　私は、新しいことに挑戦するときは、決して失敗を恐れないようにしたいと考える。うまくいかないときのことを考えて挑戦から逃げることが多いからである。友だちからダンス教室に誘われ、とても興味があったのに、うまく踊れるようになる自信がなくて断ってしまい後悔したことがある。もし失敗してもそこから学べるものは大きいと思うので、積極的に挑戦することを大切にしたい。

4

資料Bでは、6割以上の人が、(ア)の「不必要なものを切り捨てる」という本来の意味にはないものを選び、(イ)の「惜しいと思うものを手放す」という正しい意味を選んだ割合よりはるかに高い割合になっている。また、(ア)を選ぶ人の割合は、40代以降で低くなり、(イ)を選ぶ人の割合は、40代以降で高くなっている。これらのことなどをふまえて考える。

答（例）

　資料では、本来の意味とは異なるアの「不必要なものを切り捨てる」だと捉えている人の割合が、本来の意味であるイの「惜しいと思うものを手放す」よりも三倍近く高い。ただし、40代を境にアの割合は減り、イの割合は増えている。

　実際にこの言葉を使うようになって初めて、正しい意味を知った人が多いのかもしれない。何となく意味が分かったつもりになっている言葉は多いと思うので、辞書などで確認することが大事だと思う。

5

㈠　「このポスターのよさは…キャッチコピーに調和した絵にある」「絵があることで、より効果的に…読書を促している」と述べている。

㈡　初めに「私は、このポスターのよさは…絵にあると考える」と自分の考えを述べ、次に「本を読む動物たちや人物が…ぴったりと合っている」と絵の効果を具体的に説明している。そして最後に、「絵があることで、より効果的に…読書を促していると言える」と再び自分の考えを述べてまとめている。

答　㈠ウ　㈡ア

㈢（例）

　私は、自分の考えを広げたり深めたりすることができるところに、読書の意義があると考える。

　なぜなら、同じテーマであっても、本や文章によって様々な立場から多様な考えが書かれているからだ。例えば社会問題について考える際、複数の本や新聞などを読むことで、新たな視点を得ることができるはずだ。

四　論理的文章の読解

☆☆ 標準問題 ☆☆（22ページ）

1 問1、「動物は、動かなければ生きていくことができません…生きていけないのです」「私たち人間は、人間を基準に…人間の生き方が当たり前ということはありません」という前の内容に着目。また、植物が光合成をして「生きるために必要な糖分を作りだす」のに対して、「動物は自分で栄養分を作りだすことができません」と述べていることもおさえる。

問2、「そのため」という言葉があるので、前の「植物はこの光合成を行うことができる」「植物は土の中の栄養分を吸収して…すべての物質を作ることができます」という内容が説明にあたる。

問3、この部分を主語と考えたときの述語にあたる部分に着目する。

問4、「植物と動物は同じ祖先から、進化を遂げていったのです」という内容に着目。

問5、一段落は、動物のように「どうして植物は動かないのでしょうか」という疑問を提示して、それを解き明かす形で説明している。二段落は、植物と動物の大きな違いが生じた理由となる「葉緑体」についての説明に論が展開している。

問6、（一段落）「どうして植物は動かないのでしょうか」という問いかけに対する答えを示している内容。動物は動いて食べ物を探し、それを食べなければ生きていけないのに対して、「植物にはその必要がありません」と述べている。

（二段落）「葉緑体は、どのようにして作られたのでしょうか」という問いかけに対して、「葉緑体には、不思議なことがあります」と述べたうえで、くわしく説明している。

答 問1、エ　問2、ア・イ　問3、葉緑体　問4、ウ　問5、たのです。

問6、（一段落）エ　（二段落）ウ

2 問二、a、直後に「そのNを見舞ってきたPが…そう言うと」とある。

b、発言の意図について、「PはNが…淋しがっている、と言っているのではない」「Qに、見舞いに行ってやりなさい、と言いたいのである」と説明している。

問四、A、「そう言うのを憚っ」た結果、「遠まわしに…言った」とあるので、「遠回しに」とは反対の意味の表現を考える。

B、「もってこいとは言っていない」と認めていることをおさえる。

問五、「先方が、どういう用で来たのかと聞いたりしたので」という理由に注目。「日本へ住むようになって数年という外国人」が、友人の「転居の挨拶」に「是非お立ち寄り下さい」と書いてあるのを見て、「訪ねなくてはいけないと…出かけた」ところ、「どういう用で来たのか」と友人に聞かれたことをふまえる。

問六、日本人の同僚がスパナをもって来てくれたときのRの気持ちについて、「Rは怒っている。『あるか』と尋ねたのに返事もしない…なぜ答えないのか」と説明している。

問七、C、重要懸案をもち出したニクソン大統領が、「善処します」の意味を取り違えて、「問題は解決した」と考えたことに着目する。

D、佐藤首相は日本人なので、「トピックを変えましょう」という意味で「善処します」と言ったことをおさえる。

問八、「結構」には「両方の含みがある」ことをふまえる。コーヒーに砂糖を入れてくれようとする人に「結構です」と言った結果、「どっさり砂糖を入れられた」とあるので、相手は「結構です」を承諾の意味で受け取っている。それに対して「入れてほしくなかった」と感じているので、砂糖は不要だと伝えるために「結構です」と言ったことをおさえる。

問九、日本語は「通人のことば」であり、それを「アイランド・フォームのことば」と呼んでいる。「以心伝心」をアイランド・フォームの特徴として挙げていることや、「転居の挨拶」の例をふまえ、言葉を意味通りに受け取るだけでなく、相手の真意を読み取ることが必要な言語であることをとらえる。

問十、「日本語は通人のことばである」とした後、そうした「通人のことばのことをアイランド・フォームと呼ぶことができる」と述べている。「アイランド・フォーム」について、「島の国のことばの特色で…がつけた名称」であると説明している。

答　問一、ア、ぜひ　イ、投書　ウ、理屈　エ、こた　オ、野暮
問二、a、P　b、Qに、見舞いに行ってやりなさい　問三、②エ　⑤ア
問四、A、ウ　B、イ　問五、日本へ住むようになって数年という外国人が、友人からの転居挨拶に基づいて訪問したにもかかわらず、友人は快く受け止めなかったから。（同意可）
問六、Gが返事をしなかったこと。（同意可）　問七、C、ア　D、ウ
問八、E、ア　F、イ（順不同）　問九、エ　問十、ア

3

問二、2、「制御できない」自然からの贈与について、すぐ後の部分で「だったら…制御しよう」とあることに着目する。

問五、「ものを作り出す部門」の人たちが、「管理部門の連中は何も作らないで…あれこれ指図ばかりしやがる」と「愚痴」を言っていることから考える。

問六、直前の「それは」とは、前の部分の「だって…管理部門の方々なのですから」を指していることに注目する。

問七、「そういう」とあるので、直前の「僕たちの社会では…強化されております」に着目する。

問八、X、疲労感の原因について、「価値あるものをじゃんじゃん作り出している」とは思っておらず、「どうしてこんな意味のない会議を何時間もやるんだよ」「どうしてこんなどうでもいいことを…提出しなければいけないんだよ」というタイプの労働だからではないかと強調している。

Z、人間が労働を始めたのは衣食住の資源を「『安定的に』享受するため」であったことを理由として、「生産する人」よりも「『制御する人』のほうが…何百倍ものサラリーをもらう」という現状の結果を導いている。

問九、疲労感の原因はすぐ前にも「どうしてこんな…会議を何時間もやるんだよ」「どうしてこんな…提出しなければいけないんだよ」とあるように、「僕らが疲れるのは…というタイプの要請に追いたてられているとき」であり、あとの部分で「人間は生産することに疲れるのではなく…疲れるのです」と説明している。

問十、すぐ前の「こんな例」をふまえて述べているので、さらにその前で「現代社会では…労働者は実感しています」「でも、それは…『生産から制御へ』のシフトの効果ではないかと僕は思います」とあることに着目する。

問十一、「100万円」の「効果的な使い道について会議をする」にあたって、「結論が出ずに…100万円使い切ってしまった」というように、「生産より制御」が優先されていることから考える。人間が労働を始めたのは、衣食住の資源を「『安定的に』享受するため」であり、衣服を「生産する人」よりも「制御する人」のほうが高いサラリーをもらっているという現状もあわせて考える。

問十二、可能を表している。(イ)は自発、(ウ)・(エ)は受身。

問十三、直後で、「すべては…自然からの贈与を安定的に制御しようとしたところから始まりました」と言い換えている。

問十六、直前の「衣食住のための基本的な財そのものを生産するためのコストよりも…管理コストのほうに資源を優先的に配分する」という部分に注目して考える。

答　問一、a、飢　b、さしず　c、誤　d、ようせい　e、削減　f、維持
問二、1、(ウ)　2、自然の恵み　問三、1、(イ)　2、①理想　②抽象
問四、1、(ア)　2、①頭　②骨　③目　④耳　問五、(エ)
問六、何も作らない管理部門の方々（13字）
問七、社会でどんどん労働が強化されている実感。（同意可）
問八、X、(イ)　Z、(オ)　問九、制御されること　問十、労働　問十一、(ア)
問十二、(ア)
問十三、自然からの贈与を安定的に制御しようとするもの。（同意可）

4

問十四、(ア)・(オ)　問十五、(イ)　問十六、(イ)

1、「到達」とアは、同意の漢字の組み合わせ。イは、上の漢字が動作を表し、下の漢字がその対象を表している。ウは、反意の漢字の組み合わせ。エは、上の漢字が下の漢字を修飾している。

2、「古歌の言葉」をそのまま一部に使うことを受けて、「創造性がない」と否定することにつながる内容を考える。前で、「創造や創発という行為が携えているイメージは…なのかもしれない」と述べていることもふまえる。

3、「本歌取り」には、「普遍」と「個」の問題が存在し、「時代を経て人々の意識の中に残ってきたもの」に「自分という個」を重ね合わせることで見えてくる「差異」の中に「創造性」を見出そうという着想があると述べている。また、「轆轤を回して茶碗を作る情景」では、先人の営みを踏襲して生じた「相似と差異」の中に「創造性」が見立てられると述べ、さらにそこに「多くの人々が認める普遍的な美」が見出され、「個の創造性を超えた価値を探り当てようという意識」が働いていると述べている。

4、a、冒頭で「人跡未踏」という言葉を取り上げて、人類が踏んだことのない場所を踏みたがる理由を「誰にでも分かりやすい明白なる達成がそこに刻印されるからだろう」と述べ、「創造や創発という行為が携えているイメージ」を示している。

b、日本文化における創造性について、「人跡未踏にのみ価値を置いてはいない」として、「自身の創作意欲」を発露する一方で、「個」を手放して「普遍」に手を伸ばし、「先達の足跡」に「自分の足跡」を重ねるものであると述べている。

答　1、ア　2、ウ　3、イ

4、a、明白なる達成を刻印する（11字）（同意可）　b、さっぱりと

5

問一、A、「論理力を養う、という趣旨は理解できないわけではない」とディベートの有効性を認めながらも、「コミュニケーション力養成のトレーニングとしては限界がある」と否定的な考えを続けている。

B、「賛成と反対それぞれの立場を変えてみても議論できる能力が、ディベート能力」であると定義し、その能力が「双方の立場を理解する能力につながる」ことを認めている。

C、「論理の細部に足下をすくわれて価値判断をないがしろにする」というディベートの欠点を、「木を見て森を見ず」ということわざを用いて言い換えている。

問三、補助形容詞である。アは、形容詞「なさけない」の一部。イは、助動詞。エは、形容詞。

問四、「相手の穴をつつき合う議論」は、「相手の言いたいことを的確につかむ能力」とは「方向性がまるで逆の姿勢」であると述べているので、「ディベート形式の言論」を指す。こういった姿勢は「裁判のように勝ち負けが重要な場合」に重要視されるもので、「相手の論理のミスを突き、相手が本当に言いたいこととは別の弱点を攻め立て」て「議論を有利に運」ぼうとするものであると説明している。

問五、「相手の言いたいことをしっかりとつかみ合い、よりよいアイディアを出していく」対話を「クリエイティブ」であると評価したうえで、それと対比して「相手を言い負かすだけの議論」について否定的に述べている。

問六、「もう一つの悪影響は」とあることから、すでに一つの悪影響は述べていることをおさえる。前で、「相手の言いたいことを…あら探しをする」という「悪癖だけを身につけることになる危険性」を、「ディベートの授業に感じる」と述べている。

問七、文章に「当事者として自らの価値判断をもとにした議論をまずすべき」とあるので、自分の価値判断に沿って論理を構成することの大切さを述べた場所を探す。

問八、ア、教育の現場で「論理性」が重視されていることを述べているが、「最も大切」とは述べていない。

イ、「本当に求められている能力は、相手の言いたいことを的確につかむ能力である」とある。

ウ、筆者は、ディベートは自らの「価値判断とは別に論理構成をし主

張する」ものであると考えている。

エ、「コミュニケーションの基本型」として、「斜め四五度で向き合い…共に未来を見ている」というポジショニングを筆者は推奨している。

6

答 問一、A、ウ　B、イ　C、ア　問二、尻　問三、ウ

問四、1、論理　2、弱点　問五、エ

問六、相手の言いたいことを捉える努力をせずにあら探しをする悪癖を身につけてしまうこと。（40字）（同意可）

問七、(ウ)　問八、ア、×　イ、○　ウ、○　エ、×

問三、前にある、「これからの時間、将来の人生に起こることは、すべて想定外のこと…自分だけの力で乗り越えていかなければならない」という内容を指していることをおさえる。

問四、「想定外の問題について自分なりに対処する」ための「体力」のこと。すぐ後で、「知の体力」を「それ」と言い換え、「知識の習得である以上に…訓練なのである」と説明していることに着目する。

問五、そのままでは「硬すぎる」ので、「解きほぐし、応用可能なまでに自由に伸び縮みできるようにする」必要がある「知識」であることをふまえる。

問七、「先人たちがどのように考えてきたか」を「常識としての知」と言い換えて説明した後、それを知ることは「ものの見方の多様性を知ること」だと述べている。また、そうした「視角の多様性」を持つことは、「想定外の現実への対応として必須」だとしていることをふまえてまとめる。

問八、「具体的に何かを解決するために」する「学習」と対比している。「それが学問というものである」という表現に着目する。

問九、以降の文章で「わかっていないこと」という言葉がくり返し用いられていることに着目。「わかっていないこと」を教えることこそが大学における講義の本来の姿であり、「わかっていないこと」がまだたくさんあるのだと気づくことが学びであると述べている。

問十、「『わかっていること』は必要十分に網羅されているのが教科書だが…『まだわかっていないこと』は書かれていない」とある。本文の最後に、「わかっていないこと」の解決に自分も参加できるかもしれないと考えるようになることが「受動的な学習から、能動的な学問へのシフト」だと述べていることと合わせて考える。

問十一、「だから、仕方がないから教科書に書いてある内容も講義する」と続くので、教科書に書いてある内容を指すことをおさえる。前に、「『わかっていること』は必要十分に網羅されているのが教科書」とある。

問十二、「わかっていることをしっかり理解してもらうこと」が前提として必要だと述べているので、「わかっていないこと」を知るためには「わかっていること」をまずよく知り、それぞれを区別して認識できるようになる必要があるとしている。

答 問一、a、もち(い)　b、紹介　c、集積　d、とうてい　e、けいき

問二、A、イ　B、コ　C、ア　D、エ　E、オ　問三、ウ

問四、考え方の訓練　問五、ア　問六、ア

問七、（それまでに先人がどのように考えてきたかを学ぶことで、）ものの見方の多様性を知り、自らのものとして持つことは、想定外の現実への対応として必須のことだから。（49字）（同意可）

問八、具体的な目標を設定しない、もっとはるかに遠い未来に漠然と何かの役に立つ勉強（37字）

問九、エ　問十、イ・エ　問十一、ア　問十二、ウ

7

問3、1、「彼女にとっては…すべて不快」という理由から、「避けたいのだ」という結論を導いている。

2、「良し悪しを判断する基準が『登場人物に共感できるかどうか』」であることについて、「物語の魅力のひとつではある」と認めている。

3、「共感できるかどうか」という判断基準があることに相反して、「共感できない」人間を理解することについて述べている。

問4、「最初から同じ意見の人だけをフォローするSNS…異論・反論がシャットアウトされている有料オンラインサロン」という例に着目する。

問5、「その恩恵」とあるので、「多くの動画共有サイトや定額制動画配信サイ

トが…趣味に合わない作品は、最初から選択肢から外しておいてくれる」という例示のように、快適に「カスタマイズ」されている状態のものを選ぶ。

問6、「彼女」のように、「映像視聴の快適主義」が極まって「自分が想定した展開」を求めていることをおさえ、似た表現を探す。

問7、抜けている一文に「これも…一形態だ」とあるので、「気持ちを乱されたくない」例にあたる、「自分が想定した展開を見たい」というワガママとは異なる例のあとに入る。

問8、「映像視聴の快適主義」について、それが極まると、「気持ちを乱されたくない」ために「自分が想定した展開を見たい」と考えたり、「心が揺さぶられる」状態を避けようとしたりすると述べている。エの、「自動的に提供されることに慣れてしまい、自分で選択することができなくなる」ということは述べていない。

問9、「到底共感できない人物の行動を目の当たりにすることで、人間という存在がいかに多様で複雑であるか」を理解することが、「鑑賞行為の豊かさを構成する、欠くべからざる要素」であることをおさえる。

問10、「結果、自分の考えを補強してくれる物語や言説だけを求め…強化する」ことになり、「他者視点の圧倒的な欠如」「他者に対する想像力の喪失」に至る。そして、「自分とは違う感じ方をする人間がこの世にいる」という事実を「忘れ」てしまうか、そういう人間を「『敵認定』する」と述べていることをおさえる。

答 問1、a、エ b、イ c、ウ d、ア e、エ 問2、1、ウ 2、イ
問3、1、ウ 2、ア 3、イ 問4、エ 問5、ア
問6、自分の望む物語 問7、D 問8、エ 問9、ウ
問10、自分の考えを補強する言説だけを求めるようになり、自分とは違う考えを持つ人が存在するという事実を忘れるなど、他者に対する想像力を喪失してしまうと考えている。(77字)(同意可)

8

問二、同意の漢字の組み合わせ。イは、上の漢字が動作を表し、下の漢字がその対象を表している。ウは、反意の漢字の組み合わせ。エは、上の漢字が下の漢字を修飾している。

問三、「一九八一年には野生のトキはわずか五羽しかいなくなっていました」と続くので、この原因を考える。

問四、Ⅱ、前の「よく分かりません」と後の「想像できます」は相反する関係になっている。

Ⅲ、「『自然』という言葉」を用いた具体例として、「そのくらいの傷は自然に治るよ」などを挙げている。

問六、すぐ前の「種の絶滅は自然界で普通に起こることではないか」という内容を、「それは自然のセツリではないか」と言い換えていることをおさえる。

問七、「生物種の絶滅」の逆が「生物多様性」の維持であるので、「生物多様性」について説明している部分に着目する。文章の最後の部分で、「生物多様性を重視する人たちの標準的な説明」についての記述があるので、その内容をふまえる。

問八、「生物多様性条約」以外にも「生きものを守る条約」はいくつかあるが、それらはみな、「特定の自然を守る条約」だと説明している。このことをふまえて考える。

問九、「nature」という語を雑誌名にした自然科学全般を扱う雑誌が、「天文学や量子論についての論文」も掲載していることに着目する。

問十、「英語圏の人々はbとvとdの入った言葉が大好き」という見解は取り上げているが、これは「人間」全般についての見解ではない。岸は、「生きもののすみかが多様であることを重視」し、「生きものの賑わい」という言葉を提案し、「流域」に焦点を合わせて「多種多様な生きものとともに暮らしていく、というビジョン」も発信している。

問十一、「飛行機のリベット」の例のように、一つの種が絶滅すると「全体の健全性を損なう」と述べている。こうした、「種」と「生態系全体」との関係性をふまえ、考える。

問十二、②では、「生物の多様性の保全」のためには「種の個体群の自然の生息環境における維持及び回復」が必要だと述べているが、「根本から作り変

え」ることは書いていない。また、③では「遺伝資源及び技術の取得の機会の提供及びそれらの配分が不可欠」と述べているが、これは人間の進化のためではなく生物多様性の保全や利用のためであることをおさえる。

問十三、すぐ後で、「自然」という言葉について考えている内容に着目する。日本語には、「副詞・形容動詞としての『自然』」と「名詞としての『自然』」の二種類があると指摘し、このことにより「『自然を守る』といった場合に混乱が生じます」と述べている。

9

答

問一、(1) 政策　(2) 導入　(3) 苦労　(4) 復活　(5) 摂理　(6) じちたい
問二、ア　問三、エ　問四、Ⅱ、オ　Ⅲ、ウ　問五、ウ　問六、種の絶滅
問七、(初め) 個体、種、(終わり) 維持される(から。)
問八、エ　問九、イ　問十、イ　問十一、ア・ウ　問十二、ウ・オ
問十三、日本語の「自然」には副詞・形容動詞と名詞の二種類の使い方があるため、「自然を守る」といった場合に混乱が生じる点。(56字) (同意可)

問二、「なぜそこまで利他に警戒心を抱いていたのか」について、利他の「思い」をふまえて「これまでの…支配することにつながると感じていたから」と説明している。

問三、「毎日はとバスツアーに乗っている感じ」というたとえについて、「どこに出かけるにも…ことこまかに教えてくれ」ると説明していること、それに対し「自分の聴覚や触覚を使って…世界を感じることができなくなってしま」うと述べている。そして、「障害者を演じなきゃいけない窮屈さがある」とも言っているので、西島さんがありがた迷惑に感じていることをおさえる。

問四、「丹野智文さん」の話をふまえて、「善意の押しつけ」が起こるところには「他者に対する信頼」が欠けていることを示し、それは「自分と違う世界を生きている人に対して…信じていないことの裏返し」であると述べている。

問五、認知症当事者が「どんどんできなくなっちゃう」と感じるような、周りの人の行動をおさえる。丹野さんが話した「助けてって言ってないのに助ける人」の行動について、「当事者のお弁当を持ってきて…食べなさい」とすることや、「先回りしてぱっとサポートが入る」ことに着目する。

問六、「山岸俊男」の言葉の引用部分に着目し、「社会的不確実性」が「存在している」「存在していない」という言葉で「『不確実性』に開かれているか、閉じているか」を表現していること、「『不確実性』に開かれている」気持ちを「信頼」、「閉じている」気持ちを「安心」としていることをふまえる。そのうえで、筆者は改めて、「信頼とは、相手が…自分が不利益を被るかもしれないことを前提としています」と説明している。

問七、直前の「信頼」の説明に注目。「信頼とは、相手が想定外の行動をとるかもしれない」、つまり自分の意志で「想定外の行動」をするかもしれないが、「それでもなお、相手はひどい行動をとらないだろうと信じること」だとある。つまり、信頼とは相手が自分の意志でおこした行動を尊重し信じ、ゆだねることだということをふまえて考える。

問八、「それ」とは、直前の「これをしてあげたら…という、『私の思い』」を指す。また、「『私の思い』でしかない」は、「しか」という言葉で「私」以外には同意を得られないことを示しており、「思いは思い込み…相手が実際に同じように思っているかどうかは分からない」と続けていることをおさえる。

問九、「利他の心は、容易に相手を」「することにつながってしまいます」と、筆者が「利他」において警戒していることを探す。「この不確実性を意識していない利他は…暴力になります」とも続けているので、文章の冒頭で「他者のために何かよいことをしようとする思いが…につながる」と述べていたことに着目する。

問十、「利他」によって「他者を支配しない」ことについて、大原則として「自分の行為の結果はコントロールできない」ものであり、「やってみて…分からないけど、それでもやってみる」「別の言い方をすれば、『見返りは期待できない』」と述べている。

問十一、文章の冒頭で「他者のために何かよいことをしようとする思いが…支配することにつながる」と述べ、さらに「相手の力を信じること」つま

り「信頼」が利他にとって「絶対的に必要なこと」だと主張していることから考える。

答 問一、1、冒頭　2、壁　3、奪(って)　4、肯定　5、授乳　6、犠牲　7、芽生(えて)　8、陶酔

問二、他者のために何かよいことをしようとする(こと。)(19字)

問三、エ　問四、その力を信じ、任せる

問五、本人ができることまで、先回りして助けること。(22字)(同意可)

問六、相手が想定外の行動をとり、それによって自分が不利益を被るかもしれない(ことを前提としているということ。)(34字)(同意可)

問七、イ　問八、相手のためになるはずだという思いはあくまで主観にすぎず、相手がどう思うかはわからないということ。(48字)(同意可)

問九、支配　問十、オ　問十一、エ

★★　発展問題　★★(48ページ)

1 問二、前の部分で、「学校がなかった社会」においては子どもにとって「普段の生活」それ自体が「学習の過程」だったことを述べており、また、後の部分では、「社会的生活が複雑化する」と「実生活の諸関係」が「子どもにとって近寄り難いもの」になると述べている。

問三、すぐ後の部分で、「その『カリキュラム化された知』というのは」と続き、説明している。学校は子どもたちに「この世界がどうなっているかということを、言葉や記号を使って」学ばせる役割を果たすと述べられていることもあわせて考える。

問四、「図3—3」は「太陽と地球との位置関係」で「月の状態」が変化している図であることに注目し、図3—3について述べている部分をおさえる。

問五、B、「図3—1」は「当時の子どもたち」が「普段から目にしていた」ため「なじみやすいもの」であったのに対し、「図3—2」は「そうではありません」とあることから考える。「テレビ」がないこと、内陸部の多い「中部ヨーロッパ」であることもヒントになる。

C、「世界がどうなっているか」ということを説明する際に使われた「世界図絵」と「現在の学校のカリキュラムは同じ」で、「さまざまな教科は…世界をある側面から切り取って再構成されたもの」であることをおさえる。

問六、「提示」とは、「学校がなかった社会」において子どもが「周囲の大人と一緒に生活する」中で「さまざまなこと」を学ぶこと、「代表的(代理的)提示」とは、子どもたちが学校に通って「世界がどうなっているか」を学ぶことを指している。

問七、「学校で教えられる」知識を「学校知」と表現している部分に着目する。また、「記号化された『世界の縮図』」について詳しく説明している部分についてもあわせて考える。

問八、すぐ後に「軍国主義の時代の教科書」が例としてあげられているので、それをヒントに考える。「世界の縮図」である「学校知」が「職業的に役立つ」だけでなく、「市民として…生きていく生活全般に関わる、基礎的なものを提供してくれる」と書かれている「要するに」以降の部分をふまえてまとめる。

問九、「学校がなかった社会」では、子どもにとって「生活それ自体が学習の過程」であり、覚えたことは必ず「仕事に役に立」っていたのに対し、学校では「この世界がどうなっているか」を学ぶため、仕事に「役に立たない」こともあるが「生まれ育った狭い世界から抜け出して、より広い世界に出てい」く「可能性」を与えることができることをおさえる。

答 問一、ⓐ特異　ⓑ家業　ⓒ契約　ⓓ新奇

問二、ウ　問三、言語的・記号的に組織された知識　問四、月の満ち欠け

問五、B、普段から海を見る機会がなかった(15字)　C、過去の教訓から人間とは何かを知る(16字)(それぞれ同意可)　問六、イ　問七、Ⅱ

問八、市民は学校で学んだ「世界の縮図」を生き方にするので、偏ったことを教えても信じてしまうから。(45字)(同意可)

問九、学校知のなかには、将来の仕事に役立たないものもあるが、学びを通

して子どもたちはより広い世界に出ていくことが可能になるから。(61字)(同意可)

2

問2、A、「優等生的な生きかた」について、「この社会での高校生の生きかた」を例に挙げて説明している。

B、「社会の目に従って生きる生きかた」よりも「社会の目に抗って生きる生きかた」が優勢となった原因として、社会が「変化や進歩をよしとする近代社会」となったことに加え、近代社会では「社会の目」が「変化し進展していく」から「確固たる基準とはなりにくい」ということを挙げている。

C、「個人にとって、社会の目を意識の外に完全に追い払ってしまうほど自由には生きていけないし…完全な規制力を発揮することはできない」という前の内容を受け、「個人の自由と社会の目との葛藤は、たがいに相手の存在を認めつつ共存していくほかはないことになる」と結論づけている。

問3、(i)「社会の目に従って生きる生きかた」に合うことわざを考える。

(ii)「つつがない」は、何事もなく無事であるさま。

問4、「社会の目に従って生きていこう」とすることを「優等生的な生きかた」だと表現している。「社会の目がよしとする生きかた」と「個々人がみずからこう生きたいと思う生きかた」とのあいだには「矛盾」「対立」「葛藤」があると述べた上で、「その矛盾・対立と葛藤を、社会の目のほうに力点を置いて解決しようとするのが優等生的な生きかただ」「一人一人の人間が社会の目に従って──社会のしきたりや決まりに合わせて──生きていくことが必要」と述べていることから考える。

問5、直後に「そのような変化をもたらした根本の原因は…個人の『わがまま』によって社会を壊される恐れが少なくなったことにある」とある。そして、「近代社会は…個人の『わがまま』をゆるすようになった」ことについて、「ただそれだけのものではない」と述べた後で、「社会の目に従わないで自分なりに生きること」に人びとが「新鮮な充実感」「生きている実感」をいだくようになったことや、「社会が前へと進んでいくのに、個人の自由な活動が強力な推進力になる」と考えられるようになった結果、「変化や進歩をよしとする近代社会」が「社会の目に抗って生きる生きかた」を時代にふさわしいものと認めたと述べている。

問6、「社会がめまぐるしく変化し進展していく状況下」では、「社会の目」も「変化し進展していく」から、「社会の目が確固たる基準とはなにくい」状況となり、その結果、近代の優等生が社会の目に従おうとしても「そちらが多様で不確実であるがゆえに、その生きかたも不安定とならざるをえない」と述べていることに着目する。

問7、本文では、「個人の自由と社会の目との葛藤は、たがいに相手の存在を認めつつ共存していくほかはない」と述べている。そして【資料】では、「社会の目」を「否定し拒否するだけでは自由な生きかたは実現しない」と述べて、「社会の目にきちんと向き合う」ことの必要性を訴えている。このことをふまえ、生徒Dの発言の「細かい知識の暗記」と「思考力」とが、それぞれ「社会の目」と「個人の自由」に重なっていることをおさえる。

答

問1、a、推奨　b、緊密　c、堅持　d、回帰　e、厄介

問2、A、オ　B、ア　C、ウ　問3、(i)ウ　(ii)イ　問4、エ

問5、生産力の向上によって社会が物質的にゆたかになったことで、個人の勝手な行動は社会を壊す恐れのあるものではなく充実感と生命感をもたらし、さらには社会を前に進ませ、変化や進歩をもたらすものとされたから。(98字)(同意可)

問6、社会が変化し進展していくなか、個人の行動の基準となる社会の目も多様で不確実なものになったから。(47字)(同意可)　問7、エ

3

(2)

Ⅰは、「一歩離れて」というように自分の考えにとらわれない見方を表す。Ⅱは、生物学がＤＮＡと関連することは「当たり前」であり、ＤＮＡが生命現象全体に通じるものであることを表す。Ⅲでは、「特定の科学」の「一握りの問題だけ」を知っていることを「美点」とし、全般的な知識を軽視する態度について述べている。Ⅳは、「弁証法のテーゼ」となっているもの

が、実際にはっきりとした形になって展開していることを表す。Ⅴは、「要素還元主義の方法によってすぐに明確な答えが出せる問題」に対し、複雑系の問題は「すぐに明快な答えが得られない問題」であることを表す。

(3)　a、原因・理由を表す格助詞。
b、「まさに」「ついに」という副詞の一部。

c、形容動詞「露わだ」「親切だ」の活用語尾。ウは、接続助詞「のに」の一部。エは、助動詞「ようだ」の一部。

(5)　1、「複雑系」で、「一般に多くの要素から成り…非線形の関係で結ばれている場合」に「明快な答えが得られない」理由を、「そもそも…一対一で結ばれないから」と説明している。
2、「要素が多くなり…相互作用が複雑になって」きたときに、要素還元主義が「無力」になってしまう理由を、「分析的手法が通用せず…考えねばならないためである」と説明している。

(6)　「手法が分析的にならざるを得ない」という要素還元主義によって、「学問分野はどんどん細分化」されていき、科学者が「ごく狭い範囲の専門家」になって、「全体を俯瞰し総合化する観点」を失ってしまったと述べていることに着目する。こうした状況を、オルテガ・イ・ガセットの考えた「専門化の野蛮性」を引き合いに出して、「部分的な知識のみで大きな顔をしたがる専門家による支配」を「野蛮」と説明している。

(7)　要素還元主義は、「目前にある現象を…徹底して調べれば法則や反応性がより鮮明に現れ」るというもので、「部分の和は全体になり、原因と結果は…結びつけられる」という信念に基づく「分析的手法」である。「複雑系」は、「多くの要素から成り…非線形の関係で結ばれている場合」であり、「部分の輪は全体にならず…明快な答えが得られない」というものである。

(8)　最初に、現代科学について、「異様」と思うような状況であることを述べ、その原因と思われる事柄について、「第一に」として「要素還元主義」を挙げている。「現代の科学・技術文明の成功は要素還元主義抜きにしては考えられない」と、その功績を認める一方で、手法が分析的で細分化されることによる問題点を指摘して「専門化の野蛮性」と表現している。次に、そうした要素還元主義の分析的手法が通用しない問題を「複雑系」として、「カオス」や「バタフライ効果」「量から質への転化」「自己組織化」などを挙げて説明している。最後に、「つまり」以降で、要素還元主義が通用しなくなっているのに、「相変わらず、要素還元主義の立場からの意見がまかり通る」と述べ、「異様」であると述べている。

(9)　現在の状況について、要素還元主義が通用しない問題が多いことを知りながら「見て見ないふり」をして「要素還元主義の見方のみを強調してきた」ことが、「全ての事象は要素還元主義の科学によって解明できる」という錯覚を生んだと述べている。さらに、現代科学がそうした状況に注意を払わず、「複雑系」を無視してきたことを、「異様」と表現している。

答

(1)　①唱　②君臨　③起因　④主眼　⑤発現　(2)エ
(3)　a、オ　b、イ　c、ア　(4)ウ
(5)　1、(最初) 要素　(部分　(最後) 結ばれない　2、(最初) 分析的手法　(最後) ばならない
(6)　要素還元主義の分析的手法の結果、学問分野が細分化され、科学者が全体を俯瞰する観点を失って狭い領域の知識のみを誇り、社会で権勢をふるうこと。(69字)（同意可）
(7)　ア、1　イ、2　ウ、2　エ、3　オ、2　(8)ア
(9)　現象を根源的な要素に分解する要素還元主義を絶対的に正しいと錯覚する現代科学において、学問分野が細分化し、科学者が全体を俯瞰し総合化する観点を失って、分解しがたい要素が複雑に関わり合い、予測を超えた現象が生じうる複雑系の問題についての対処を重要な課題ととらえずに無視してきたこと。(139字)（同意可）

五　文学的文章の読解

(1) 小　説（62ページ）

☆☆ 標準問題 ☆☆（62ページ）

[1] 問一、A、「覗いたみたいに」とたとえていることから考える。
B、「～かもしれない」という推定の表現が続くことに着目する。

問二、「自分の気持ちや感情に…モヤモヤしちゃうときってない?」と問いかけた先生は、「先生にもね、そういう経験がたくさんあった」と口にし、直後でその経験を詳しく説明していることをおさえる。

問三、「自分の気持ちをノートに書く」と「自分の心を整理することができる」と説明した先生は、「読書感想文を書くこと」によって同じことができると言っている。

問四、先生は「原稿用紙」について、「あかねちゃんの心を具現化してくれる、魔法のページ」だと表現している。あかねが、この言葉を「自分のこころを…くれる原稿用紙」と言い換えて、「本当に、そうなんだろうか」と考えをめぐらせていることをおさえる。

問五、「もやもやしたもの」がまるで意志を持っているかのように、「膨らんでいる」と表現していることから考える。

問六、「苦しさが溢れて」とあるので、苦しそうな言い方を示す語。

問七、Ⅰ、「シャーペンの芯」が「折れてしまった」様子を表す語。
Ⅱ、「シャーペン」を「ノック」する様子を表す語。

問八、読書感想文を書くことによって「気持ち」を「かたちにする」ことができると教えた先生は、原稿用紙は「あかねちゃんの心を具現化してくれる、魔法のページ」だと表現している。

問九、「感情の正体」を「ようやくわかった」と思ったあかねが、その正体について「たぶん、きっとそう」と確信していることに着目する。

問十、「原稿用紙に、なにかが落ちて、染みを作った」とあることや、「あたしは頬を這う熱を感じながら」とあることに着目し、あかねが原稿用紙に落としているものを考える。

答 問一、A、エ　B、ウ　問二、自分の感じ～わからない(経験。)
問三、自分の心を整理すること　問四、かたちにしてくれる(こと。)
問五、エ　問六、ア　問七、Ⅰ、イ　Ⅱ、ウ　問八、魔法のページ
問九、あたし、ず～ったんだ。　問十、涙(のこと)

[2] 問二、「掃除当番の君塚照子と二谷カヨ子」を待つ人物は、ブランコのところでしゃがんでいる「大山澄子と根本千代」。他は、ミツエの動作。

問三、逆上がりができないミツエは、「つぎは逆上がり」と言われたとき、「列からすこし横に出て…一人一人の逆上がりをよく見た」「見ながら考えた」という行動をとっていた。

問五、直後で、「前に逆上がりをしたとき」の感じと比べて、「でも今回は…ばらばらではなかったような気がする」と感じたことを整理している。

問七、前で、先生が「できた者はこっちに並んで…できなかった者、こっちに並べ」と指示している。「男子で逆上がりができなかったのは高岡君一人、女子は…三人だった」とあることから、「できたー」と言った里美は、「できなかった者」の列にいることをとらえて考える。

問八、「三人とも逆上がりができないままに…鐘が鳴った」ことから、里美以外は逆上がりができるようにならなかったことをおさえる。Aでは、「照れ臭そうに笑」うに注目。Bでは、「なかなか鉄棒に巻きつけない」様子を、「鉛筆」や「割り箸」にたとえていることから考える。

問九、「体操の時間…鉄棒をやっていたい」と対立する気持ちなので、鉄棒に対して消極的なミツエの気持ちを探す。逆上がりができないミツエが、先生の「今日は鉄棒をやる」という言葉を聞いたときの様子に着目する。

問十、抜け落ちている一文は、「尻上がりや足かけ上がりは、ミツエにもできた」とあるので、ミツエができない「逆上がり」へ移る前に入れる。

問十一、「つぎは逆上がり」と聞いたミツエは、「死にたくなった」と感じている。「ミツエの番」になると何も考えられなくなり、「眼をつむるような

気持」で逆上がりに臨んでいる。失敗してしまったものの、以前よりも手ごたえを感じ、「もうすこし鉄棒をやっていたい」という気持ちになったミツエは、放課後の練習で逆上がりに成功し、自分は「今まで笑ったことはなかった」と思うぐらいに笑っている自分を強く感じている。

3

答 問一、①準備　②遅(れて)　③破裂　④真剣　問二、Ⅲ
問三、逆上がりが　問四、イ　問五、鉄棒が自分の中心に近い感じ（13字）
問六、(主語)里美が　(述語)巻きついた
問七、逆上がりができた者が並んでいる(列)（15字）（同意可）
問八、ウ　問九、体操の時間なんてなければいいのに　問十、助をした。
問十一、エ

問二、「身に覚えのないこと」を言われているので、驚いて調子はずれな声が出ている。

問三、「はりきって練習する明良」を「笑うヤツは…いなかった」チームの様子をふまえ、「三年生の引退試合」に明良が「ひいき」で出場させてもらっている状況から考える。

問四、試合でボロ負けしたとき、他のメンバーは「負けたことをちっともくやしがっていない」様子だったが、明良は「もっと試合がしたかった」「勝たなきゃ意味がない」と思っていたことに着目する。

問五、「夢中になっている明良のことを、だれもバカにしなかった」ことや、「なにがんばっちゃってんの的な邪魔は、一度も…ない」ことをおさえる。

問六、真野は「弱小チームでやってられるか」と見限ってバスケ部の幽霊部員でいたとき、後藤が声をかけてくれたことや、久野や和田が迎え入れてくれたことが「うれしく」て、男子バスケ部には「いいヤツらが集まってるじゃん」と気づき、「ここを自分の居場所に…自分が守っていこう」と思ったと話している。

問七、「バスケを楽しいと思わせてくれたのは、ほかでもないこのチームだった」ことを認めているが、高校に入学したときに「すでに手遅れ」になってしまうことを心配していることに着目する。

問八、(i)真野に「そんなときにさ。後藤が声をかけてくれたんだよ」と言われて、明良は「声をあげ」ている。
(ii)「やっぱりね」と言っているので、真野が「明良が覚えてないことが分かってた」ことや、それでも嫌な気持ちになるどころか「照れ」ながら大切な話を続けていることから考える。明良が真野に「今日、練習こないの?」と声をかけたことは、明良にとって「まったく思いだせない」出来事であったが、真野にとっては明良の言葉が「スゲーうれし」いものだったのである。

4

答 問一、a、記憶　b、興奮　c、いだ(く)　d、誓(った)　e、貴重
問二、ウ　問三、エ
問四、(1)試合にすぐ負けてもくやしく思わない（17字）　(2)試合に勝ち続けるように強くなりたいと思う（20字）（それぞれ同意可）
問五、ウ　問六、(1)弱小チーム　(2)いいヤツら　(3)居場所　問七、イ
問八、(i)「オレ?」　(ii)オ

問二、「泣いている母なんて、見たことがなかったから」という理由に注目。

問三、看護婦さんたちが「とがめたりしなかった」ことで「おばあちゃんはもうじき死んでしまう…本当なのだろう」と「私」が感じていることをおさえる。

問五、④　病室の「ベッドサイドに置いたパイプ椅子」から見える、窓の外の「空」の様子を考える。おばあちゃんの入院が「数週間前」だったと説明しているところでも、「ベッドサイドに座ると…空が見えた」とある。
⑤　「該当する作品が、見あたらない」ため、店員が本を何ページもめくる様子。
⑨　おばあちゃんが「さがしかたが、甘いんだよ」と言っていることに注目。「どうせ、一軒いってないって言われ」て、すぐに気落ちして帰ってきたのだろうと推測している。

問六、店員が、「これ、書名正しいですか?」「著者名も?…見あたらないん

ですよね」と言っていることに注目。

問七、「該当する作品が、見あたらない」と店員に言われたものの、「はあ」としか答えられていないので、探してもらおうにも、「私」も書名と著者名以外の手がかりを持っていないことから考える。

問八、「本のタイトルとか…違ってるんじゃないかって」と言った「私」に、「あたしが間違えるはずがない」と言っていることから、自信を持ってきっぱりと否定している表現を選ぶ。

問九、病室のパイプ椅子に座りながら、街路樹の「木々の葉はみな落ちて…広がっている」という景色を見ていることから考える。

問十、「きっと…まだ知らなかったからだろう」「今そこにいるだれかが…いったいどんなことなのか」と続けている。身近な人が「死んでしまう」ことを、まだ経験したことがないからこその感情であることをつかむ。

問十一、「秘密のお願い」について、おばあちゃんの「そのこと、だれにも言うんじゃないよ…ひとりでさがしておくれ」という言葉に着目する。「秘密」の内容である「そのこと」について、おばあちゃんは「ねえ…本をさがしてほしいんだけど」と切り出している。

答　問一、㋐洗濯　㋑手招　㋒分厚　㋓ふち　㋔さむざむ　問二、ウ
問三、もうじき死んでしまうおばあちゃんにたくさん会わせてあげようと思ったから。(36字)(同意可)　問四、イ　問五、④イ　⑤エ　⑨ア
問六、該当する作品が、見あたらない(から。)　問七、ウ　問八、ウ
問九、冬　問十、エ　問十一、(最初)「ねえ、羊　(～最後)　のだった。

5

問四、帰り道で大野が、「シラをホケツにしてまで試合に出たくない」と、泣きだしそうになりながら話していることに着目する。自分のせいで少年が試合に出られなくなったと思い、つらく感じている。

問五、「ほとんどしゃべらない。どうしていいかわからない」とあることから、少年がレギュラーを奪われてしまったことに対し、二人ともまだ気持ちの整理がついていない状態であることをおさえる。「からっぽ」「誰もいない」という情景が、レギュラーを奪われた少年の、虚しい気持ちを表している。

問六、「左手で右の拳を包み込んでいた」という仕草を見せたのは、その右手を胸の高さに持ち上げた人物。

問七、「まるで～のようだ」「～に似ている」といった、たとえの表現を用いない比喩表現。

問八、直前までの大野の発言を「アホなこと」と表現している。「バチが当たったんだよ」「シラをホケツにしてまで試合に出たくない」「俺がいなくなったって…そっちのほうがいいんだよ、絶対」などと感情的な言葉を口にしている。また、後で試合に出る決意をしていることから、突き指が痛くて試合に出られないというのは本当ではない。

問九、「これはぜんぶひとりごとなのかもしれない」「自分の声ではないみたい」とあることから、大野に対する「試合はええけん、シャツ返せ」「早う返せや」などの発言は、少年の本心に沿ったものではないことをおさえる。

問十、シャツにサインペンで書いてあった言葉を心の中で一度つぶやき、その後「ネバー、ギブ、アップ」と繰り返していることから、少年がその言葉を、自分自身に向けた言葉として受けとめていることを捉える。レギュラーを外されていた少年が、それまで試合に出るのはあきらめていたことと合わせて考える。

問十一、大野にあげたシャツを「早よ返せや」と言ったのは、初めからそのシャツを「捨てるつもりだった」からである。サインペンの文字には、シャツを返してもらった後に気づいている。

答　問一、a、すみ　b、駄菓子　c、さ(げ)　d、補欠　e、酸(っぱい)
問二、x、ア　y、ウ　z、イ　問三、A、イ　B、ウ　C、エ
問四、エ　問五、ウ　問六、大野(は)　問七、ウ　問八、ア　問九、ウ
問十、試合に出ることをあきらめてしまっていたが、あきらめてはいけないと思い直した。(38字)(同意可)　問十一、イ

6

問二、「かも」は「そうかもしれない」という言葉の省略である。これは、すぐ前の「面倒なんだろ、それ」を受けたもので、「それ」は「古本屋」の十河が「愛想なかった」ことを指す。つまり、「かも」は、十河が愛想よくする

ことを面倒に思っているのかもしれない、という意味だととらえて考える。

問三、すぐ前で、「どのくらいだろ」「もう三年以上」「1134日」と年月について会話していることに着目し、この「光陰」が、年月がすばやく過ぎ去ることを意味することわざ「光陰矢のごとし」の省略であることをおさえる。

問四、すぐ前に「小学生の頃の九十九書房での数学教室を思い出したのか」とあることに注目。後で、キフユの「物真似」も交えながら、当時の数学教室の思い出を話していることもおさえる。

問五、直前のやりとりから、「論理的結論」によって、蓼丸が「生徒会に入る」ことにしたということをおさえる。「意味が分から」ない東風谷と栢山に、蓼丸は、「生徒会なら3年までの全校生徒と関わる可能性がある」ため、知り合える女子の数が部活に入った場合よりも多く、「部活と生徒会で、少なくとも一人の彼女ができる確率」は、生徒会に入ったほうが高くなると説明している。

問六、「彼女ができる確率」に関する蓼丸の話を、栢山と東風谷が茶々を入れながら聞いている場面である。クラスと部活で関わる女子40人に告白する場合と、女子の全校生徒240人に告白する場合とでは「かかる時間が違う」という栢山の指摘に同意しながら、東風谷は「笑って」いる。「40人」「240人」という人数が、「告白してまわる」には非現実的な数であることもふまえて考える。

問七、「いつまでも数学やってる暇はない」という蓼丸の言葉を受けて、東風谷が発言していることをおさえる。

問八、栢山の「目の前の光景」には、「同年代が…新しい季節を謳歌している」姿が含まれている。「どれだけの人がいるのだろう」とあるが、「数字としてはもちろん知っている」が「現実は数字になると…何かを失っている」とあることをふまえて、ここでは全校生徒数の知識と活気のある生徒たちの姿が結びつかないということを表現しているととらえる。

答　問一、A、ア　B、ア　問二、ウ　問三、エ　問四、ア
問五、校内で彼女を作るには関わる女子の人数が最も多くなる生徒会に入るべきだという結論。（40字）（同意可）
問六、ア　問七、ウ　問八、イ

7

問三、「目の奥が痛んだ」とあることから、涙が出そうになっていることをおさえる。旅館を営む自分の家が近いというだけで寮の子たちまで同じように言われていることを知って、思わず泣きそうになっている。

問五、新型コロナウイルス感染症の緊急事態宣言が出されているときに、円華の家が旅館の営業を続けていることをふまえ、円華と「距離が近」い小春に対して、小春の「おじいちゃん」や「おばあちゃん」が心配になることや、高齢者が入居する施設で働く「お姉ちゃん」がいるため小春の「お母さん」が気になることを考える。

問六、小春はしばらく別々に帰りたい理由として、小春の家族が円華に対して「心配になったみたい」「気になったみたい」ということを一方的に「少しだけ早口」に話したあと、「それ以上は何も言わず」、円華の様子を気にかける様子がなかったことをおさえる。

問七、小春が円華に言ったことばなので、「小春の声が、耳の奥で響き続けていた」とあるところや、「また、小春の声が蘇る」とあるところに着目する。

問八、旅館のことが原因で自分が差別されていると感じた場面。「気持ちが怯む」や「足が竦む」とあるように、不安で心も体も動けない感覚が表現されている。

問九、「出社しなくても仕事ができる」とあるので、遠隔地などで業務を行うという形態を表すことば。

問十、「休業するか、お客さんからの予約を取り続けるか」と家族が「葛藤」した結果、「休業を選ばず、営業し続ける選択をした」とある。

問十一、海岸の堤防で一人でいるときに武藤柊が声をかけてきた場面で始まり、小春から一緒に帰れないと突然言われたことや小春の家族への思い、自分の家が経営している旅館や自分の家族への思い、部活への思いなどを思い浮かべている。そして、「円華の未来はどこにゆくのだ」と涙を流したところで、再び堤防での武藤柊との会話の場面に戻っている。

答　問一、⑧代　⑨常連　⑫潤(んで)　問二、①ウ　⑪エ　問三、ア

問四、③ア　⑥オ

問五、家が旅館の営業を続けている円華から感染するかもしれない（27字）（同意可）　問六、ウ

問七、一緒に帰ってるとこさえ見られなかったら、学校では喋っても大丈夫だから。今だけ、ほんと、ごめん（同意可）

問八、エ　問九、(リ)モ(ー)トワ(ーク)　問十、イ　問十一、エ

8

問一、第一段落は、祖父と父が「花電車」の写真を撮り、母と「僕」がそれを見守る場面、第二段落は、帰宅後に「焼き上がった写真」を見て家族が大騒ぎをし、祖父が冷静に対応する場面である。

問二、「まったく写真撮影に適さない場所」で撮影することを主張し、「おめえの尊敬する…ベトナムのカメラマン」のことを引き合いに出しながら、「プロってえのァ」と話す祖父に対して、父は「無残な結果」に終わることを惧れた様子で説得を続けている。

問三、「花電車」が走るという貴重な機会に撮る写真なので、一生のうちに二度とないような重要なことを意味する言葉が入る。

問六、Ⅰ、「真摯な師弟のやりとり」が行われ「緊密な時間」が刻まれた後、「花電車」がやって来て、祖父が「甲高い合図の声」を張り上げ、「二台のストロボと同時に…青い火花が爆ぜた」となって撮影が終わっている。母の緊張が解けて「ほうっと」息を抜き、祖父の合図の声に二人で笑っていることから考える。

Ⅱ、花電車の写真を撮り終わって「笑った」とリラックスしているので、写真を撮る前、都電の警笛が聞こえ、祖父や父がそれぞれの場所で体勢を整えたときの、母と「僕」の緊張した様子に着目する。

問七、「どうして?」と理由を聞かれ、「ペンタックスが写っていて、ライカが真黒だったら、おじいちゃんガッカリするだろう」と話している。

問八、暗室で「僕」と、「おとうさん、やさしいね」「おじいちゃんは、もっとやさしいよ」という会話を交わした父が、その「おじいちゃん」であり「尊敬する写真師、伊能夢影」から、「なぜおめえがへたくそか」の説明を受け、「機材」が原因でなく、「やさしさが足んねえ」と指摘された時の気持ちを考える。

問九、祖父の言動に注目。「青山一丁目の方が、よかないですか」と言われると、「よかねえよ。俺ァここしかねえって、せんから決めてるんだ」と返し、「やっぱ、むりですよおやじさん」と言われると、「けっこうじゃあねえかい。ほれ、おめえの尊敬する…プロってえのァ、そうじゃなきゃならねえ」と返していることや、ペンタックスをさし出されても断り、自分のライカを使おうとしていることなどに着目する。

答　問一、その夜、僕　問二、イ　問三、ア　問四、ウ

問五、はさむ(または、挟む)　問六、Ⅰ、エ　Ⅱ、母が背中か

問七、祖父のライカが失敗だったと分かった時に、自分のペンタックスが写っていることで祖父を落胆させないため。(50字)(同意可)

問八、イ　問九、ア

9

問一、続けて親爺さんは「見て会得できなきゃ、使い物にならねぇ」と言っている。その後の浩一が「もし僕があのお弟子さんの立場だったら」と考え、「和菓子を作る上で欠かせない幾多の技」を理屈で説かれることの辛さを想像している。

問二、愚痴が「いつまで経ってもやまな」い親爺さんに、「相手が娘婿だと…気を使うことも多いのだろうな」と感じたことに注目。「最後には必ず…付け足したからだ」とあるように、「気のいい奴なんだよ…なかなかだろ?」と娘婿をほめる言葉を付け足していることから考える。

問三、冒頭で親爺さんが「俺のやり方」を「見て会得できなきゃ、使い物にならねぇ」と言っているので、親爺さんは「やり方」を見せて教えようとしている。それに対し、お弟子さんは「店では滅多に話さない」「なにも教えてくれない」と言っているので、「見て会得」させようとする親爺さんの教え方が伝わっていないことから考える。

問四、「出過ぎた真似をした」とも感じているので、「親父もなにも教えてく

れない」と言うお弟子さんへ、浩一が話したことに着目する。浩一は「大事な技は…一番いいように思うんです」と話して、「自分で見つけるから、ものになる」と考える親爺さんの意図を代弁している。その話を聞いたお弟子さんは「顔が引きつ」り、「説教をされた戸惑い」を感じており、なおも親爺さんの菓子を持ち上げる浩一を「だから、なんだっていうんです」と突き放していることから考える。

問五、「よほど信の置ける相手なのだろう」と続くことから、相手を信頼する気持ちが身内のような表現につながっていることをつかむ。そのうえで、鮠江が相手の生地屋さんを信頼している理由をおさえる。「物知り」だと自慢げにした後で、「雰囲気だけ…なんとなく注文する」という方法でも意図を汲んで「何十、何百とある反物から…選び出してくれる」と話している。

問六、A、「唯一の楽しみをうばわれる」ことよりも、気まずさを押し切って光月堂に行くほうを選んだことに着目する。

B、「親爺さんの動き」を汲んだ手つきで作業をしている人物が、親爺さんの意図を理解していなかったあのお弟子さんであると分かった場面である。

C、お弟子さんはお辞儀をするでもなく、包みを渡しながら「この間の、御礼です」と一言ですませている。

問七、「その声」は、お弟子さんへ「もうちょっと手際よくやれ」と注意する声のこと。以前は「俺のやり方とてめぇの動きの違いもわからねぇ」と言われていたお弟子さんの仕事ぶりが、「親爺さんの手よりは…しっかりと汲んでいた」というものに変化していることから考える。

問八、出てきた人が「よりにもよって、あのお弟子さん」だったことに注目。「あのお弟子さん」は、浩一が「出過ぎた真似」をして不快にさせてしまったお弟子さんのこと。彼に会ったら「気まずい」ため、浩一は光月堂に行くのを「迷った」ほどであった。また、そんな浩一とは対照的に「落ち着いた声」で対応するお弟子さんの様子にも着目する。

問九、光月堂の菓子を「生き甲斐」だと言っている浩一は、光月堂の娘婿であるお弟子さんが光月堂の菓子に「思い入れが湧かない」と言ったことや、親爺さんの意図を理解しようとしないことに「得体の知れない寂しさ」を感じていた。しかし、今回店を訪れた際に、あのお弟子さんの手つきに「親爺さんの動き」を感じたこと、「この間の、御礼」という言葉をかけられたことから、お弟子さんが親爺さんの意図を理解したことを感じ取っている。これらの経緯をふまえて浩一の気持ちをとらえる。

(1) 浩一が手にしているのは、あのお弟子さんが「この間の、御礼です」と渡してくれた菓子であり、親爺さんの思いを理解し、向き合い始めたことの象徴のようなものであることから、浩一にとって特別なものである。「慎重さを保って」ともあるので、特別なものを丁寧に扱う気持ちを表す言葉を考える。

(2) お弟子さんに「いらぬこと」を言ってしまったときは、「だから、なんだっていうんです」という拒絶に「得体の知れない寂しさ」を感じたが、今回は、お弟子さんが「親爺さんの動き」を汲んだ手つきで仕事をするさまを見たり、「この間の、御礼です」と菊の練りきりまでいただいたりして、「うれし」い気持ちで店を後にしている。浩一の「喜び」が、お弟子さんのこうした良い変化によるものであることから考える。

答 問一、手や鼻や耳を使って掴む塩梅（13字）
問二、オ　問三、イ　問四、ア
問五、自分の伝えたいことを雰囲気だけで理解してくれる生地屋を、心から信頼しているから。（40字）（同意可）
問六、A、イ　B、オ　C、ウ　問七、ウ　問八、エ
問九、(1) いつくしむ　(2) お弟子さんの成長（それぞれ同意可）

10

問三、「病院では…自分が笹本遼賀であることを証明するものはなにもなかった」とあるので、「笹本遼賀のすべてが詰まっている」自分の部屋に帰ってきたことで懐かしい匂いを吸って落ち着き、自分が自分であるという実感を取り戻そうとしていることをおさえる。

問四、「年末年始の忙しい時期にあっさり休ませてもらえたことに拍子抜け」

し、自分の代わりはいくらでもいるのだと考えて寂しくなったが、そんな「つまらないことに引っかかっている自分に呆れ」ている。その後で、「この先ひとりで生きていく覚悟を持たなければいけない」と自分を律していることと合わせて考える。

問五、ひとりきりの部屋で、あとは荷物を受け取って病院に戻るだけとなったところで全身の力が抜け、「この年で病気になるような生活は送っていないはずだった」「どうして、おれなんだろう」と、納得できない思いや辛さがこみあげている。

問六、遼賀が靴を差し出してくれた時、本当は「ほっとして涙が出そうだった」にもかかわらず「そんなことしなくていい」と強がっていたことをおさえる。「交換するのはおれのためだ」と言ってもらえたことで靴を脱ぐ気になったものの、素直に喜びを表すことができず、気が進まない様子を見せている。

問七、登山靴に足を入れながら「この靴を送ってきた恭平の気持ち」を思い、「あの日のおれは…逃げ出したいなんて、一度たりとも思わなかった」と振り返ったことで、病への恐怖に震えていた自分から抜け出し、「この靴を履いて、病院に戻ろう」という前向きな気持ちになっていることをおさえる。

問八、「……そっか。なんか言ってた?」や『なんも。まあ……泣いとったけど』では、「……」を用いることで、登場人物たちのためらいや気まずさを表している。イは、「脂っぽいような…落ち着く匂いだ」や「ずいぶん色褪せてはいたが…オレンジ色」という表現、ウは、弟からの荷物の中身を「ばあちゃん手作りのママカリの甘露煮だろうか」と想像している場面、エは、電話越しの弟の発言が『　』で括られていることにそれぞれ着目する。

答　問一、ⓐ自炊　ⓑ総菜(または、惣菜)　ⓒ銘菓(または、名菓)　ⓓ蓋　問二、①ア　②エ　問三、イ　問四、ウ　問五、エ　問六、イ　問七、かつて困難に立ち向かった象徴である登山靴を恭平から送られ、病にも立ち向かっていこうとしている。(47字)(同意可)　問八、ア

1 ★★ 発展問題 ★★ (100ページ)

問二、「石村の目」の様子を表現していることに着目。石村は「前回と比べると、その視線からはあまり怖い棘を感じ」られない様子であったが、「仲間割れ」をしたのかと「図星」をつかれて、いつもの厳しい目つきに戻っていることをおさえる。

問三、同級生の父親が運営している貧困家庭の子どもたちに無料で食事を提供する「こども飯」に通っていることを、その同級生に知られてしまったときの気持ちを考える。

問四、「この感じ」が「怒り」であると気づいたことで、「なぜか『怒り』の理由が明確になった」として、「俺」が、「偽善者のムスコ」という落書きで罵られているのは「父」であり、「父が、クラスメイトたちの前で吊るし上げられたのだ」と考えていることをおさえる。

問五、「偽善者のムスコ」と落書きしたのは石村であると思い込んだ「俺」が、「肚のなかに強い決意」を持って、「ひどい恐怖」と闘いながら、石村を訪ねていったときの心情を考える。

問六、石村が「俺」に対して「おめえじゃなかったからな」「俺が…飯を喰ってること」と言っていることから、昨日の昼に自分の机の落書きを見た石村が「俺」を体育館の裏に「連行」したときに「俺」の仕業だと思い込んでいたことをとらえる。

問七、石村の表情が変わったきっかけは、「俺」の「誰がうちに…絶対に言わないって」「いままで誰にも…答えたことねえよ」という言葉である。また、石村がこのあと自分の取り巻きを「いい歳こいて落書きなんかで喜んでる害虫」と表現していることから、親しい友人でもなかった「俺」が、「取り巻きだった連中」にはないような気配りをしていることを知り、困惑しながらも嬉しさを感じていることをおさえる。

問八、Ⓓは、「ビンボー野郎」「偽善者のムスコ」という落書きへの勘違いが解決し、石村の謝罪の気持ちや「仲間割れ」のこと、「俺」の「こども飯」との関わり方を語り合ったあとなので、「何も分かり合うことができず」と

いうのは合わない。

2

答 問一、ⓐウ　ⓑア　問二、棘

問三、自分の家が貧困家庭であることを、運営者の息子である同級生に知られて嫌だったから。(40字)(同意可)

問四、「偽善者のムスコ」という落書きによって慈善事業を運営する父親が非難されたことに気づき、怒りがわき上がってきたということ。(60字)(同意可)

問五、イ　問六、自分が「～違いした(こと。)」　問七、オ　問八、エ

問二、A、「眺める」とあるので、何気なく視線を向ける様子。

B、身動きせずに「坐って」いる様子。

C、「疲れたときのような顔つき」で、短くつぶやくように話す様子。

D、「孫」に会ったことや、母親が「そばに帰ってきた」ことがきっかけとなり、「衰え」が急に進んだ様子。

問三、「騒ぎの発端はとるにたりないことで…母親にはそれが突きおとされたように感じた。そんなところではあるまいか」と考え、さらにその後の状況について、「どちらもその片々は記憶しておらず」としながら、「父親は動転し、悔い…怪我を認めまいとする」「母親は…証拠に怪我があるのだ、と固執する」と想像している。

問四、「自分の主体というものにもけじめを失ったまま、浮遊するように生きている」という自分の生き方に「少しもまとまりがつかない」という状況について、「おそらく父親も似たようなものだろう」と思っている。自分と似ているという父親に、その夜の騒ぎのことは何も話さず、まず笑顔で接する気持ちを考える。

問五、父親と一緒のとき、「終夜起きて」「昼間も寝ない」ようにして、「私は貴方たちの生活律では生きていませんよ」というところを見せようとするのは、そうしないと両親が「私のことを…脱落者としてしか見てくれず、私の生活律の存在を無視してしまう」からであることをおさえる。

問六、弟一家は「東京に転勤」後、父親と「同居」し、両親の喧嘩に対応したり、弟の嫁が母親の入院につき添ったりしているのに対し、「平素、父親の毒気を避けて遠くに居る恰好の私」は、そんな弟夫婦に引け目のようなものを感じ、「私にも意見はあるが…生家のことに口出しをする資格がないように」思っていることに着目する。

問七、父親の世話のことを話しながら、「俺は小さいときから」という「私」のことばを受けて、「俺もだよ…最後に一人生き残るんだと思っていた」と弟が話すのをきいて、「弟は、父母は死に…その兄を背負って生きようと、かつて思い定めていた頃があった」ことを思い出し、表情がゆるんでいる。

問八、弟は、父親の「幻聴」の話を「乗らぬ表情」できき、「憮然と」した様子で反論していたが、熊が庭に入ってきたという父親のあり得ない話によって雰囲気が一変し、「私たちはむしろ望んだように」動き出している。「三人連れだって」という表現から、兄と弟夫婦の気持ちがまとまっていることをおさえる。

3

答 問一、a、イ　b、オ　c、ア　問二、A、ウ　B、オ　C、ア　D、イ

問三、オ　問四、ア　問五、「私」を小市民層からの脱落者と見て、「私」の生活律の存在を無視する父親に、父親の生活律では生きていないことを伝えるため。(60字)(同意可)

問六、弟夫婦に父親の世話を任せっきりにして、自分だけ離れたところに暮らしていること。(39字)(同意可)　問七、エ　問八、ウ

問2、A、中村さんのことを上別府に話したところ、「誰だそれ」と返され、「僕」が「わざと話をはぐらかしているのだろうか」と思っていることに着目する。

B、「釣らなきゃ」という父さんの言葉や、釣りをしている父さんが「ぜんぜん楽しそうじゃなかった」とあることをふまえ、父さんが釣り竿を振っている様子を考える。「親の敵みたい」は程度がはなはだしい様子を表す。

問3、「中村さん」について「ぼんやりと考えた」ことについて、「もしも彼女が…その理由はわからなかった。考えてもしかたがない。それよりも、

彼女のすすめてくれた本はどれもおもしろかった。そのことが大事なんだと思った」とある。「彼女のすすめてくれた本」について、冒頭のあらすじに、「それらの本を通して『僕』の生活は少しずつ変わっていき…妹の心も癒やされていった」とあることもおさえる。

問4、母さんの生まれ故郷である町に引っ越したことについて、「こっちへ来て、よかったかな」と迷いを見せ、「太一と菜月がこっちで少しでも前を向いて暮らせればいいんだが」と願いを口にした父さんに、僕は「前ってどっち」と問い返した後、「友達ができたんだ」と報告し、「こっち」が「前」で合っていて、「前を向いて」暮らせていると伝えようとしていることをふまえて考える。

問5、中村さんについて、「母さんとどことなく似ている」と気づいた「僕」が、その後、「彼女は知っているのだ…今度は僕が『ご家族』のためにがんばるときだということ」と確信していることや、「母さんはもちろん太一の家族でしょう」という言葉を「『僕』の名前も聞かず」にいたはずの中村さんが「僕」に言ったこと、「僕」が「中村さん」に名前を聞かなくても「おばあちゃんに古いアルバムを借りればわかる」と思ったことなどに着目し、中村さんの正体を考える。そして、「悲しみに暮れる『僕』」が本をすすめてもらったことをきっかけに「前」を向けたこと、今も「料理の本」をすすめることで「家族」のために「がんばるとき」だと告げに来てくれたことへの思いが「ありがとう」という言葉にこめられていることをおさえる。

問6、父さんから釣りに誘われた菜月が、「読みたい本があるから」と言って断ったことに着目。菜月がうまく逃れたことをうらやんだ「僕」は「ずるいぞ、菜月」と思っているが、本を通して「傷ついた妹の心も癒やされていった」ことがわかっているので、「菜月に対し抱いていた不満がさらに増して」いるわけではないことをおさえる。

答 問1、a、渋(い)　b、澄(んだ)　c、餌(または、餌)　d、崩(した)　e、基礎　問2、A、イ　B、ア　問3、エ
問4、死んだ妻の郷里に引っ越したことが子供たちにとって正しかったのかと悩む父親に、自分が少しずつ新しい環境に馴染みつつある現状を伝えることで、安心させようとしたから。(80字)(同意可)
問5、亡くなった母親が家族を心配し、中村さんとなって現れ、残された自分に新しい環境で生きていくきっかけを与えてくれ、また、家族のために生きるというこれから僕が進むべき方向をも示してくれたことに感謝している。(100字)(同意可)　問6、イ

(2) 随　筆 (116ページ)

☆☆**標準問題**☆☆(116ページ)

1

1、A・Bは、次の名詞につなげて連体修飾をつくる。Cは、「が」に言い換えられ、主体を示す。

2、「必要な場所に…配置するということ」に加えて、「もっとも適した樹種を…組み入れること」をいうと説明し、「いい職人」は、「人の適性」と同じように「材料の適性」も見極めようとしてきたと述べている。

3、a、「竹」という「植物素材」でつくり、日常の「生活道具」として使う「箕、笊、籠、竿」などが、すべて「竹冠の漢字」であるという例を挙げている。
b、「樹液」と「人とのかかわり」が深いことから、木の中でひとつだけ「三水の漢字を充てられる樹種」があるとして、「漆」を挙げている。

4、本文の最後で、「いい職人」についての考えをまとめている。素材への「強い愛着」、つまり「自然への畏敬の念」ともいえる気持ちを持つ人であり、「素材を自然から採る」だけでなく、「自然を守っていくこと」も忘れていないとつけ加えている。

答 1、C　2、ア
3、a、竹でつくった生活道具には、竹冠の漢字が充てられている(26字)(同意可)　b、三水の漢字　4、ウ

2

問二、直後で「つまり」と言い換えていることに注目する。

問三、ピカソは「サロン・ドートンヌ」でアンリ・マティスやアンドレ・ドランの作品を目にしても「たいした問題じゃない」と言い、「もっと大きな変革を、すべてを超越し、ぶちこわすほどの衝撃を…しかもたったの一撃で」と考えていたとある。

問五、直前に「それがこの醜さ」とあることに注目する。ピカソの「アヴィニヨンの娘たち」では五人の女たちが「醜い化け物のよう」に描かれている一方で、「当時、女性の裸体像といえば…偶像として描かれたもの」と述べられていることをおさえる。

問六、「どれほど驚いたことだろう」とあるように、非常に驚いたという意味になる語を探す。

問七、前の部分にあるように「もっと大きな変革を…アートに対する既成概念をひっくり返す、しかもたったの一撃で」と考えていたピカソが、「友人たちが離れていく…リスクを負って」でも、それまでは「崇拝されるべき偶像」として「美しく」描かれていた「女性の裸体像」を「醜い化け物」のように描いたことから考える。

答 問一、ア、騒　イ、しょうげき　ウ、浴　エ、ぜつみょう　オ、ねカ、怪物　キ、なげ　ク、導　ケ、塗　コ、叫
問二、人生における豊かな体験のひとつ
問三、アートに対する既成概念をひっくり返す(こと。)　問四、直喩(法)
問五、当時理想化されて崇拝されるべき偶像として描かれていた裸婦像が醜い化け物のように描かれていた点。(同意可)
問六、腰　問七、A、イ　B、ア　C、ウ

3

問二、「気力体力ともに充実し、仕事がはかどる」という「朝型生活」のよさを挙げる一方で、「夜型生活」も好きだと述べ、その魅力を説明している。

問三、「生活時間帯の問題」であるとして、「夜間に働くひと」を例に挙げ、「これから一日がはじまるので朝」という感覚を示している。

問四、作者が「水や肥料をやったり…取り除いたり」して育てているもので、朝に起きるときは「ご機嫌」をうかがい、挨拶するものを指す。


問五、「描」は、自分の家をへりくだって言い表すために用いる語。

問六、深夜、遠くから聞こえてくる「トラックや新聞配達のバイクが走る音」から感じるものを指す。

問七、「しょっちゅう昼夜が逆転」して「生活時間帯がまったく安定しない」という作者は、「朝型生活」のよさを認めながらも、「夜型生活の周期もわりと好きだ」と述べ、「人間は多種多様なリズムや考えかたや思いを持った自由な生き物」であると感じられることから、「朝に目覚める日も朝に眠る日も味わい深い」と述べている。

答 問一、A、仕度(または、支度)　B、傾向　C、ほんぽう　D、かくいつてき　E、都合　問二、ア
問三、これから一日がはじまるという生活時間帯。(20字)(同意可)
問四、複数の鉢植え　問五、イ
問六、夜に活動するひとたちの気配(13字)　問七、自分のリズムや考えかたや思いに合わせて自由に生きる生活。(同意可)

4

問二、甲、「生きているってどういうことだろうという問いに正面から向き合」うことに加え、その問いに対する答えを得るために「小さな生きものたちが生きている姿に学ぶ」という「生命誌の研究」を続けてきたと述べている。

乙、前の「カン察」の結果として、「毛虫が美しい蝶になること」がわかったことをおさえる。

問五、「座っていた青年」が立ち上がり、「立ったまま」で本を読もうとした筆者に「座って読まれた方が楽ですよ」と声をかけたことに着目する。

問六、青年に席をゆずられた筆者は、その理由として「グレーヘア」にしたことを挙げている。このことに着目して考える。

問七、後で「老い」を「毛虫」と重ね、『老い』も見かけは決して美しくないかもしれない」と述べている。

問八、④「それを小さな生きものたちが生きている姿に学ぶ」とあるので、筆者が小さな生きものたちから学ぶと述べていることがらを考える。

⑤「そこから生まれる思いを語りたい気持ちもあります」という前の内容を受け、「それは、人間を生きものとして見るということです」と述べている。また、「そこから生まれる」の「そこ」が、「生命誌の研究」を指していることもおさえる。

問九、すぐ前で「他の生きものを見るのと同じように」人間を見ることを、「ちょっと離れたところから見る」と表現している。そしてこのことを受け、「生きものとしての自分を外から見る気持ちになれるのは面白い」と述べている。

問十一、前で「老いを…なかなか面白いところもあると思っている気持ちを語ってみたくなりました」と述べていることを受け、「人間を生きものとして見る」という見方を提示し、その上で、「こんな見方をすると生きやすくなるような気がします」と述べていることから考える。

問十二、後で「年齢を重ねたがゆえに得られたことを大事にしたいという気持ち」を持つことをすすめ、その上で、「小さなことを大切にていねいに生きていけば、どんな年齢にもその年齢なりのよさ、楽しさがあるのではないでしょうか」と述べていることに着目する。

問十三、「蟲愛づる姫君」は毛虫の中に「生きる本質」を見出し、その結果、毛虫を愛づる気持ちを抱いたとある。そして、「いっしょうけんめい生きている姿がすばらしいことに気づいた『蟲愛づる姫君』のお話」に倣って、筆者自身も、「長い間いっしょうけんめい生きてきて」その結果老いたのだということを、「すてきなものなのではないかしら」ととらえている。

問十四、抜き出した段落では、「とはいえ、私の生き方にそれほど自信があるわけではありません」と述べた上で、「私がいいなと思う生き方をしている人がチラッともらした言葉をお借りすることにしました」として、具体的な人物名をいくつか挙げている。筆者自身の「生き方」への考えを述べた部分と、多くの人の言葉を裏付けにして再度生き方について述べた部分との間に入ることをおさえる。

答 問一、a、イ　b、ア　c、ア　d、ウ　e、イ　問二、甲、ウ　乙、イ　問三、エ　問四、イ　問五、ウ　問六、エ　問七、イ　問八、④ア　⑤ウ　問九、自分を外から見る　問十、ウ　問十一、ア　問十二、ア　問十三、いっし～いこと　問十四、2

1 ★★ 発展問題 ★★（124ページ）

問二、「世が『時間』と呼ぶもの」と、それとは「まったく姿を異にする『時』」が存在すると述べ、「時間は過ぎ行くが、『時』は…過ぎ行かない」「時間は社会的なものだが、『時』は…固有なもの」と対比させて説明している。

問三、「時間で計られる昨日」は「過ぎ去った日々」であるのに対し、「『時』の世界」では「あらゆることが今の姿をしてよみがえってくる」こと、「時間的な記憶」が「さまざまな要因でウスれることがあるかもしれない」のに対し、「『時』の記憶」は「けっして消えることがない」ことなどをおさえる。

問四、主語である「哀しみ」について説明している内容をおさえる。「悲しみは…他者の悲しみを感じ得る哀しみになる」として、「ある日、おそいかかるように起こった悲しみの経験」によって、「容易に理解し得ない他者」を感じとることができるようになると述べ、さらに「他者に同情するのではない」として、「哀しみによって共振する」「異なる悲しみだからこそ、共鳴し…生むのである」と述べている。

問五、「亡き者は『生きている』…こちらの姿を眺めていると感じている」という認識は、「妄想」に過ぎず、「事実」とはいえないが、「愛する亡きものが鳥となり…おもいを聞くという実感」は「打ち消しようのない私の真実」であるという捉え方をおさえる。

問六、筆者が、「あえてひらがなで書いているのは…終わらないおもいが、彼のなかにあるから」と考えていることに着目。鳥の姿に亡き妹を感じるときの思いを「『哀しみ』の情感」と表現し、鳥の声を聞いたときの思いを「『愛しみ』のおもいを聞くという実感」と表現していることなどから、「かなしい」という言葉がいくつもの感情を表していることをおさえる。

答 問一、①薄(れる)　②魂　③秘(めて)　④貫(く)　⑤異名

問二、社会的で過ぎ行くものである「時間」と、けっして過ぎ行かず、個的で固有なものである「時」。（同意可）
問三、「時」の世界ではすべてが今の姿をしてよみがえり、その記憶はけっして消えないから。（同意可）
問四、自分の身に悲しみが突然おそいかかるという経験をしたことで、他者の悲しみを感じとることができるようになり、異なる悲しみに共鳴して生まれるもの。（同意可）
問五、すでに亡くなった妹が生きていて自分を眺めているというのは、事実ではないが、鳥の姿に重ねて愛する妹の存在を実感することは、賢治にとっては明確な真実であるという点。（同意可）
問六、鳥の姿や声に亡くなった妹を感じたときに呼び起こされるのは、「哀しみ」の情感や「愛しみ」のおもいなど、さまざまな感情であり、「悲しみ」という一つの漢字で表すことはできないという思い。（同意可）

2

問一、「取材をして書く」ことが筆者の仕事であるが、「語ってもらった言葉も、そのときの表情も…最終的に文章となって残るのはほんのわずかである」ことに着目する。

問二、「すっきりと美しいかたちの星座にするためには、不要な要素を間引かなくてはならない」に注目。ここでの「星座」が文章を、「不要な要素」がふるいにかけた取材内容を指していることをおさえる。

問三、A、「それは」とあるので、直前の「石牟礼さんは、水俣で仕事をすることができなくなったのだ」に注目。
　B、水俣病闘争で「患者とそれ以外の住民は対立関係」となり、患者側に立った石牟礼さんについて、「水俣で仕事をすることができなくなった」ことや、現在でも「石牟礼道子という作家の存在がほぼ消されている」ことに着目する。
問四、「水俣出身だというと差別を受ける」ことや、「水俣病は差別用語」という看板が水俣駅の近くにあることから、「負のイメージ」の具体的な内容を考える。また、「水俣病を大ごとにしてほしくない」という水俣の人たちの思いもおさえる。

問五、「捨ててきたものが、あるときから急に押し寄せてきて、思うように原稿が書けなくなった」と述べているので、筆者は自分の取材対象への向き合い方に疑問を抱いている。そんな筆者が、石牟礼道子について「受け止め、背負い、何も捨てずに書き尽くす覚悟」を持った作家だと表現し、「私も彼女の文学に近づきたいと思った」と述べていることから、石牟礼道子の取材対象への「覚悟」に、筆者が心動かされていることをおさえる。その上で、「長くチッソに依存してきた水俣市にとって…住民の多くがチッソを擁護する立場に立った」こと、「患者側に立った石牟礼さんは、水俣で仕事をすることができなくなった」こと、また、「自分たちだけが正義だとは石牟礼さんは思っていなかったのだ」と述べていることなどから、石牟礼道子が水俣病闘争において持った「覚悟」を考える。

答
問一、原稿を書くときに、最終的に文章となって残るものはほんのわずかになるほど、取材をしたことから、不要とみなしたさまざまなものをそぎ落としているということ。（同意可）
問二、取材したことがらの中から必要だと思えるものを選び、それらを使ってすっきりとしたまとまりのある文章にすること。（同意可）
問三、A、水俣病患者のために闘った石牟礼道子さんが、水俣で仕事ができなくなるほど、今も水俣ではよく思われていないこと。B、水俣病闘争のために、患者とそれ以外の住民との対立関係が生まれており、石牟礼さんは患者側に立ったから。（それぞれ同意可）
問四、水俣病が社会問題となったために、産地や出身地を積極的に明かしたくないほど、今もなお水俣には水俣病の土地というイメージがつきまとっているということ。（同意可）
問五、水俣の住民の苦しみや痛みを理解し、住民と敵対すると分かっていながら、作家として水俣病問題に真正面から向き合おうと覚悟し、水俣病患者に寄り添って文章を書き続けたということ。（同意可）

六　韻文の鑑賞

(1)　詩・短歌・俳句（128ページ）

1

問二、「それ」は、大きな娘と小さなむすこが残した「ごはん」を指す。「自分の茶わん」に移していることや、ごはんについて「ぼく」は「一粒のお米も…ぼくは育ったけれど」と思っていることに着目する。

問三、第三連に「今ではどんなものでも／あまってじゃまになる」とあることに着目する。

問四、「必要だった」という過去と、「今では押入れからはみ出し」という現在が、対照になっていることから考える。

問五、「一粒のお米ももったいないといって」育った時代から、「今ではどんなものでも／あまってじゃまになる」生活に変わっていることをおさえる。

問六、ごはんを残したり、包装紙やひも類をごみ箱にすてたりするなど、「今ではどんなものでも／あまってじゃまになる」「どこにも余分な場所はない」という状態ではあるが、「娘やむすこや妻や／そしてぼくの心のなかに」とあるように、家族と自分自身に「ちょっぴり余分な場所がほしい」と願っていることから考える。

答 問一、ア　問二、もったいない　問三、エ　問四、イ　問五、ア　問六、ウ

2

問一、「生きてこれなかった」と続くので、似た表現の「食わずには生きてゆけない」に注目。

問三、「にんじん」の先の部分を、動物の「しっぽ」にたとえている。

問五、「食わずには生きてゆけない」「生きてこれなかった」ことを理由に食べてきたものとして、「親を／きょうだいを…金もこころも」と食べ物以外の大切な人やものを挙げていることに着目する。また、「ふくれた腹をかかえ」以降は、「腹」が満たされた状態で、改めて自分が食べたものを見ていることもあわせて考える。

答 問一、食わずには　問二、口語自由詩　問三、比喩（または、隠喩）（法）　問四、ウ　問五、イ

3

問一、「若葉のかげの」という描写に着目する。

問二、（詩Ⅰ）第一連から第四連までが「の」、第五連が「よ」という終助詞で終わっていることに着目し、その効果をおさえる。

（詩Ⅱ）第一連で、「赤くて」と「あまくて」、「小さい」と「渋い」、「独楽の実よ」と「こまの実よ」という似たような音のことばを繰り返して、詩の題名である「独楽の実」の印象を強めていることをおさえる。

問三、①「なかは横文字ばかし」である「御本」のなかの様子を、「もやうみたいで、きれいなの」と感じている。

②「重たい御本」を抱え持つ様子を、大事なものを「抱つこ」する様子にたとえている。

問四、生徒Aは「視覚や嗅覚など身体で本を感じている」と話している。「視覚」で感じたことを表現した「なかは横文字ばかしなの…きれいなの」に付け加えているので、「嗅覚」に関することばをおさえる。

問五、生徒Dが「一人遊びの楽しさが伝わってくる」としながらも、「寂しいということばは一つもないのに語り手の寂しさが伝わってくる」と話し、生徒Bも「何とも言えない寂しさを感じさせている」と話しているので、「一人遊び」を楽しむ様子を表すことで寂しさを感じさせることばを考える。

問六、生徒Aの「語り手である『私』の、本が好きだという気持ちが強く伝わってくる詩」という発言を受けて、生徒Bが「〝読書〟はしていないと思うよ」と述べ、生徒Cが「そうか」と認め、「想像の世界を作り上げている」という考えを示している。また、生徒Bの「『父さん』の『部屋』で…『御本』を手に取ることに意味があった」という発言を受けて、生徒Aが「なるほど」「本で寂しさを癒やしていたということか」と納得し、その後、グループで、「『父さん』と遊べない寂しさ」が感じられる詩であるという理解にいたっている。

答 問一、イ　問二、（詩Ⅰ）エ　（詩Ⅱ）ア　問三、①文字　②人形のやうに

4

問四、ウ　問五、エ　問六、イ

問2、「ちはやぶる」は、「神」または「宇治」にかかる枕詞。

問5、「八重桜」に対して使っているので、ここでの「匂ふ」は、美しく咲いているという意味。

問6、「からくれなゐ」は濃く美しい紅色のことなので、こうした色に染めるものを考える。

問7、「花も紅葉もなかりけり」と花や紅葉がない一方で、「夕暮れ」を詠んでいることから考える。

問8、A、「八重桜」「匂ひぬるかな」とあることから考える。

B、「秋ちかう」「草葉も　色かはりゆく」などと詠んでいることに着目する。

C、「からくれなゐに」「水くくる」とあることから考える。

D、「花も紅葉も　なかりけり」「浦の苫屋」といった語に着目する。

E、「不尽の高嶺に　雪は降りける」に着目し、富士山を遠くから眺めやっていることをおさえる。

答 問1、a、いにしえ　b、ちこう　c、くれない　問2、ちはやぶる　問3、D　問4、万葉集　問5、エ　問6、ウ　問7、秋　問8、A、オ　B、イ　C、エ　D、ウ　E、ア

5

問一、「恋の情熱が隠されている」というAの言葉や、和歌の中の「あはむ」が「会おう」という意志を表すことから考える。「われても」と「あはむ」は掛詞で、（滝川の水が岩に当たって）分かれることと（男女が）別れることと、（川の水が）合流することと（男女が）会うことの2つの意味がある。

問二、神にささげる「ぬさ」を用意できなかったという歌意をふまえて考える。イの和歌を訳すと、今回はぬさを用意できませんでしたので、手向山の紅葉をぬさの代わりとしてささげましょう（神の御心のままにお受け取りください）、となる。

問三、「こそ」という係りの助詞があるので、係り結びの法則により、文末は已然形となる。エの和歌を訳すと、滝の流れる水音が聞こえなくなってからずいぶん経つが、その名声は今もなお伝わり続けています、となる。

問四、ウの和歌を訳すと、山鳥の長い尾のように長い秋の夜を一人で寝るのはさびしいことよ、となる。「柿くへば…」という俳句の季語は「柿」で、秋の季語であることから考える。

問五、「所詮世の中は無常なもの」というAの言葉や、この言葉を受けてDが「そういえば『徒然草』でもそんな境地のことを書いていたわ」と言っていることに着目し、Aが演じている人物が兼好法師であることをおさえる。

問六、Bに対して、Dが「確かあなたは『ホトトギス』という雑誌を出していたわよね」と言っていることに着目する。俳句雑誌である『ホトトギス』に関わり、夏目漱石と親交があり、なおかつ「体調が悪い」人物であることから、Bが演じている人物は正岡子規。

問七、Dの作品について、Aが「日本文学でも最高峰の作品」と評価し、「元皇族で和歌も一流な美男子による恋愛話」と言っていることや、Dが「そもそも私は道長様の娘の彰子様にお仕えする立場」だと言っていることから、Dの演じている人物は、一条天皇の中宮彰子に仕えながら、『源氏物語』を書いた紫式部であることをおさえる。Cは『源氏物語』の注釈書である『源氏物語玉の小櫛』を書き、「もののあはれ」を提唱した本居宣長である。

答 問一、4　問二、2　問三、4　問四、3　問五、1　問六、2　問七、4

6 答 朝顔

7 答 ①冬　②春　③秋　④夏

8 答 ①夏　②冬　③春　④秋　⑤冬　⑥夏　⑦夏　⑧冬　⑨秋　⑩夏

(2) 総合問題（136ページ）

1

問1、「春になった」ことと、山が「霞んで見える」ことを結びつけた和歌の内容をふまえ、「歌の世界では、霞こそが春の到来を表すものの代表とされました」と述べていることに着目する。

問2、「現実には簡単に得られないような」状態を考える。また、この状態に

対して、「いくら理想を求めるといったって、現実をまったく無視してよいだろうか」といった疑問を投げかけていることもおさえる。

問4、「吉野」という土地柄について、「遥かな天皇の歴史の昔に思いを馳せるのにふさわしい場所なのです」と述べていることに着目して考える。

問5、「霞」を歌の中に詠みこんだことによる「余情」について、「期待感と現実の…その間に溶け込んでいくような読後感」と説明した後で、「『吉野』という土地柄も、この歌の余情を倍加しています」と述べている。

答 問1、ウ　問2、ア　問3、現実感　問4、歴史　問5、エ

2

1、「梅の花の咲いている岡の…鶯の声の聞こえることが少なくない」という意の『万葉』の歌」は、「感動をそのまま表そうとする」ものである。

2、「春になったので鶯が雪を梅の花と見まちがえているのだろうか…梅の枝で鶯が鳴くのだ」という意の歌について、「鶯が春まだ浅いのに…梅の枝で鳴いている」という事実を、「……なので……なのだろうか」という「理屈の枠組み」にあてはめて表現することで「再構成」し、「待ちわびた春がもうそこまでやってきたという感動」を表していると説明している。

3、Ⓩの歌は、こんなに日の光がのどかに降り注ぐ春の日なのに、どうして落ち着いた心もなく桜の花は散ってしまうのだろうという意味。春の「光」の「のどけき」という様子と、「花」が散るときの「静心なく」という様子を対比させていることをおさえる。

4、「『古今集』の歌の表現」について、「理屈っぽいという意味で理知的」「感動の間接的な表現」「観念的な表現」などといわれるが、「感動がこもっていないということには、けっしてならない」として、「『万葉集』と『古今集』とでは…感動のしかたが異なっているにすぎない」と述べている。

答 1、エ

2、鶯が春まだ浅いのに雪の降りかかる梅の枝で鳴いているという事実を、春になったので鶯が雪を梅の花と見まちがえているのだろうかという理屈の枠組みのなかにあてはめる（78字）（同意可）

3、イ　4、ウ

七　古典の読解

(1)　古　文（140ページ）

☆☆ **標準問題** ☆☆（140ページ）

1

問一、(1) 坊主が「欲の深い者」であることをふまえ、水飴を作っても「稚児…には食べさせず」一人で食べていたことから考える。

(2) 坊主が「自分一人」で「よく食べて」いたことから考える。

問二、稚児はさめざめと泣きながら、「大事の御水瓶を…いまだ死に候はず」と言っている。坊主が「人の食ひつれば死ぬる」と言ったことをうまく利用して、水飴を食べたことを正当化していることをおさえる。

問三、係助詞「ぞ」があり、文末が「ける」という連体形になっている。

問四、現代語訳のはじめに「坊主で、欲の深い者」とあることや、水飴を独り占めしようとし、稚児に食べさせないようにしていたことから考える。

答 問一、(1) 坊主(が)(小)児(に)　(2) ウ　問二、オ　問三、エ　問四、ア

2

問一、語頭以外の「は・ひ・ふ・へ・ほ」は「わ・い・う・え・お」にする。

問二、僧が児に近づき、「この花の散るを惜しう覚えさせ給ふか」と話しかけていることから考える。

問三、僧が「この花の散るを…桜ははかなきもの」と言っていることに着目する。

問四、僧から桜が散ることは仕方ないと慰められて、児が「苦しからず」と反論していることをおさえる。

問五、「うたてしやな」とは、児が泣いていた理由を知った僧の感想。児は、「我が父の作りたる麦の花の散りて実の入らざらん」ことを案じるという、非常に現実的な理由で泣いていたのである。

答 問一、a、やわら　b、いいて　問二、ア　問三、エ　問四、イ　問五、イ

◀口語訳▶　これも今では昔のことだが、田舎の児が比叡山へ登ったが、桜が見事に咲いていたところに、風が激しく吹きつけるのを見て、この児がさめ

ざめと泣いていたのを見て、一人の僧が静かに近づいて、「どうしてそのように泣かれるのですか。この花が散るのを惜しいとお思いですか。桜ははかないもので、このようにまもなく散ってゆくのです。しかしそれだけのことです」と慰めたところ、「桜が散るのは強いてどうにもできないでしょう、いっこうにかまいません。私の父が作った麦の花が散って実らないのではないかと思うとつらいのです」と言って、しゃくりあげて、声を上げて泣いたのは、がっかりさせられることだ。

3

問1、ア、「au」は「ô」と発音するので、「まう」は「もう」にする。
イ、語頭以外の「は・ひ・ふ・へ・ほ」を「わ・い・う・え・お」にし、「au」は「ô」と発音するので、「たふ」は「たう」となり、「とう」にする。
ウ、「ゐ」は「い」にする。

問2、法師の、「年をとるまで石清水八幡宮にお参りしたことがなかった」ことに対する気持ちをとらえる。

問3、法師が「麓の極楽寺や高良大明神などを拝ん」だだけで「帰ってしまった」ことをおさえる。法師が「参拝している人々が、誰もかれもみな山へ登ったのは、何事があったのでしょうか」と話していることに着目し、山の上に石清水八幡宮があることに気づいていないことをつかむ。

問4、「ぞ・なむ・や・か」という係助詞に呼応して結びが連体形に、「こそ」という係助詞に呼応して結びが已然形になる修辞法である。

問5、通釈を参考に、「麓の極楽寺や高良大明神などを拝んで…帰ってしまった」人が「傍輩の人」に話していることをつかみ、古文から抜き出す。

問6、前では「麓の極楽寺や高良大明神などを拝んで…帰ってしまった」という出来事を描き、後では帰ってから法師が話している場面に変化している。話題を転換する接続詞を選ぶ。

問7、A、「法師」という名詞を修飾している。
B、打消しを意味する「ず」に続いている。

答 問1、ア、もうで　イ、とうとく　ウ、まいり　問2、ウ　問3、ア
問4、係り結び(の法則)　問5、法師(が)かたへの人(に)　問6、イ
問7、A、エ　B、ア　問8、(年代)ウ　(作者)ア　問9、ウ

4

問一、② 斧を取られたことを嘆き、「頬杖をうちつきて」いる木こりを山守が見て、歌を詠めば斧を返すと言っている。
③ 歌を詠むように言われて詠んだ人物。山守が歌を「返しせむ」と思っていることに着目し、はじめに歌を詠んだ人物をおさえる。
⑤ 斧を返してもらって「うれし」と思った人物。

問二、「さるべき事」は、それ相応の事という意味。斧を取られたことを嘆く山守に、斧を返すのにふさわしいような歌を詠めと言っていることをおさえる。

問三、「よき」という読み方から、「斧」と「良き」という二つの意味をおさえる。

問四、山守が「返しせむ」と思ったものの、うめくばかりで、それができなかったことを表している。山守が「返しせむ」と思う直前、木こりが「あしきだに…」と詠んだことに注目。

答 問一、② 山守　③ 木こり　⑤ 木こり　問二、ウ　問三、X、良い　Y、斧
問四、歌を返す(同意可)

◀口語訳▶ 今となっては昔のことだが、木こりが山の番人に手斧を取り上げられて、「困ったな、辛いな」と思って、ほおづえをついていた。山の番人がそれを見て、「今の心情を表す気のきいた和歌を詠め。そうしたら返してやろう。」と言うと、

悪い物でさえ無いと困ってしまう世の中で、まして良い物、すなわち斧を取り上げられて、私は今後どうやって生きればよいのでしょうか

と詠んだところ、山の番人は、「歌を返そう」と思って、「うう、うう。」とうめいたが、返すことができなかった。そうして、手斧を返してくれたので、(木こりは)嬉しいと思ったということだ。

人はもっぱら常日頃心がけて歌を詠むのがよい，と思われる。

5

1，語頭以外の「は・ひ・ふ・へ・ほ」は「わ・い・う・え・お」にする。

2，「垣より，馬，かしらをさしいでてありける」ところを見て，孔子が「牛よ」と言ったことを，弟子たちは理解できずに「あやし」と思っている。

3，③は「垣より…かしらをさしいでて」，④は「日よみの…いへる文字」，⑤は「かしらさしいだして書きたるをば…文字になれば」という部分に着目する。

答 1，いいける　2，ウ　3，イ

◀口語訳▶　孔子が，弟子たちを連れて，道を歩いていらっしゃったところ，垣根から，馬が，頭をつき出していたのを見て，「牛よ」とおっしゃったので，弟子たちは，不思議だと思って，何か理由があるだろうと考え，道中で，真意を見ようと思っていると，顔回という第一の弟子が，一里を行って，真意に気づいたことに，「十二支の午という文字の，頭をつき出して書くと，牛という文字になるので，私たちが理解できるかを見ようとして，おっしゃったのだ」と思って，尋ね申し上げたところ，「そう，その通りだ」というように，答えなさった。

6

問一，語頭以外の「は・ひ・ふ・へ・ほ」は「わ・い・う・え・お」にする。

問二，「最上川乗らんと」とあることに注目。「乗らん」の「ん」が，「～しよう」という意志を表す助動詞「む」の活用形であることをおさえる。

問三，引用の助詞「と」があるので，「この道にさぐり足して…道しるべする人しなければ」までが土地の人の発言。このように言われた後，芭蕉が「俳句を連ねた一巻」を作って残していることから考える。

問四，「この道にさぐり足して…道しるべする人しなければ」と芭蕉に言ったことで，「俳句を連ねた一巻」を作ってもらえたことから考える。

問五，「道しるべ」は道案内や案内者といった意味。今は「手探り」の状態で俳諧の道に迷っていることから，手本になるようなものがないことをとらえる。

問六，最上川の流れを，「山形を水上とす…果ては酒田の海に入る」と説明している。「果て」が，最後という意味であることから考える。

問七，最上川について，「水みなぎつて舟危ふし」と言っていることに着目する。

問八，(1)「五月雨」という季語に注目。

(2)　句の最後が，「最上川」という名詞である。

(3)　句の直前に，「水みなぎつて舟危ふし」とあることから考える。

答 問一，ア，やわらげ　イ，いえども　問二，最上川乗らん　問三，俳諧　問四，エ　問五，模範となる指導者（または，教えてくれる人）（同意可）　問六，酒田の海　問七，舟が転覆しそうな所（同意可）　問八，(1)イ　(2)ウ　(3)ア

◀口語訳▶　最上川で川下りをしようと，大石田というところで晴天を待つ。この地方には古くから俳諧の種がまかれ，それが花開いた昔を懐かしみ，葦笛が聞こえてくるような田舎の心を（俳諧が）穏やかにさせてくれる。「俳諧の道を（自分たちで）手探りしていて，新しい俳諧の道と古い俳諧の道で迷っているのですが，模範となる（俳諧の）指導者がいないので」と（この地方に住む人が）言うので，俳句を連ねた一巻を作って残した。今回の風流（の旅）はここに行き着いたのであった。

最上川は陸奥から流れ出ており，山形を上流とする。碁点・隼などという恐ろしい難所がある。板敷山の北を流れて，終わりは酒田の海に入る。（川の）左右は山で覆われており，茂みの中で船を下流に流す。これに稲を積んでいるものを，稲船と呼ぶらしい。白糸の滝は青葉の合間に落ち，仙人堂は，岸を臨んで立っている。（最上川の）水は勢いがさかんなので船が危ない。

五月雨が流れこみ，水量と勢いを増して流れの速くなっている最上川よ。

7

問一，阿倍仲麻呂の中国での出来事が続き，その後，「唐土とこの国とは…人の心も同じことにやあらむ」と筆者の感想を述べている。

問二，②「飽く」は十分に満足するという意味なので，その否定形をとらえる。

④「上中下」とは、身分の上中下を指すことから考える。

⑦「心」には真意という意味がある。

問三、月の出る時間帯は、満月以降は次第に遅くなり、「二十日の月」が出るのは深夜である。

問四、「au」は「ô」と発音するので、「かう」は「こう」に、「やう」は「よう」にする。

問五、「春日なる」は、「春日」が地名で、「なる」は存在を表す助動詞。また、「出でし」の「し」は過去を表す助動詞。

問六、「仲麻呂のぬし」が「わが国にかかる歌をなむ…悲しびもある時には詠む」と言って、「詠めりける歌」であることから考える。

問七、「わが国にかかる歌」があると和歌を詠み、「言の心を男文字に…言ひ知らせ」たので、「心をや聞き得たりけむ」とあることをふまえる。

問八、「山の端に見し月なれど」が、冒頭の「山の端もなくて」と対応するので、「波より出でて波にこそ入れ」が対応する様子をおさえる。

答　問一、D　問二、②イ　④ア　⑦エ　問三、ウ　問四、こうよう　問五、イ　問六、ア　問七、ウ　問八、海の中よりぞ出で来る

◀口語訳▶　二十日の夜の月が出ていた。山の端もないので、海の中から出て来る。このような状態を見て、昔、阿倍仲麻呂という人は、中国に渡航して、帰って来る時に、船に乗る予定のところにて、かの国の人たちが、送別の宴会をし、別れを惜しんで、中国の漢詩づくりなどをした。満足できなかったのだろうか、二十日の夜の月が出るまでいた。その月は海から出てきた。これを見て、仲麻呂さんは、「我が国にこのような歌を大昔の神の時代から詠みなさり、今は身分が高い人から低い人まですべての人も、このように別れを惜しみ、喜びもあり、悲しみもある時には詠むのです。」といって、詠んだ歌、

　青海原のはるか遠くを見渡すと、あの月は春日にある三笠山でかつて見た月と同じだなあ

と詠んだ。かの国の人は、理解できないだろうと思われたが、言葉の意味を漢字で様子を書き出して、ここの通訳の人に話して知らせたら、意味を理解できたのか、とても思いのほかほめたたえた。中国と日本とは、言葉が異なるものだけど、月の姿は同じことであるので、人の心も同じことであろうか。さて、今、その当時を想像して、その場にいた人の詠んだ歌、

　都では、山の端から出て山の端に入るのを見た月だが、ここでは月が海の波から出てきて波に入っていく

8

(1) ①「出でてさりぬる盗人」とあるので、博雅の三位の家から盗人が逃げていった距離を表している。

②「只今の御篳篥の音」を「うけたまはる」とある点に注目。

③「賊徒のために害されんとす」という状況に注目。

(2) A、盗人が出て行った後に、隠れていたところから「はひ出でて」自分の「家中」を見た人物。

B、盗人が「みなとりてけり」と、ほとんどの物を盗んでいったが、篳篥一つを置いていったことをおさえる。

C、「悪心みな」と言っており、すべての悪い心、というものが改心されたことをおさえる。

(3) 「篳篥」の音を聞いたこと、そして戻ってきた人物が「とる所の物ども…返したてまつるべし」と盗んだものを返していることに着目する。

(4) 直前の「只今の御篳篥の音をうけたまはるに…悪心みなあらたまりぬ」に注目。篳篥の音を聞き、「感情おさへがたくして」とあることもふまえてまとめる。

(5) ③「我久しく篳篥をもて朝につかへ」と言っているので、用光がそれほどの篳篥の技量を持っていることから考える。

④海賊に「害され」ることを「宿業」と受け入れながら、「一曲の雅声をふかん」と言っているので、一曲吹くための時間が欲しいと訴えている。

(6) 「感涙をたれて用光をゆるしてけり」と続くので、その前の部分では海賊が用光を「殺さん」としていたことをおさえる。

(7) 用光が「最後のつとめと思ひて…臨調子を吹」いたことによって、彼を

殺そうとしていた海賊が「用光をゆるしてけり。あまさへ…おくりておろし置きけり」という行動を取ったことから考える。

(8) X、「どちらも…の力で、悪人の心を変えた」とあるので、【A】では博雅の三位が「篳篥」を吹いたこと、【B】では用光が篳篥で「臨調子」を吹いたことをおさえる。

Y、盗人が「只今の御篳篥の音をうけたまはるに…悪心みなあらたまりぬ」と言っていることに着目する。

Z、用光が篳篥を吹いたことで「あまさへ…南浦までおくりておろし置きけり」と助かっていることをふまえて、「諸道に長けぬるは…徳をかならずあらはす事なり」と述べている。

(9) 語頭以外の「は・ひ・ふ・へ・ほ」は「わ・い・う・え・お」にする。また、「au」は「ô」と発音するので、「たう」は「とう」になる。

答 (1)①㋑ ②㋓ ③㋐ (2)A、㋐ B、㋑ C、㋓

(3) 盗人が博雅の三位の家に〔帰ってきて〕(同意可)

(4) 盗人は博雅の三位の笛の音色の美しさに感動し、改心したから。(29字)(同意可)

(5)③㋓ ④㋑ (6) 用光をすでに殺さんとする (12字)

(7)㋒ (8) X、㋒ Y、㋑ Z、㋓ (9) あわれにとうとくさぶらいて

◀口語訳▶

【A】

源博雅の三位の家に盗人が入った。三位は、板敷の下に逃げ隠れた。盗人が帰り、その後、這い出して家の中を見ると、残っている物はなく、みな盗まれてしまった。篳篥一つだけが置物厨子に残っていたのを、三位が取って吹かれたのを、逃げて去った盗人がずっと遠くでこれを聞いて、気持ちが抑えられなくなって戻ってきて言うには、「只今の御篳篥の音色をお聞きしまして、しみじみと趣深く尊く聞こえまして、悪い心がすべて改まりました。盗んだところの物はすべてお返し申し上げます」と言って、すべて置いて出て行った。昔の盗人は、またこのような風流を理解する心もあった。

【B】

また篳篥師の和爾部用光が、南海道へ出発し向かったとき、海賊に会った。(海賊が)用光をまさに殺そうとした時、(用光が)海賊に向かって言うには、「私は長らく篳篥の腕をもって朝廷に仕え、世の中に認められた。今どうしようもなく海賊のために害されようとしている。これも宿業がそうさせるのであろう。少しの間命をください。一曲の優雅な曲を吹こう」と言うので、海賊は抜いた太刀を押しとどめて(用光に篳篥を)吹かせた。用光は、最後の務めだと思い、泣く泣く臨調子を吹いた。その時、風流な心のない海賊たちも感涙を流して用光を許した。そればかりか淡路の南浦まで(用光を)送って(船から)下ろし(その地に)置いていった。さまざまな分野で秀でていることは、このように徳を必ずあらわすことである。末代でもそのようなことなどが多い。

9

問一、a、「願はくはわれらをあはれみ給ひ…人のごとくに立ちて行くやうに守らせ給へ」という蛙の願いを聞いた観音が、蛙の「まことの心ざし」を受け止めている。

b、観音に祈りが届き、後ろ足で立ち上がれるようになったので、立って歩いてみようと声をかけている。「連れ」は、並んでつながるという意味。

問二、陸上では「つくばひ居り」「ただひょくひょくと跳ぶばかり」という蛙たちが、「いかにもして人のごとく…良かるべし」と望んでいることをおさえる。

問三、「手足」を持っている体でありながら、水中をうまく泳げるだけで、陸に上がると這いつくばるしかないという蛙の不満を表現していることから考える。

問四、「這はせて給はれ」と祈っているので、「陸にあがりてはつくばひ居り…跳ぶばかり」という状態に戻りたいと望んでいることをおさえる。

問五、蛙が後ろ足で立ったとき、「目が後ろになりて」という状態で、「一足も向かふへ行かれず」「先も見えねば危さ言ふばかりなし」となってしまっ

たことに着目する。立って歩くことができる人間とは「目のつき所」がそもそも違うことを指摘している。

問六、蛙が生まれつきの体の違いを考えずに人間のように歩きたいと願ったという話を受けて、「世間の人」も同じように、「身のほど」を考えずに自分の現状に不満を持つことが多いと語っている。

答 問一、a、エ　b、ウ　問二、立ちて行く　問三、オ

問四、思い通りに行くことができず、ただひょこひょこと跳ぶだけで、這って動いていたということ。（同意可）

問五、蛙は後ろ足で立つと目が後ろになり、前が見えないために進めないのみならず、非常に危険であるということ。（50字）（同意可）　問六、イ

◀口語訳▶　今となっては昔のことだが、池のほとりに蛙がたくさん集まって言うには、「ああ、生きている生き物すべての中で、人間ほど羨ましいものはない。わたしたちは、どうしてこのように蛙として生まれ、手足を持っているにもかかわらず、水の中を泳ぐことを能力とし、陸に上がると這いつくばっていて、進んで行くときも思うように走って行くことができず、ただ、ひょこひょこと跳ぶぐらいで素早い動作もできない。どうにかして人間のように立って行くことができたらどんなに良いことだろう。さあ、観音様にお願いして、立てるようになることを祈ろう」と言って、観音堂に参詣し、「できることならわたしたちをあわれみなさって、せめて蛙の姿であっても、人間のように立って歩いて行けるようにお守りください」と祈った。観音は、あまりに切実な蛙たちの願いに心打たれ、ぜひ叶えてやりたいとでも思ったのだろうか、（蛙たちは）そのまま後ろ足で立ち上がった。「願い事がすっかり叶った」と、喜んで池に帰り、「さあ、並んで歩いてみよう」と言って、陸に立って並び、後ろ足で立って歩いて行くと、目が後ろに向いて一歩も向かう方へ行くことができない。前も見えないので、危険であることは言葉で言い尽くせない。「これでは何の役にも立たない。ただ元のように這わせてください」と祈り直したということである。浮世房はこのことを聞いて、「世の中の人にはこのようなことと同じような事柄が多い。とにかく身の程をわきまえないために、君主を恨み、世の中に不満を言う者は皆このようである。蛙は、自分が鳥や獣でさえなく、虫のたぐいなのに、人間を羨ましく思い、立って行こうとするが、生まれつき人間と違っていて、目がついている位置が良くないので、立って行けるものではないと、自分の身の程をわきまえないからである。」と話した。

1 ★★ 発展問題 ★★（151ページ）

問一、A、后に「いかでか」という気持ちを抱いていた人物。

B、ともし火が消えた時に袖を引かれた人物。

問二、后が袖を引いた人物を特定しようと、「はやく火をともして…それと知らせ給へ」と言ったことへの荘王の対応である。「人をあはれみ情け深」い荘王のこの指示によって、「誰もみなえい無かりければ、その人と見えざりけり」という結果になったことをおさえる。

問三、敵国が攻撃してきたため、楚の国が「あやう」い状況に陥っている。

問四、后の「えい無からん人をそれと知らせ給へ」ということばに対して、荘王が「これに侍る人々、各々えいを取りてたてまつるべし」と言ったおかげで救われた「この人」が、荘王が后のことばどおりに行動した場合を仮定して歌を詠んでいる。

問五、「はやく火をともして…それと知らせ給へ」という后の申し出によって、自分が袖をつかんだ犯人だと知られた時のことを想像している。

問六、「えい無からん人」を見つけようとする「后」に対して、「主」はそれがわからないようにしてこの件を収めている。このことに「いかにしてか主の情けをむくひたてまつらん」と思うようになった「この人」が、楚が攻められた時に「この人ひとり身を捨てて…勝たせ給ひにけり」という働きをしたことをおさえる。

問七、前半の段落では、荘王と群臣が「夜もすがら遊び給ひけり」という時の出来事が描かれ、後半の段落では、その後の「この人」の行動や、荘王とのやり取り、それに対する荘王の考えなどが描かれている。

答 問一、A、ウ　B、イ
問二、荘王が、火がともる前に皆がえいを取ることで、后の袖を引いた犯人がわからなくなることを意図して言った。(50字)(同意可)
問三、ア　問四、オ　問五、イ
問六、「主」が犯人を見つけたいという「后」の申し出を受け入れず、臣下の罪を温情で許したおかげで、その後、その臣下が国の危機を救ったから。(65字)(同意可)　問七、ざりけり。

▲口語訳▼　昔、楚の荘王と申す人が、群臣を集めて一晩中お遊びになった。そのおそばに深く大切に愛しなさっていた后が控えていらっしゃったのを、人知れず「何とかして思いを伝えたい。」と慕い申し上げる家臣がいた。ともし火が風に消えた間に臣下の男が后の御袖をつかんで引いたのに対し、后はこの上なく強いいきどおりをお感じになったのであろうか、お手をさし出して、この男の冠のえいを抜き取り、「こういうことがございます。早く火をともしてえいのない人が犯人だとお知らせください。」と申されたが、荘王はもともと人へのあわれみをお持ちで、情け深くいらっしゃったので、「ともし火が消えている間に、ここにいる人たちは、各自えいをお取りなさい。その後で火をともすとよい。」とおっしゃったので、この男は涙をこぼしてうれしく思った。こうしてともし火は明るくなったが、誰も皆えいがなかったので、その男が犯人だとはわからなかった。しかしながら、この人は「何とかして荘王のお情けに報い申し上げたい。」と心の中で思っていたところ、荘王が、敵国に攻められて、危険な状態におかれた時に、この人が一人で我が身を投げうって戦ったので、荘王は、勝利をお収めになった。荘王はこの行動を思いがけなく不思議にお思いになって、そのわけをお尋ねになったところ、この人は、「以前、后にえいを取られまして、どうしようもなく困っておりました時、誰がやったのかわからないようにしてくださったこと、私は今でも忘れられません。」と泣く泣く申し上げた。
(あのときのあなたのことばが)温情のないことばだったならば、今日まで露のような私の命は、こうではなかったでしょう
荘王はこのことをお聞きになって、「やはり人として情け深いことは大切なことなのだ。」とお思いになったという。

2

問一、「わ・い・う・え・お」の「い」は「ゐ」、「え」は「ゑ」、「お」は「を」にする。

問二、御枕上の「いとをかしげなる女」は、六条御息所。「おのがいとめでたしと見たてまつる」という光源氏に対して、自分のところに来ないで、「かくことなることなき人」である夕顔のそばにいることへの不満やつらさを訴えている。

問三、3、「宵」が過ぎて少し寝入っていたときの出来事である。この「おどろく」は、眠りから覚めることを意味する。
4、「いかでか～ん」は、「どうして(どうやって)～か、いやそうではない」という反語の意味である。
5、物の怪に恐れおののく様子を表している。
問四、a、光源氏が太刀をわきに置いたあとに、「起こした」人物。

b、部屋に戻り、右近と会話したあと、夕顔の様子を確認している人物。

c、最初の場面で光源氏が夢で見た「いとをかしげなる女」の面影が現れている。

d、光源氏が「あが君」と呼ぶ人物が物の怪に取りつかれ、命を奪われている。

問五、「狐などやうのものの人おびやかさんとて…さやうのものにはおどされじ」に注目。夕顔や右近がこわがる様子を見て、狐のしわざかもしれないのだから、自分はおどされないと言って、二人を安心させようとしている。

問六、光源氏が探ってみたときに、「息もせず」という状態だった夕顔が「冷えに冷え入りて、息はとく絶えはてにけり」となり、光源氏が「生き出でたまへ」と声をかけていることから考える。

問七、「な～そ」は、「～してくれるな」という禁止の意味を表す。「いといみじき目」にあわせないでほしいという光源氏の切実な気持ちが表れている。

問八、ⅱの「いとうたて乱り心地の…うつ伏し臥してはべるや」は、右近の

状況である。

答 問一、(ワ行) わ・ゐ・う・ゑ・を　問二、イ
問三、3、イ　4、ア　5、ウ　問四、a、エ　b、ア　c、ウ　d、イ
問五、私がお前たちを守るからそれ程こわがらなくてもよいということ。(30字) (同意可)　問六、夕顔(が)亡くなった(ということ。) (同意可)
問七、あまりひどい目にあわせないでください (同意可)　問八、イ

▲口語訳▼ 夜が過ぎる頃、光源氏は少し寝入られたところ、御枕の近くにたいへん美しい女が座っていて、「私がとても愛おしいと拝見しておりましたのを、訪ねようとお思いにもならず、このように別段のこともない女性を連れていらっしゃってご寵愛なさるのは、ひどくあきれることでつらいことです」と言って、おそばの人を引いて起こそうとするのを光源氏は夢の中でごらんになる。

物の怪に襲われるような気がして、お目覚めになると、灯りも消えてしまっていた。気味悪く思われるので、太刀を引き抜いておそばに置かれ、(夕顔の侍女である) 右近を起こしなさる。右近も恐ろしいと思っている様子で参上してお側に寄った。(源氏は)「渡殿にいる宿直の者を起こして、紙燭をつけて参るように言え」とおっしゃると、(右近は)「とても行くことはできません、真っ暗なので」と言うと、(源氏は)「なんとも子供っぽい」とお笑いになり、手を叩かれると、やまびこのように返ってくる音がたいへん不気味である。

誰も聞きつけず参上しないので、この女君はたいそうわなわなと震えうろたえて、どうしたらよいのかと思った。汗びっしょりになり、茫然自失の様子である。「むやみに臆病でいらっしゃるご性分ですから、夕顔さまはどんなに恐ろしくていらっしゃるか」と右近も申し上げる。たいへんか弱くて、昼も空ばかり見ていたのを、源氏はかわいそうに思われて、(源氏は)「私が人を起こそう。手を叩くとこだまして返ってくるのが、とてもわずらわしい。ここに、しばらく、近くに寄って」と言って、右近を引き寄せなさり、西の妻戸に出て、戸を押し開けなさると、渡殿の灯りも消えていた。

(中略)

部屋に戻ってお探りなさると、女君は横になったままで、右近はそのそばにうつ伏している。「これはどうしたことか、なんと狂おしいほどのこわがりようだ。荒れた場所では、狐などのようなものが人をおどかそうとして、そら恐ろしく思わせるのだろう。私がいれば、そのようなものにはおどされない」と言って (右近を) 引いて起こしなさる。(右近は)「ひどく気分が悪くてうつ伏しています。それにしても恐ろしくございます」と言うと、「それだよ。どうしてこれほど」と言ってお探りになると息もしていない。引いて動かされたが、力なく、意識もない様子であり、とても子供子供している人だから物の怪に気を奪われてしまったのであるようだと、どうしようもない気持ちになられる。

紙燭を持って参った。右近も動けるような様子ではなかったので、そばの御几帳を引き寄せて、(源氏は)「もっとこっちに持って参れ」とおっしゃる。(源氏は)「もっと近くに持って来い。遠慮は場所によるものだ」と言って、そばに呼び寄せてごらんになると、ただこの枕の近くで夢に見えたのと同じ姿の女が、幻のように見えて、ふと消え失せた。

昔物語などにこうしたことも聞いているが、とまったく異様なことで気味が悪いが、まず、この人がどうなってしまったのかとお思いになって心が騒ぎ、ご自分の身のこともお考えにならず添い寝して、「おいおい」と起こそうとなさるが、ただ冷えに冷えてしまうばかりで、息はすでに絶えてしまっていた。どうにも言いようがない。寄りすがりにして、どうしたらよいのかと相談なさるような人もいない。法師などがいたら、こんな場面は寄りすがることもできるのだろうが。それほど強がりなさっても、お若い御心で、女君が言うかいもなくなってしまったのをごらんになり、どうしようもなくて、じっと抱きしめて、「私の大切な人よ、生き返りなさって、あまりひどい目に

あわせないでください」とおっしゃるが、冷え切っているので、生きている感触が消えていく。

3

問一、A、漢字では「疎疎し」と書く。
B、「え」という副詞は、後に打ち消しの語を伴って「～できない」という意味になる。
C、「かしづく」は、大切に世話をすること。「けん」は、過去の推量を意味する助動詞「けむ」の音便形。

問二、「おのが世々になりなんも、ひとつの情なるべし」という女の言葉を聞いた男が、「え去らず思ふこと、昔につゆちりも違はず」とあわてて答えていることに着目する。

問三、「野原のありしに休みしに、死にたる人の頭の骨のありしを…世の中あぢきなくはかなくて」に注目。誰もが死んでしまった後は、その人が生前にどんなに愛されていた人であっても、「いとけうとくいぶせき髑髏」になってしまうのだと思い、男は嘆いている。

問四、野原で死んだ人の「頭の骨」を目にした男は、「今よりわが妻の顔のやうをさぐりて…同じきか」と疑問に思って、家に帰って女の顔や頭をなでまわし、「全く同じだ」と感じている。

問五、よそよそしくなった男に対して「おのが世々になりなんも、ひとつの情なるべし」と訴えていることから、女は男の心変わりを疑っている。そして、こうした女の疑いを晴らすために、男が「出家の功徳」を得ようと考えたことをおさえる。

問六、「出家の功徳によりて仏の国に生まれば、必ず帰り来て、友を誘はん時、心ざしのほどは見え申さんずるぞ」という男の言葉に着目し、男が女に証明しようとしたことと、そのためにとった行動をおさえる。

答　問一、A、オ　B、ウ　C、エ
問二、女が急に別れ話を持ち出したから。（同意可）
問三、恐ろしく気味の悪い骨になること。（同意可）
問四、恐ろしく気味の悪い死人の頭の骨の形と、愛する女の頭の骨の形。（同意可）　問五、ウ
問六、女に対する愛情の深さを示すために、あえて女と別れ、仏門に入って善行を試みようと決意した点。（同意可）

▲口語訳▼　少し前のことであっただろうか、山城国に男がいた。彼には愛し合っている女がいた。
何があったのか、（男は女に対して）よそよそしい様子になっていった。この女はうらみがましく、「このようになってゆけば、あなたと私の関係も不安なものに思えますので、お互い年をとって不自由な身になってしまわないうちに、それぞれ別々の生活をするならばそれも、一つの情けでありましょう。」と言った。この男は驚いて、「（あなたのもとから）離れられないと思う気持ちは、昔と少しも変わっていない。ただしあることがあって、よそよそしいように思われることがあるのだ。以前、どこかへ行こうとして、野原があったので休んでいたところ、死んだ人の頭の骨があったのを、つくづくと見ているうちに、人の一生がはかなくむなしいものに思えて、『誰もが死んだ後はこのようになるのにちがいないのだろう。この死人もどのような人であったのか、大切にされ愛されたのだろう。（それなのに）今は、とても恐ろしく気味の悪い髑髏になっているのだ。今から自分の妻の顔の様子をなでまわし、この髑髏と同じかどうか見てみよう。』と思って、家に帰って（あなたの顔を）なでまわしてみたところ、言うまでもなく、全く同じであった。それからは何となくぼんやりと上の空になって、このようにあなたに疑われとがめられるようにまでなってしまったのだ。」と言った。
こうして、数か月たって男は妻に、「仏門に入るという善行によって極楽往生したら、必ず帰って来て、あなたを極楽へとお連れしてその時に、私のあなたへの愛情の深さをお見せ申し上げましょう。」と言って、かき消えるようにいなくなったということだ。ありがたくも立派な心がけであったものだ。

(2) 漢　文（158ページ）

1

(1) 二字以上戻って読む場合には「一・二点」を用いる。(2) 「三人行けば、必ず我が師有り」と言っている。「善なる者」に対しては、それを見習うのだから、「不善なる者」に対しては、それを戒めとして自分自身のよくない点を改めるということ。これと同様に、他人の失敗やよくない言行も、自分を磨く助けとなることを表したのがウ。

答 (1) 擇《ビテ》二 其《ノ》 善《ナル》 者《ヲ》一　(2) ウ

◀口語訳▶　先生がおっしゃるには、三人で同じ道を行けば、必ず自分の手本となる人がいる。その中のよい人を選んでそのよい点を見習い、その中のよくない人については（自分自身に同じような点がないか反省して）そのよくない点を改める。（ということだ。）

2

問一、ここでの「白」は「言う」の謙譲語で、申し上げるという意味。

問二、一字戻って読む場合には「レ点」を、二字以上戻って読む場合には「一・二点」を用いる。

問三、a、燕の相国にあてた手紙を書いている者。

b、燕の相国が、手紙に間違って書かれた言葉から読み取った内容を伝えた相手。

問四、郢の人が間違って書いた「燭を挙げよ」という言葉を、燕の相国は「賢を挙げて之に任ずるなり」と自分なりに解釈したが、それによって国が治まったことをおさえる。

答 問一、ア　問二、謂《ヒテ》二 持《ツ》レ 燭《ヲ》 者《ニ》一 曰《ハク》、　問三、a、ア　b、エ　問四、ウ

◀口語訳▶　郢の人で燕の相国にあてて手紙を送る者がいた。その人は夜に手紙を書いていて、灯火が暗いので、ろうそくを掲げている者に、「ろうそくを挙げよ。」と命じた。そしてつい間違って手紙にろうそくを挙げよと書いてしまった。ろうそくを挙げよというのは手紙で言おうとしたことではない。燕の相国は、手紙を受け取るとこれを説明して、「ろうそくを挙げよとは、光明を尊ぶということであり、光明を尊べとは、賢者を推挙してふさわしい職に任命するということである。」と言った。燕の相国は、このことを国王に申し上げた。国王も非常に感心して賢人を登用したので、国はよく治まった。

3

問一、a、邯鄲に出発する前に王に会い、この後邯鄲に「行」とある。「辞」は、挨拶をして引き下がるという意味。

b、龐葱が王に「今邯鄲去大梁也…過於三人矣」と話していたことが現実になったことを表す。

問二、一字戻って読む場合には「レ点」を、二字以上戻って読む場合には「一・二点」を用いる。

問三、王が、市場に虎がいると一人が言っても信じないが、三人が言った場合は信じると答えたことを受けている。

問四、自分が邯鄲に行った後に「議臣者」が出てくると予想して、「三人言而成虎」というたとえのように、真実でないことを信じないでほしいと伝えている。

問五、(1) 龐葱の申し出に対して、王が「議臣者」の言うことを自ら確かめようと答えていることをおさえる。

(2) 龐葱に関する「讒言」が出た結果、「果不得見」とある。「自為知」という約束を果たさずに「讒言」を信じてしまい、帰ってきた龐葱に会おうとしなかったことをおさえる。

答 問一、a、イ　b、ア　問二、一 人 言二 市 有一レ 虎　問三、市場に虎がいないことは明らかなのに、三人が同じように虎がいると言えば、聞いた人は本当に虎がいると信じてしまうということ。(60字)（同意可）　問四、イ　問五、(1) ア　(2) 龐葱を批判する者が多く現れると、それらの言葉を信じてしまった。(31字)（同意可）

◀口語訳▶　龐葱が皇太子に付き添い、邯鄲で人質となることになった。魏王に、「いまもし一人が市場に虎がいると言いましたら、王様はこれを信じますか。」と（龐葱が）尋ねると、王は、「信じない。」と答える。「もし二人が市場に虎がいると言いましたら、これを信じますか。」と尋ねると、王は、「わたく

しは疑うかもしれない。」と答える。「では三人が市場に虎がいると言いましたら、これを信じますか。」と尋ねると、王は、「わたくしはそれを信じるだろう。」と答えた。龐葱は、「市場に虎がいないことは明らかです。けれども、三人が言うと虎がいると信じてしまうものです。いま大梁を去って邯鄲へ参りますが、この都から遠く離れており、そして私のことを批判する者は三人を超えると思います。王様はこのことをよくよくお考えくださいますよう。」と言う。王様は、「わたくしは自分でしっかり確かめようと思う。」と答える。こうして、王に別れの挨拶をして出発する。しかしながら、龐葱を陥れるための告げ口が早速行われるようになった。その後、皇太子は人質を解かれる。思った通りに、（龐葱は）魏王に会うことはできなかったということである。